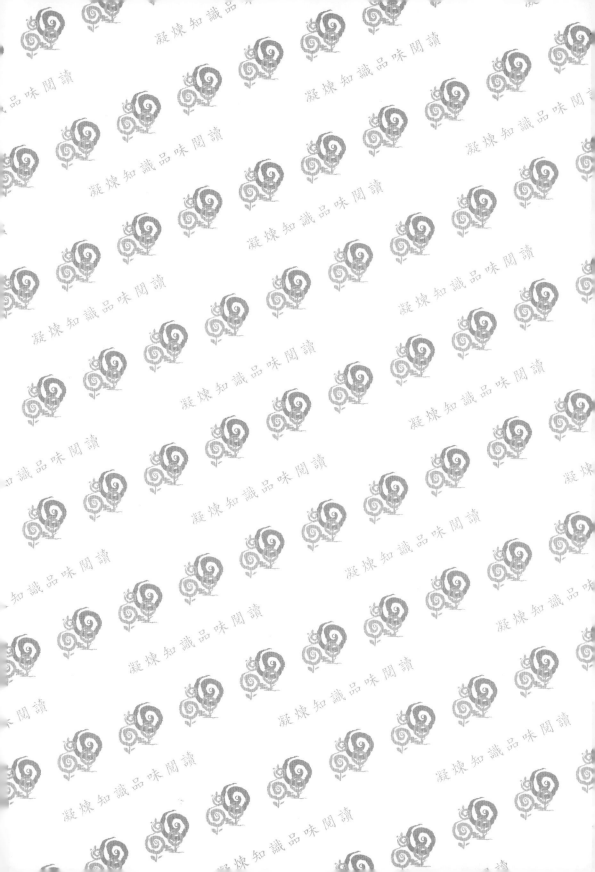

高鳳仙——著

五南圖書出版公司 印行

家庭暴力法規

之理論與實務

2020年最新版

自　序

　　轉眼之間，家庭暴力防治法通過立法已經超過20年。國人對於家庭暴力的態度，慢慢從忽視轉向重視，對於防暴相關法律的看法，也逐漸從排斥趨於接受。

　　這要歸功於致力防治家暴問題之民間團體、專家學者、立法委員及政府官員的努力，更要感謝許許多多被害人有聲或無聲的控訴，讓愈來愈多國人可以走出家暴的迷思，願意伸出救援的手。

　　回憶過去，我和來自社政、司法、警政、醫療、教育、政治、新聞等等各行各業的夥伴攜手同行，讓家暴法順利出生、緩緩成長、漸漸落實，願意投入家暴防治工作的自然人、團體、機關快速增加，從寥寥數十人變成數以萬計。在這段漫長的歲月中，我親眼看到人的努力，更親身經歷上帝的大能，心中充滿感恩。

　　家暴法於1998年6月間通過立法並開始施行，2007年間完成第一次修法，就在家暴法施行滿10年後，我於2008年8月1日離開司法界，結束20餘年的法官生涯，轉往監察院服務。帶著因從事審判工作所得到的各種裝備以及推動防暴法規所累積的寶貴經驗，我在監察院調查許多人身安全事件，繼續為伸張正義及保護弱勢而努力不懈。

　　不論在何處任職，家庭暴力及性暴力的防治工作是上帝賦予我最大的負擔，所以我花費數年時間，將對家暴的滿心關懷化成文字，於2008年完成《家庭暴力法規之理論與實務》一書，希望能與1998年出版的《家庭暴力防治法規專論》一書相輔相成，讓家暴法之理論與實務兼顧，更切合國人的需求，又不失其國際觀與前瞻性。

　　謹將此書獻給所有曾經與我一起為防暴而奮鬥的朋友們！那一段共同努力的時光，永遠是我最美麗的回憶。

高鳳仙

2020年5月

目　錄

第四章　家庭暴力防治法之刑事保護令解析　　195

第五章　兒童及少年虐待之法律保護解析　　215

第六章　從具體案例看家庭暴力防治法與其他相關
　　　　法規之適用　　227

第七章　諮商與調解在家庭暴力事件之法律界限　241

第八章　論美國法院之家庭暴力被害人服務處　251

第九章　家庭暴力整體防治網絡之建立　265

附錄 275

第一章　家庭暴力防治法之修法運動與修法內容

　　家庭暴力防治法自民國87年6月24日總統令公布後，引起各界重視，對於保護被害人與防治暴力發揮相當大功能。因此法存有不少規範瑕疵及執行困境，所以公布施行不到3年，民間團體即於民國91年初發起修法運動，嗣後內政部亦展開修法工作。

　　雖然朝野均有修法之共識，但對於修法內容卻看法不一，所以修法過程並不順利。由於民間團體推動修法不遺餘力，更難得的是有些關心家暴議題之立法委員願意傾聽民意全力支持修法，再加上內政部努力整合各界意見，歷經兩屆立法委員任期及長達5年的艱辛修法運動，終能於民國96年開花結果，通過修法條文。嗣後，家庭暴力防治法再為小幅度修正，於97年1月9日修正公布第10條，98年4月22日修正公布第50條，98年4月29日修正公布第58條。嗣再於104年2月4日作較大幅度之修正，修正公布第2、4～6、8、11、14～17、19、20、31、32、34、36、37、38、42、48～50、58、59、60條等25個條文，並增訂第30條之1、34條之1、36條之1、36條之2、50條之1、58條之1、61條之1、63條之1條等8個條文。

　　本章擬將修法運動作一簡介，分析民間版本與官方版本的規範內容，概述立法院所通過之修法內容，並對於修法之精神作整理與評論。事實上，本章無法將所有參與修法者的努力完全呈現，但凡走過的必留下痕跡，許多人對於家暴法的默默付出與努力，其實是家暴法修法成功的最大原因。

壹　民國90年至96年之修法運動及修法重點簡介

一、修法運動

　　家庭暴力防治法引進許多外國法制，於立法過程中曾作許多妥協，

在法律規範及執行上均產生不少困境,所以許多參與修法人員於法案通過時,即有應於此法實施滿1、2年後作全面檢討修正的共識。

家庭暴力防治法全面施行後,家庭暴力防治法應再作修正的呼聲更加殷切。由於家庭暴力防治法係由民間團體現代婦女基金會制定草案並推動通過立法,因此,民間團體在家庭暴力防治法公布施行滿2年後,遂提議組織修法聯盟,共同承擔家庭暴力防治法之修法工作。

(一)「家庭暴力防治法修法聯盟」草擬法案

民國90年1月11日司法節當天,民間團體聯合召開記者會正式成立「家庭暴力防治法修法聯盟」,共同展開家庭暴力防治法的修法行動。家庭暴力防治法修法聯盟之成員,包含長期從事家庭暴力受害婦女保護服務的婦女救援基金會、現代婦女基金會、晚晴協會,法律界專業團體的中華民國女法官協會、民間司法改革基金會、臺北律師公會,以及長期致力兒童福利的勵馨基金會等7大民間團體。

「家庭暴力防治法修法聯盟」以約2年時間對於家庭暴力防治法加以全盤檢討修正,自民國90年2月起,每月召開會議1次,由聯盟成員派員1人或數人與會,會議主席由聯盟成員輪流擔任並選擇開會場所,筆者代表中華民國女法官協會出席會議。修法會議之進行方式,係先就家庭暴力防治法作大體討論,再提出相關議題開放討論,以凝聚共識,如無法達成全體一致之意見,則以1個團體1票之民主方式作成表決,最後再提出修法條文,作成修正草案。聯盟成員係基於對於家庭暴力被害人之真誠關注,以及家庭暴力防治法修法工作之使命感而自動發起修法運動,為保持獨立客觀之修法態度,免受外力干預,修法聯盟除於修法期間由盟員代表聯盟向臺北市政府社會局申請每年約10萬元之經費補助外,並無其他政府機關給予經費補助,亦未展開對外募款行動。因此,所有參加會議人員並未支領任何出席會,甚至於必須自己負擔車馬費,但每次會議都有20位左右成員代表與會,會中討論熱烈,聯盟成員對於修法工作之熱心參與,始終如一。草案完成後,於民國92年間由周清玉委員等跨黨派立法委員連署後,送立法院審議。

（二）「臺灣防暴聯盟」推動修法

　　由於女法官協會、民間司法改革基金會及晚晴協會於草案送立法審議期間陸續退出「家庭暴力防治法修法聯盟」，遂由現代婦女金會、勵馨基金會、雙福基金會、臺北市雙胞胎協會、臺灣家庭暴力暨性侵害處遇計畫協會、兒童福利聯盟、東吳大學安素堂、臺北北安扶輪社、臺大婦女研究室、中華育幼機構兒童關懷協會，及臺北市婦女新知協會11個民間團體，於民國93年8月20日七夕情人節成立「防暴三法推動聯盟」，全力推動家庭暴力防治法修法條文、連續性暴力犯罪修法條文及性騷擾防治法之立法與修法工作。筆者代表東吳大學安素堂與其他聯盟成員共同推動防暴三法。

　　雖然連續性暴力犯罪修法條文及性騷擾防治法均於民國92年初間在立法院通過，但家庭暴力防治法因民間團體與官方版本內容過於歧異，致未能於第五屆立法委員任期內通過修法條文，草案因屆期不連續而遭退回。聯盟版本之家庭暴力防治法草案嗣由王昱婷等第六屆立法委員連署後送立法院審議。

　　「防暴三法推動聯盟」於民國94年3月間更名為「臺灣防暴聯盟」，因聯盟決議其成員最多為15位，故中華民國婦女會總會、臺南市青少年生活關懷協會、關懷文教基金會、婦女新知基金會等團體陸續加入聯盟。嗣兒童福利聯盟退出聯盟，婦女新知基金會及雙福基金會請假，婦女救援基金會、輔仁大學家庭暨生命教育倫理中心、晚晴婦女協會因而加入聯盟。

　　臺灣防暴聯盟除對於修法版本作部分修正及增訂外，不斷展開記者會、拜會立院黨團等推動修法工作，各黨團也承諾支持聯盟版本。

（三）立法委員致力完成修法

　　由於聯盟成員無法參與立法院之法案審查工作，相較於政府官員可以出席委員會及朝野協商之各項會議，聯盟版本與官方本相比較，顯然處於非常不利的地位。

　　為尊重聯盟的意見，司法委員會召集委員高思博在法案付委審查前，曾召開公聽會並邀葉毓蘭教授、賴芳玉律師、杜瑛秋高級專員、筆者及官

方代表與會；沈智慧召集委員在司法委員會審查法案時，特別允許張錦麗教授、紀冠伶律師、鄭文玲律師、王秋嵐督導及筆者等聯盟代表到立法院旁聽；郭林勇召集委員在法案進行朝野協商前，也召開會前會邀賴芳玉律師、李光輝醫師、王秋嵐督導、鄭敏菁主任及筆者等代表聯盟與司法院代表進行溝通，讓民間團體修法的立場與訴求能得到立法委員與官方代表的重視。除此之外，由於李永萍、王昱婷、雷倩、朱鳳芝、黃淑英等委員到場大力支持聯盟版本，讓聯盟的修法訴求超過半數能通過立法，家庭暴力防治法修法條文在立法院三讀通過後，於民國96年3月28日公布施行。

　　由於修正條文第10條第3項雖規定保護令之聲請免徵裁判費，卻漏未規定免徵抗告等費用，故潘維剛委員提出聯盟與政府機關達成共識之修正條文第10條第3項，明定保護令之聲請、撤銷、變更、延長及抗告，均免徵裁判費，並免徵郵務送達費及法院人員之差旅費。該條文於民國96年12月21日經立法院三讀通過，並於民國97年1月9日公布施行。

二、修法重點

　　「家庭暴力防治法修法聯盟」完成修法版本後，「臺灣防暴聯盟」又加上一些修法條文，其重要之修法重點如下：

（一）刪除促進家庭和諧為立法目的

　　家庭暴力防治法以「促進家庭和諧」為立法目的之一，因為容易產生「勸和不勸離」之家庭暴力迷思，造成因力求家庭之完整和諧而容許不平等之情形，故聯盟版本明定立法目的為「防治家庭暴力行為及保護被害人權益」，將「促進家庭和諧」之文字刪除。

（二）同居關係納入保護範圍

　　舊法第3條第2款規定：本法所稱家庭成員，包括現有或曾有事實上之夫妻關係者。此「事實上之夫妻關係」用語之由來，係為取代家庭暴力防治法草案所規定之「同居關係」用語，因在朝野協商時，有些立法委員認為「同居」用語過於不確定，有些立法委員則認為「同居」用語過於廣

泛，故改以「事實上之夫妻關係」取而代之。

　　所謂「事實上之夫妻關係」，在學說上係與「法律上之夫妻」相對應之用語，我國學者多採取日本學者之見解，認爲事實上之夫妻關係應有婚姻之意思，並有如夫妻般之共同生活，雖不具備婚姻之形式要件，但應具備某種婚姻實質要件。至於應具備何種婚姻實質要件，則有爭議，一般認爲應具備不違反公序良俗之實質要件，事實上之夫妻間，應已存有合法婚姻之一般共同生活關係之實，而爲社會所公認，故妾、午妻、宿娼等，均非屬事實上之夫妻關係。因此，在學說上關於事實上夫妻之範圍，遠小於同居關係之範圍[1]。在實務上，司法院之「法院辦理家庭暴力案件應行注意事項」所規定之事實上夫妻關係，仍十分不明確，而法院之判決意見並不統一，容易引起爭執。

　　由於事實上之夫妻在學說上係採用遠較同居關係更爲狹隘之解釋，必須當事人在主觀上具有婚姻之意思，而且在客觀上有夫妻般共同生活之事實，不僅將許多同居男女排除在外，而且在實務上容易引起爭議。爲使約會暴力之被害人可以依家庭暴力防治法得到更多保護，應將「事實上之夫妻關係」修正爲「同居關係」，又爲了去除同居關係並不明確之疑慮，應明定其範圍。

　　關於同居（cohabitation）之定義，依《黑氏法律辭典》（*Black's Law Dictionary*），係指如夫妻般共同生活，共同承當已婚者所通常顯明之婚姻權利、責任與義務，包括但不必然視性關係而定[2]。依《法律用語辭典》（*Dictionary of Legal Terms*），係指：1.共同生活之行爲，法令通常將之擴張及於如夫妻般公開共同生活者；2.有性交行爲[3]。

　　爲了讓更多約會暴力之被害人有適用民事保護令制度之機會，避免受到更多傷害，美國模範家庭暴力法對於家庭成員之定義極爲廣泛，依第

---

[1]　郭振恭，論事實上夫妻之保護，輔仁法學第四期，246頁（74年1月）；蔡顯鑫，事實上夫妻之概念，陳棋炎先生七秩華誕祝賀論文集——家族法諸問題，221頁至222頁；林春長，事實上夫妻之研究，私立輔仁大學法律學研究所碩士論文，33頁；陳棋炎，論婚姻成立之實質要件——兼述事實上夫妻，臺大法學論叢，112頁（70年12月）。

[2]　Black's Law Dictionary, Fifth Edition, 236(1979).

[3]　Gifts, Steven H., Dictionary of Legal Terms, 79(1998).

102條第2項第3、4、5款規定，凡成年人或未成年人現在或曾經有共同生活或約會或性關係者，均屬之。此外，美國許多州法律明文規定有約會關係者即可申請保護令，夏威夷及伊利諾州更將保護令聲請人之範圍擴及被害人尋求保護之人[4]。

　　因此，聯盟版本關於同居可仿上開二法律辭典之規定，但採取稍微較上開二辭典較為廣義之定義，使具有較親密關係之共同生活者，如同性戀者、寄養家庭成員等等，亦可聲請保護令而獲得適當之保護。亦即，同居關係之定義為包括下列二種情形之一：1.同財共居者；2.公開或不公開如夫妻般共同生活者。

（三）設立暴力防治基金

　　自從家暴法、性侵害犯罪防治法及性騷擾防治法等人身安全法規施行之後，政府各部門一直處於嚴重缺人缺錢狀態，致使執法成效不彰。為有效整合政府與民間資源，提高執法效能，聯盟明訂行政院應設置暴力防治基金，以支應家庭暴力及性暴力之防治業務相關經費，並鼓勵及扶植民間團體為性暴力及家庭暴力被害人提供各種救援及服務。

　　黃適卓等42人立法委員呼應聯盟訴求，連署提出修法條文，明定中央主管機關為加強推動家庭暴力及性侵害相關工作，應設置家庭暴力及性侵害防治基金，其收支保管及運用辦法由行政院定之。

（四）設立庇護安置處所與建立階段性就業扶助系統

　　為協助被害人及其子女脫離暴力環境，聯盟版本明訂各級地方政府應為被害人及其子女設置短、中、長期庇護安置處所。

　　為協助受暴者經濟獨立並脫離暴力控制，聯盟版本明訂各級政府應設置家暴被害人就業扶助系統，並編列就業扶助相關預算，提供包括：就業職種開發、就業技能訓練、扶助性就業場所的設立、就業媒合、就業輔導、生涯諮商、創業貸款協助、市場行銷協助，以俾其經濟獨立自主。

---

[4]　Armatta, Judith, Getting Beyond the Law's Complicity in Intimate Violence against Women, 33 Willamette Law Review 831(1997)；Women, Law & Dev. International, State Responses to Domestic Violence 74(Rebecca P. Sewall et al. Eds, 1996).

（五）家庭暴力防治人員得為自己聲請保護令

家庭暴力防治法施行後，辦理家庭暴力事件有關人員，如社工人員、教育人員等等，在辦理家庭暴力事件時，多有受家庭暴力加害人威脅、恐嚇情事，並常發出其需要聲請保護令免受侵害之呼聲。

民事保護令制度在英美法系國家行諸多年，在家庭暴力相關法令制定之前即已開始施行，並非家庭暴力相關法令所特有之制度，因此，非家庭暴力之被害人亦可聲請民事保護令制度而獲得保護。

我國家庭暴力防治法係唯一採行民事保護令制度之法律，依據舊法之規定，非家庭成員包括辦理家庭暴力事件之有關人員在內，均不可能有為自己聲請民事保護令之機會。依舊法第9條第2項及第11條第1項之規定，檢察官、警察機關或直轄市、縣（市）主管機關雖得為被害人聲請保護令，亦不能為自己向法院聲請民事保護令。

為保護辦理家庭暴力事件有關人員之安全，聯盟版本擴大民事保護令之聲請人範圍，使醫事人員、社工人員、臨床心理人員、教育人員及保育人員等，為防治家庭暴力行為或保護家庭暴力被害人之權益而受到身體或精神上不法侵害時，亦得為自己聲請保護令，使其在辦理家庭暴力事件時無後顧之憂，以保障其執行公權力的安全，強化其服務的動機，維護被害人的權益。

（六）被害人出庭應訊保護措施

為維護被害人安全出庭應訊，聯盟版本採取下列保護措施：

1.參照性侵害犯罪防治法規定，明訂法院審理保護令時，必要時得依聲請或職權在法庭外為之，或採雙向電視系統或其他適當隔離措施，依此方式取得之證據具有證據能力。

2.被害人得於審理時，可以聲請由其親屬或社工人員陪同到庭，陪同之社工人員亦得在場陳述意見。

3.參照性侵害犯罪防治法規定，對被害人之訊問與詰問得在法庭外為之，或採取適當隔離措施，不限於智障或16歲以下之被害人。

（七）法院得設立家庭暴力事件聯合服務處

由於民事保護令種類及內容較為繁雜，需要專業法律知識，家庭暴力之被害人對於聲請程序及舉證責任多感陌生，且其多居於弱勢，在心理、經濟及法律各層面常處於需要扶助之狀態，故外國多有在法院內設置被害人服務處之制度，使社工或輔導人員得於法院內提供家庭暴力之被害人各種服務。

有感於家庭暴力被害人在法院中常需要社工人員之專業扶助，法院審判系統中亦有引進社工制度之需要，自臺北市政府家庭暴力防治委員會與臺灣士林地方法院、臺灣高等法院及司法院共同推動成立「臺灣士林地方法院與臺北市政府家庭暴力事件聯合服務處」後，目前各地方法院多已設立家庭暴力事件服務處，其服務項目包括：協助聲請核發保護令、協助聲請執行保護令、提供法律諮詢、社工人員於法院審理保護令案件時依法向法院提供意見、社工或輔導人員依法經被害人選定為輔助人，於訴訟或調解程序中參與和解或調解、提供心理輔導及診療之轉介等。

不過，由於家庭暴力事件服務處並非法院所設，是由各縣市政府委辦，並無法源依據，隨時可能遭裁撤而終止服務。因此聯盟版本明訂：法院得自行設立、委託民間團體設立或與其他政府機關共同設立家庭暴力事件聯合服務處。

（八）保護令之種類為三種

家庭暴力防治法草案原規定保護令分為：通常保護令、暫時保護令及緊急保護令三種，送立法院審議時經協商後，規定保護令分為：通常保護令與暫時保護令二種（家庭暴力防治法第9條第1項）。

舊法條雖明文規定為：通常保護令及緊急保護令二種，但暫時保護令又可分為緊急性與一般性二種，緊急性暫時保護令則以「第11條第1項但書之暫時保護令」稱之，依家庭暴力防治法規定，緊急性暫時保護令與非緊急性暫時保護令在聲請人、聲請方式、聲請時間、證據提出方式、核發方式等，均不相同。

此種名為二種實為三種的立法方式，在法律規範上相當不明確，容易

造成觀念上之混淆，在法律之適用與宣導上均產生相當困擾。因此，為正本清源，聯盟版本將保護令之種類，明訂為緊急保護令、暫時保護令及通常保護令三種，並明定各種保護令之聲請方式、舉證方式、核發方式、存續期間等。

（九）擴充通常保護令之救濟範圍

為推展兩性平權思想及防止繼續施暴情事，聯盟版本擴大保護令之救濟範圍，明訂法院核發保護令時，得命相對人接受一定時數的家庭暴力防治認知教育。

（十）降低暫時及緊急保護令之舉證責任

舊法對於保護令事件並無關於舉證責任之規定，故當事人之舉證責任依舊法第19條第2項規定，應準用非訟事件法及民事訴訟法之規定，聲請人即負有舉證責任，必須證明已發生家庭暴力及被害人有繼續受侵害之危險等事實。

事實上，家庭暴力事實因係發生於隱密性極高之家中，常有人證及物證難以取得之情形，要證明聲請保護令之原因並不容易。而且，保護令事件並非訴訟事件，且係法院對於人身安全之暫時保護命令，故核發速度不宜因調查證據而過於遲緩。

關於緊急及暫時保護令之舉證責任，由於緊急及暫時保護令得不經審理程序逕行核發，其立法目的在對於受家庭暴力侵害之危險較為急迫之被害人提供迅速之保護，故宜使聲請人負擔較輕之舉證責任，故聯盟版本明定聲請人僅負「釋明」而非「證明」之責。

（十一）准許暫時及緊急保護令不得為抗告

舊法第19條第1項規定：「關於保護令之裁定，除有特別規定者外，得為抗告。」因此，不管法院所核發者係何種保護令，當事人均得提起抗告。

依舊法規定，一般性及緊急性暫時保護令之存續期間，端視法院審理案件核發通常保護令時間之長短而定，通常會超過1個月，有時長達數個

月之久，對於當事人之影響頗大。為維護當事人之審級利益，有必要透過抗告制度，由上級審法院對於下級審法院之保護令裁定是否合法、有無理由等加以裁定，以確實保護當事人之利益。不過，由於我國一般性及緊急性暫時保護令之存續期間並不確定，也未明載於裁定書上，因此，上級審法院在審理暫時保護令之抗告案件時，無從隨時得知下級審法院是否已經核發通常保護令，而使該暫時保護令失其效力，此造成上級審法院極大困擾。

因此，聯盟版本修正明定法院准許緊急及暫時保護令之裁定時，當事人不能抗告。但法院如駁回緊急及暫時保護令之聲請，聲請人可以提起抗告。

（十二）充實保護令之執行程序

關於警察機關執行保護令應適用何種執行程序，舊法第20條第3項規定：「當事人或利害關係人對於警察機關執行保護令之內容有異議時，得於保護令失效前，向原核發保護令之法院聲明異議」，同條第4項規定：「關於聲明異議之程序，準用強制執行法之規定」，除此之外，並未有其他關於警察機關執行保護令之程序規定。

舊法對於保護令之執行規定過於簡陋，且有缺失，大法官釋字第559號解釋雖認為其規定不生牴觸憲法問題，然涉及人身之處置或財產之強制執行，應依情形分別以法律或法律具體明確授權之命令定之，有關機關應從速修訂相關法律，以符憲法保障人民權利之本旨[5]。

---

[5] 大法官釋字第559號解釋文如下：「基於法治國家之基本原則，凡涉及人身自由之限制事項，應以法律定之；涉及財產權者，則得依其限制之程度，以法律或法律明確授權之命令予以規範。惟法律本身若已就人身之處置為明文之規定者，應非不得以法律具體明確之授權委由主管機關執行之。至主管機關依法律概括授權所發布之命令若僅屬細節性、技術性之次要事項者，並非法所不許。家庭暴力防治法第20條第1項規定保護令之執行機關及金錢給付保護令之強制執行程序，對警察機關執行非金錢給付保護令之程序及方法則未加規定，僅以同法第52條為概括授權：「警察機關執行保護令及處理家庭暴力案件辦法，由中央主管機關定之。」雖不生牴觸憲法問題，然對警察機關執行上開保護令得適用之程序及方法均未加規定，且未對辦法內容為具體明確之授權，保護令既有涉及人身之處置或財產之強制執行者（參照家庭暴力防治法第13條及第15條），揆諸前開解釋意旨，應分別情形以法律或法律具體明確授權之命令定之，有關機關應從速修訂相關法律，以符憲法保障人民權利之本旨。行政執行法之執行機關除金錢給付之執行為法務部行政執行署所屬行政執行處外，其餘事件依其性質分由原處分機關或該管機關為之（參照行政執行法第4條），依上述家庭暴力防治法

　　修法聯盟對於警察執行保護令之程序，究竟應採取適用行政執行法之程序，或擴大違反保護令罪之範圍而逮捕加害人之方式，有不同看法。由於警察機關認為行政執行法之執行程序有時需準用強制執行法，過於複雜，比較贊成用違反保護令罪之處理方式，所以聯盟版本尊重警察機關之看法，採取下列規定以落實保護令之執行：

1. 不動產禁止處分或假處分等保護令改由法院執行

　　依舊法規定，與金錢給付無關之保護令，應由警察機關執行。事實上不動產禁止處分及假處分之保護令屬財產權之命令，且不動產禁止處分或假處分，長久以來均由法院來執行，因為執行起來並不容易，而且容易產生爭議。例如：不動產如果沒有辦理保存登記，必須以法院與地政機關會同測量，並製作勘驗筆錄及複丈成果圖、辦理現場查封及查封登記等複雜之方式處理。

　　目前警察機關之法律素養及實務嫻熟程度均不如法院，為避免造成執行上之困難及過多爭議，聯盟版本明定，關於假處分之保護令，得為執行名義，向法院聲請強制執行。

2. 金錢給付保護令屆期失效後仍可聲請強制執行

　　關於通常保護令存續期間屆滿而失效時，當事人是否可持失效之保護令聲請強制執行問題，由於舊法並未加以明文規定，常引起爭議。例如：法院於通常保護令中，命相對人給付扶養費3個月或損害賠償若干元，聲請人可否於通常保護令失效後，請求法院就此扶養費或損害賠償費准許強制執行？

　　目前許多法官係以聲請人聲請強制執行時保護令是否有效為認定標準，但此種做法並無法律依據，而且對於聲請人之保護並不周全，在適用上也會產生對於聲請人相當不利之情況，因為聲請人必須盡早聲請執行保護令，對於已到期及尚未到期之金錢給付保護令（如扶養費等）均應於保護令存續期間屆滿前聲請強制執行，否則將無法聲請法院強制執行。

規定，警察機關有執行金錢給付以外保護令之職責，其於執行具體事件應適用之程序，在法律未依上開解釋修改前，警察機關執行保護令得準用行政執行法規定之程序而採各種適當之執行方法。」

　　為釐清保護令存續期間與執行之關係，並保障家庭暴力被害人及其子女之權益，聯盟版本明訂：已到期之金錢給付之保護令，於通常保護令因有效期間屆滿而失效後，仍得聲請強制執行。

3. 擴大違反保護令罪之範圍

　　相對人如惡意不返還被害人物品，或不願交付子女，警察應有無執行保護令之法源，外國法制通常以構成藐視法庭罪處理，讓警察逮捕可以依法加害人，再由檢察官決定是否依法加以羈押、核發釋放條件或為其他處置。

　　舊法僅規定違反保護令之禁止施暴、禁止騷擾、遷出住居所、遠離特定場所、加害人處遇計畫等命令，才構成違反保護令罪。聯盟版本為落實保護令中關於交付子女、物品等命令之執行，特擴大違反保護令罪之範圍，增訂違反保護令之物品使用權、定暫時監護權及定暫時探視權等命令，均構成為違反保護令罪。

4. 免徵執行費

　　金錢給付及假處分之保護令，均由法院執行，依法本應繳納執行費。為減輕被害人之負擔，並快速執行保護令，故明定免徵執行費。

（十三）放寬逕行拘提要件

　　舊法規定對於實施家庭暴力之加害人，必須合乎刑事訴訟法所訂之逕行拘提要件，否則不能逕行拘提。

　　家庭暴力發生在家庭之中，且常於夜間發生，有時情況相當危急，警察如須聲請拘票，往往會延誤救人時機，無法有效制止暴力之進行或儘速蒐集家庭暴力之相關證據，無令狀逮捕政策（warrantless arrest policy）已被外國法制廣為採用，故應賦予警察對於家庭暴力案件較大之逕行拘提權，不受刑事訴訟法所訂逕行拘提要件之限制，使警察可以依情況逕行逮捕加害人。

　　如果不適度放寬警察之逕行拘提權，警察到報案之現場如果發現緊急情況時，不僅不能逕行拘提加害人，而且只要加害人不願打開門戶，警察甚至無法立即進入現場依法處理案件。所以適度放寬警察之逕行拘提權，

可使家庭暴力之被害人得到確實之保護。

故明定：「雖非現行犯，但警察人員認其犯家庭暴力罪或違反保護令罪嫌疑重大，且有繼續侵害家庭成員生命、身體或自由之危險，應逕行拘提之。」並增訂警察人員為逕行拘提及檢察官簽發拘票之審酌事項。

（十四）擴充刑事保護令之遵守事項

舊法規定檢察官及法院對於刑事被告得核發釋放條件，法官宣告緩刑時得核發緩刑條件（緩刑付保護管束期間應遵守事項），監獄對於假釋之受刑人得定假釋條件（出獄付保護管束應遵守事項），釋放條件、緩刑條件及假釋條件在學說上稱為刑事保護令。舊法對於刑事保護令所定之條件或遵守事項相當有限，為擴充刑事保護令之內容以保護被害人，增訂得核發下列條件：1.遠離下列場所特定距離：被害人之住居所、學校、工作場所或其他被害人或其特定家庭成員經常出入之特定場所；2.命加害人接受4至8小時家庭暴力防治認知教育。

（十五）放寬預防性羈押要件

舊法規定被告違反法院或檢察官所定釋放條件時，必須合乎刑事訴訟法所定之預防性羈押要件，否則不能預防性羈押。

當被告違反法院或檢察官所定釋放條件時，應有更嚴格之制裁，否則法院或檢察官所定釋放條件將無任何法律效力。為使釋放條件能確實保護被害人免受暴力侵害，故明定：被告違反法院或檢察官所訂釋放條件時，偵查中檢察官得聲請法院羈押之，審判中法院得命羈押之，不受刑事訴訟法第101條第1項及第101條之1第1項之限制，檢察官或法院認為不宜羈押被告時，亦得為適當之處分。

（十六）受刑人應接受受刑人處遇計畫

舊法雖規定「有關政府機關應訂定並執行家庭暴力罪或違反保護令罪受刑人之處遇計畫」，但並未明定法院得命被告接受受刑人處遇計畫，亦未明定受刑人處遇計畫之訂定與執行機關，致使受刑人處遇計畫難以執行。

為落實加害人處遇計畫之執行，使被告可以透過有效之受刑人處遇計畫接受適當之治療、輔導，以改變施暴習性，明定：「犯家庭暴力罪或違反保護令罪而未受緩刑宣告者，法院得令被告接受受刑人處遇計畫」、「法務部應訂定並執行家庭暴力罪或違反保護令罪之受刑人處遇計畫」。

（十七）明定防治課程之最低時數

舊法僅規定各級中小學每學年應有家庭暴力防治課程，並未規定最低時數，故明定：「各級中小學每學年應有4小時以上之家庭暴力防治課程。」

貳　歷年修法重點

立法院所陸續通過之條文，主要係以聯盟版本及行政院版本為依據，並採納其他委員所提出之修法條文，經立法委員、行政官員及民間團體代表數次開會及協商而完成立法程序。其修法重點如下：

一、刪除「促進家庭和諧」為立法目的

採納聯盟版本，刪除原條文第1條「促進家庭和諧」之規定，以去除「勸和不勸離」之家庭暴力迷思。刪除理由為：「本法主要目的在於防治家庭暴力行為、保護遭受家庭暴力之被害人人身安全，及保障其自由選擇安全生活方式與環境之尊嚴，至於促進家庭和諧並非本法主要目的，爰予修正刪除。」

二、同居關係、未同居親密關係及目睹暴力兒少均納入保護範圍

96年修法採納聯盟版本，在第3條第1項第2款增訂「同居關係」，刪除「事實上夫妻關係」，惟不採聯盟版本中關於同居關係之定義，而將「同居關係」及「事實上夫妻關係」之概念及定義，由法院就具體案件加以認定。

104年修法增訂第63條之1，明定年滿16歲而遭受現有或曾有親密關係

之未同居伴侶施以身體或精神上不法侵害之情事者，準用第2章「民事保護令」以及第5章「預防及處遇」之部分規定。

　　此外，兒童及少年由於身心發展未臻成熟，如目睹家庭暴力有可能遭受身心傷害與負面影響，故104年修法時，為加強保護該群潛在被害人，除於相關條文增訂保護目睹家庭暴力兒童及少年之規定外，並於增列第2條第3款明定目睹家庭暴力之定義為：「指看見或直接聽聞家庭暴力。」

三、將中央主管機關改為衛生福利部

　　96年修法採納行政院版本，修正第4條第1項，將家庭暴力防法之主管機關由「內政部家庭暴力防治委員會」改為「內政部」。

　　為因應中央組織再造，104年修正第4條第1項，將主管機關由「內政部」改為「衛生福利部」。再者，因家庭暴力防治涉及跨機關權責事項，為明確規範各相關機關權責以利業務推動，增訂第2項，明定主管機關及各目的事業主管機關之權責事項。

四、設立暴力防治基金

　　96年修法採納聯盟訴求及黃適卓等42人之修法條文，但將委員版之「應」設置家庭暴力及性侵害防治基金修正為「得」設置，且未明定基金之金額。修正條文第6條規定：「中央主管機關為加強推動家庭暴力及性侵害相關工作，得設置家庭暴力及性侵害防治基金，其收支保管及運用辦法由行政院定之。」立法理由為：「鑑於家庭暴力受理通報案件數量逐年提升，而政府所編列的相關公務預算不足，為免相關預算編列遭遇排擠，並得以隨時補充公務預算之不足，中央主管機關得視須要設置家庭暴力及性侵害防治基金。依『預算法』第二十一條規定，家庭暴力及性侵害防治基金之收支保管及運用辦法由行政院定之。」

　　由於家庭暴力及性侵害防治基金遲未設置，家暴經費未隨被害人逐年攀升而相對成長，臺灣防暴聯盟理事長張錦麗於102年6月7日監察院舉辦之「102年婦女人權保障實務研討會」建議行政院應儘速設置防治基金，

經監察院人權保障委員會決議成立調查案，推派筆者及劉玉山委員進行調查。監察院財政及經濟委員會103年6月4日通過監察委員筆者及劉玉山提出之調查報告，要求行政院主計總處及衛生福利部應適時成立家庭暴力及性侵害防治基金，以解決防治經費受預算排擠、編列不足及過度倚賴高度不穩定之公益彩券財源等問題[6]。

在各界努力下，家庭暴力防治法於104年再修正第6條，將「得」設置基金改為「應」設置，並增列第2項明定基金來源包括：(一)政府預算撥充。(二)緩起訴處分金。(三)認罪協商金。(四)本基金之孳息收入。(五)受贈收入。(六)依本法所處之罰鍰。(七)其他相關收入。

五、強制地方政府主管機關設立家庭暴力防治委員會

96年修法採納行政院版本，修正第7條，將各級地方政府「得」設立家庭暴力防治委員會，改為「應」設立家庭暴力防治委員會。

六、設立庇護安置處所與就業服務

（一）家庭暴力防治中心應提供庇護安置與就業服務

經濟自立是影響家庭暴力被害人能否離開受暴關係的重要關鍵，為協助被害人經濟自立，96年修法採納聯盟版本意見，於修正條文第8條第1項第3款、第4款規定：家庭暴力防治中心應辦理下列事項：「提供或轉介被害人心理輔導、經濟扶助、法律服務、就學服務、住宅輔導，並以階段性、支持性及多元性提供職業訓練與就業服務」、「提供被害人及其未成年子女短、中、長期庇護安置」。

（二）勞工主管機關應提供就業服務

104年修法時認為，長期遭受家庭暴力對被害人身心狀況影響甚鉅，進而影響被害人就業能力，僅由家庭暴力防治中心提供就業媒合或職場關

---

[6]　監察院全球資訊網，首頁>監察成果>調查報告，監察院103財調65號調查報告，案由：高委員鳳仙、劉委員玉山調查：家暴防治經費預算編列不足，嚴重影響防治成效，相關機關應如何改善乙案之調查報告。審議日期：103年6月4日。

懷尚無法眞正協助被害人進入職場，爲協助被害人提早適應職場，強化其就業信心及能力，增訂第58條之1規定：「對於具就業意願而就業能力不足之家庭暴力被害人，勞工主管機關應提供預備性就業或支持性就業服務（第1項）。前項預備性就業或支持性就業服務相關辦法，由勞工主管機關定之（第2項）。」

七、民事保護令之種類為三種

96年修法採納聯盟版本及行政院版本，將民事保護令分爲通常保護令、暫時保護令及緊急保護令，修正條文第9條規定：「民事保護令（以下簡稱保護令）分爲通常保護令、暫時保護令及緊急保護令。」

八、擴充通常保護令之救濟範圍、存續期間及聲請人

96年修法採納行政院版本，擴大保護令之救濟範圍，法院核發民事保護令時，修正條文第14條增訂得核發下列命令：(一)禁止加害人對於被害人爲接觸或跟蹤行爲（第1項第2款）。並於修正條文第2條第4款將「跟蹤」定義爲：「指任何以人員、車輛、工具、設備或其他方法持續性監視、跟追之行爲。」(二)禁止相對人查閱被害人及受其暫時監護之未成年子女戶籍、學籍、所得來源相關資訊（第1項第12款）。

由於家庭暴力被害人爲脫離受暴環境常需面對司法案件、住居所及工作變動等壓力，保護令之存續期間1年以下對於穩定部分被害人身心及生活確實過短，故104年修正第15條，將通常保護令之有效期間及延長期間均由「1年以下」改爲「2年以下」，並刪除延長「以一次爲限」之規定，且爲避免被害人因擔心遭加害人報復等因素致未聲請延長保護令，故放寬聲請人之範圍，讓檢察官、警察機關及社政機關均有權聲請延長通常保護令。

九、被害人出庭應訊保護措施

（一）民事保護令事件

96年修法採納聯盟版本，於修正條文第13條第3項、第4項規定：「前項隔別訊問，必要時得依聲請或職權在法庭外為之，或採有聲音及影像相互傳送之科技設備或其他適當隔離措施」、「被害人得於審理時，聲請其親屬或個案輔導之社工人員、心理師陪同被害人在場，並得陳述意見」。此外，於修正條文第19條第1項規定：「法院應提供被害人或證人安全出庭之環境與措施。」其立法理由為：「第一項法院應提供被害人或證人安全出庭之環境與措施，包括下列情形，以維護其人身安全並免於心理恐懼：1.針對危機或極度恐懼的受暴者，能提供視訊或單面鏡審理空間；2.規劃有安全危機之受暴者，到庭時使用不同之出入路線；3.准許社工人員陪同受暴婦女出庭。」

（二）刑事案件

104年修法時，增訂被害人於警訊及偵查中之保護措施包括：1.為確保被害人隱私及人身安全，增訂第36條定2項規定：「警察機關於詢問被害人時，得採取適當之保護及隔離措施。」2.考量家庭暴力事件對被害人身心影響甚鉅，為減緩被害人在偵查程序中所受到之心理衝擊，協助被害人在偵查程序中能盡可能完整陳述，增訂第36條之1，於第1項規定：「被害人於偵查中受訊問時，得自行指定其親屬、醫師、心理師、輔導人員或社工人員陪同在場，該陪同人並得陳述意見。」為落實被害人接受陪同偵訊之權利，於第2項規定：「被害人前項之請求，檢察官除認其在場有妨礙偵查之虞者，不得拒絕之。」為發揮陪同之功能，於第3項規定：「陪同人之席位應設於被害人旁。」

十、擴充緊急保護令之作證者及暫時保護令之核發權限

（一）緊急保護令之作證者由警察人員改為聲請人

法院核發緊急保護令時，舊法第11條第1項原規定應由警察人員到庭

或電話陳述始能核發，96年修正條文第16條第4項改為由聲請人到庭或電話陳述即可核發，緊急保護令之「聲請人」，依修正條文第10條第2項規定，為檢察官、警察機關或直轄市、縣（市）主管機關。

（二）法官可依職權核發暫時保護令

舊條文規定法官僅可依聲請核發暫時保護令，為使被害人保護更為周全，104年修正第16條第2項，明定法官既可依聲請也可依職權核發暫時保護令。

十一、地方政府應於法院設立家庭暴力事件服務處

96年修法採納聯盟關於家庭暴力服務處應正名化之意見，但因司法院反對服務處由法院設立，聯盟則反對司法院僅提供場所之消極作法，所以協商結論是：服務處應由地方政府提供人力及經費在法院設立，法院應提供場所應提供硬體設備及相關協助。

因此，修正條文第19條第2項規定：「直轄市、縣（市）主管機關應於所在地之地方法院自行或委託民間團體設置家庭暴力事件服務處所，法院應提供場所、必要之軟、硬體設備，及其他相關協助。但離島法院有礙難情形者，不在此限。」

此項之立法理由為：「增訂第二項各直轄市、縣（市）政府應於法院自行或委託民間團體設置家庭暴力事件服務處所，並規定法院應提供必要之軟、硬體設備，及其他相關協助，視法院辦公空間、資源及實際需要，包括：(一)提供服務處在法院所需相關設施設備，包括傳真機及電話線路等；(二)於法院辦公空間使用允許條件下，提供可保障隱私的會談場所；(三)提供服務處查詢家暴個案庭期資訊之便利性服務；(四)有定期的聯繫會報，三個月一次或至少半年一次；(五)其他有助於服務處推展業務之協助。」

十二、增訂保護令之執行程序

　　96年修法採納聯盟及行政院版本，於第2章第2節增訂保護令之執行專節，並增訂執行程序如下：

（一）不動產禁止使用收益或處分之保護令改由法院執行

　　修正條文第21條第1項第1款規定，不動產禁止使用、收益或處分之保護令，得為強制執行名義，由被害人依強制執行法聲請法院強制執行。

　　其立法理由為：「不動產禁止處分向由法院執行，現行保護令規定由警察機關執行之，因生執行困難及地政機關認定上爭議，爰於第一項第一款明定由被害人向法院申請執行」。

（二）限期不履行交付子女之保護令改由法院執行

　　修正條文第24條規定：「義務人不依保護令交付未成年子女時，權利人得聲請警察機關限期命義務人交付，屆期未交付者，命交付未成年子女之保護令得為強制執行名義，由權利人聲請法院強制執行。」第25條規定：「義務人不依保護令之內容辦理未成年子女會面交往時，執行機關或權利人得依前條規定辦理，並得向法院聲請變更保護令。」

　　其立法理由為：「有關執行子女暫時監護權之保護令，其執行過程常發生爭執，且實務上常發現，法院定子女暫時監護權人次後，另一方（包括被害人及加害人）經常有帶子女躲避不願交付之情形發生，而使該款項保護令無法落實執行，爰規定不依保護令交付未成年子女時，權利人得聲請警察機關限期命義務人交付，屆期未交付者，由權利人聲請法院強制執行」、「規定義務人不依保護令安全交還會面交往之未成年子女時，執行機關或當事人除得依第24條規定辦理，並可向法院聲請變更保護令。」

（三）家暴中心主責之會面交往改由社政機關執行

　　修正條文第21條第1項第2款規定：「於直轄市、縣（市）主管機關所設處所為未成年子女會面交往，及由直轄市、縣（市）主管機關或其所屬人員監督未成年子女會面交往之保護令，由相對人向直轄市、縣（市）主管機關申請執行。」

其立法理由為：「成年子女會面交往目前係由直轄市、縣（市）政府家庭暴力及性侵害防治中心主責，為符實際並釐清事權，爰明定第一項第二款如上。」

（四）完成加害人處遇計畫改由社政機關執行

修正條文第21條第1項第3款規定：「完成加害人處遇計畫之保護令，由直轄市、縣（市）主管機關執行之。」其立法理由為：「加害人處遇計畫部分，現行係由各直轄市、縣（市）政府家庭暴力防治中心負責規劃安排處遇計畫執行機關相關事宜，並將處遇計畫書交由警察機關，於加害人至警察機關報到時轉交，命加害人確實遵守，爰明定第一項第三款如上。」

（五）警察應協助社政機關執行保護令

聯盟版本關於家庭暴力防治人員得為自己聲請保護令之規定，因司法院反對，所以僅於修正條文第21條2項規定：社政機關執行未成年子女會面交往或加害人處遇計畫之保護令時，必要時得請求警察機關協助。

（六）禁止查閱資訊由相關機關執行

修正條文第21條第1項第4款規定：「禁止查閱相關資訊之保護令，由被害人向相關機關申請執行。」

（七）戶籍遷徙登記由戶政機關執行

96年修正條文第26條規定：「當事人之一方依第14條第1項第6款規定取得暫時對未成年子女權利義務之行使或負擔者，得持保護令逕向戶政機關申請未成年子女戶籍遷徙登記。」

（八）增訂警察執行程序

1. 強制進入處所及取交物品

96年修正條文第22條第2項規定：「前項汽車、機車或其他個人生活上、職業上或教育上必需品，相對人應依保護令交付而未交付者，警察機關得依被害人之請求，進入住宅、建築物或其他標的物所在處所解除相對人之占有或扣留取交被害人。」

其立法理由為：「關於金錢、汽車、機車或其他個人生活上、職業上或教育上必須之物品交付等保護令，事涉民事所有權之行使，員警於執行時，常遇相對人反抗或拒不開門、不讓執行員警進入家宅內、隱匿拒不交付標的物情事，爰於第2項中明定賦予執行人員得進入執行標的之住宅、建築物或其他標的物所在處所，對於相對人拒不交付、抗拒隱匿標的物之情事，在符合比例原則得解除相對人之占有，或扣留標的物取交被害人，以保障被害人權益，落實保護令之執行。」

2. 強制取交或申請變更、註銷、補發或核發憑證

96年修正條文第23條第1、2項規定：「前條所定必需品，相對人應一併交付有關證照、書據、印章或其他憑證而未交付者，警察機關得將之取交被害人」、「前項憑證取交無著時，其屬被害人所有者，被害人得向相關主管機關申請變更、註銷或補行發給；其屬相對人所有而為行政機關製發者，被害人得請求原核發機關發給保護令有效期間之代用憑證」。

此條立法理由為：「前條必需品有關之證照、書據、印章或其他憑證，相對人經常不隨同交付，為解決實務執行上之困境，爰參酌強制執行法第一百二十一條、第一百二十三條關於物之交付請求權執行立法規範，明定執行人員依保護令執行交付必需品所需之證照、書據、印章或其他憑證為相對人占有者，警察機關得將該憑證取交被害人，及相關憑證取交無著時之救濟措施。」

(九) 增訂聲明異議程序

96年修正條文第27條第1至3項規定執行保護令之異議程序：「當事人或利害關係人對於執行保護令之方法、應遵行之程序或其他侵害利益之情事，得於執行程序終結前，向執行機關聲明異議」、「前項聲明異議，執行機關認其有理由者，應即停止執行並撤銷或更正已為之執行行為；認其無理由者，應於10日內加具意見，送原核發保護令之法院裁定之」、「對於前項法院之裁定，不得抗告」。

依此規定，聲明異議應於執行程序終結前為之，且應以執行機關為受理機關，執行機關如認為異議無理由，則應送原核發保護令之法院為裁定。

十三、暫免徵民事保護令之聲請費及執行費

由於被害人向法院聲請核發或執行民事保護令時，常無資力繳納聲請費或執行費，尤其是修正非訟事件法將聲請費提高為1千元後，情況更為嚴重，且費用之繳納常延誤核發與執行保護令之時間，不能迅速達到保護被害人之目的。

為減輕被害人之經濟負擔，並快速核發及執行保護令，96年修法時，立法院先採納聯盟及黃昭順等立法委員所提出之修法條文，於修正條文第10條第3項規定：聲請保護令，免徵聲請費。並於修正條文第21條第1項第1款、第24條規定：被害人聲請執行不動產禁止使用收益或處分、金錢給付、交付子女等保護令，均暫免徵收執行費。嗣97年修法時，採納潘維剛委員所提出之修法條文第10條第3項，明定保護令之聲請、撤銷、變更、延長及抗告，均免徵裁判費，並免徵郵務送達費及法院人員之差旅費。

十四、放寬檢察官與警察之逕行拘提要件

（一）逕行拘提之要件

96年修法採納聯盟及行政院版本，修正條文第29條第2、3項規定：「檢察官、司法警察官或司法警察偵查犯罪認被告或犯罪嫌疑人犯家庭暴力罪或違反保護令罪嫌疑重大，且有繼續侵害家庭成員生命、身體或自由之危險，而情況急迫者，得逕行拘提之」、「前項拘提，由檢察官親自執行時，得不用拘票；由司法警察官或司法警察執行時，以其急迫情形不及報請檢察官者為限，於執行後，應即報請檢察官簽發拘票。如檢察官不簽發拘票時，應即將被拘提人釋放」。

其立法理由為：家庭暴力通常發生於極具隱密性之家中，且常在夜間發生，有時情況非常危急，依現行條文第2項規定，對於非現行犯，警察人員如認其犯家庭暴力罪嫌疑重大，且有繼續侵害家庭成員生命、身體或自由之危險情況，因現行刑事訴訟法第88條之1所定之逕行拘提要件，不能符合家庭暴力之特性，為兼顧程序正當性與第一線執法需要，爰修正檢察官、司法警察官或司法警察發現犯家庭暴力罪或違反保護令罪之被告或

犯罪嫌疑人嫌疑重大，且有**繼續侵害家庭成員生命、身體或自由之危險**，而情況急迫時，即得逕行拘提之，爰修正第2項如上。增列第3項，明定檢察官依第2項規定親自執行拘提時，不用拘票，由司法警察官或司法警察依第2項規定執行時，應以遇情形急迫不及報請檢察官者為限，事後再報請簽發拘票。」

（二）逕行拘提應審酌事項

為促使相關程序有所依循，避免急迫危險認定不一情形，96修法採納行政院版本，修正條文第30條對於急迫危險之認定為例示規定如下：

「檢察官、司法警察官或司法警察依前條第2項、第3項規定逕行拘提或簽發拘票時，應審酌一切情狀，尤應注意下列事項：

一、被告或犯罪嫌疑人之暴力行為已造成被害人身體或精神上傷害或騷擾，不立即隔離者，被害人或其家庭成員生命、身體或自由有遭受侵害之危險。

二、被告或犯罪嫌疑人有長期連續實施家庭暴力，或有違反保護令之行為、酗酒、施用毒品或濫用藥物之習慣。

三、被告或犯罪嫌疑人有利用兇器或其他危險物品，恐嚇或施暴行於被害人之紀錄，被害人有再度遭受侵害之虞者。

四、被害人為兒童、少年、老人、身心障礙或具有其他無法保護自身安全之情形。」

十五、增訂刑事保護令之應遵守事項

(一)96修法採納行政院版本，修正條文第31條第1項第2款及第33條、第38條、第39條增訂，檢察官定釋放條件及假釋條件、法官定釋放條件及緩刑條件時，得核發下列條件：禁止對被害人為跟蹤行為。其立法理由為：「犯家庭暴力罪或違反保護令罪之被告，經詢問後釋放或具保、責付、限制住居時，對被害人人身安全之威脅往往更形嚴重，為保護被害人之安全，爰於第一項第二款增列禁止跟蹤被害人」。

(二)96修法採納聯盟及行政院版本，修正條文第31條第1項第4款及第

33條、第38條、第39條增訂，檢察官定釋放條件及假釋條件、法官訂定釋放條件及緩刑條件時，得核發遠離令，命相對人遠離被害人住居所、學校、工作場所及其他經常出入場所特定距離。

(三)104年修正第38條，將法院「得」核發緩刑條件改為「除顯無必要者外，應」核發。

十六、明定釋放條件之有效期間

96修法採納行政院版本，修正條文第31條第2項規定釋放條件之有效期間如下：「前項所附條件有效期間自具保、責付、限制住居或釋放時起生效，至刑事訴訟終結時為止，最長不得逾1年。」

其立法理由為：「增列第二項附條件具保、責付、限制住居或釋放者所附條件之有效期間規定，以補現行條文未定時效所留空窗期，並兼顧人權立法之時代潮流，至有關刑事訴訟終結時點之認定，將另於本法施行細則中規定。」

十七、放寬預防性羈押要件

我國刑事訴訟法第101條之1有預防性羈押之規定，明定：被告經法官訊問後，認為其犯此條第一項各款之罪（如：放火罪、準放火罪、強制性交罪、強制猥褻罪、加重強制猥褻罪、乘機性交罪、猥褻罪、與幼年男女性交或猥褻罪、傷害罪、妨害自由罪、強制罪、恐嚇危害安全罪、竊盜罪、搶奪罪、詐欺罪、恐嚇取財罪等）嫌疑重大，有事實足認為有反覆實施同一犯罪之虞，而有羈押之必要者，得羈押之。

（一）違反釋放條件得命預防性羈押

1. 96年修法部分採納聯盟及行政院版本，修正條文第32條第2項明定：「被告違反檢察官或法院依前條第1項第1款所定應遵守之條件，犯罪嫌疑重大，且有事實足認被告有反覆實施家庭暴力行為之虞，而有羈押之必要者，得依刑事訴訟法第101條之1之規定，偵查中檢察官得聲請法院羈押之；審判中法院得命羈押之。」其立法理由為：「為使現行條文所定附

條件逕命具保、責付、限制住居或釋放者之約制力更臻明確，並審酌當事人人權，於第二項增列被告違反檢察官或法院依第三十一條第一項第一款所定應遵守之條件，犯罪嫌疑重大，且有事實足認被告有反覆實施家庭暴力行為之虞，而有羈押之必要者，得依刑事訴訟法規定予以羈押。」

2.104年修法時，認為刑事訴訟法第101條之1並無家庭暴力之相關規定，故將上開第32條第2項「得依刑事訴訟法第一百零一條之一之規定」文字刪除。

（二）重複實施家庭暴力罪或違反保護令罪得命預防性羈押

家庭暴力加害人常重複實施家庭暴力或違反民事保護令，許多施暴或違反保護令行為不合刑事訴訟法第101條之1第1項各款所列罪名，無法依該條規定為預防性羈押，為保護被害人之人身安全，104年修法時增訂第30條之1，將家庭暴力罪及違反保護令罪定為預防性羈押之事由，明定：「被告經法官訊問後，認為違反保護令者、家庭成員間故意實施家庭暴力行為而成立之罪，其嫌疑重大，有事實足認為有反覆實行前開犯罪之虞，而有羈押之必要者，得羈押之。」

十八、增訂保密規定

（一）安全探視保密規定

為避免加害人藉由探視子女而繼續對被害人或其子女施暴，96年修正條文第45條第2項增訂：「法院於必要時，得命有關機關或有關人員保密被害人或子女住居所。」

（二）媒體報導保密規定

為保障被害人及其未成年子女之權益，104年修法時參考性侵害犯罪防治法第13條第1項規定，增訂第50條之1有關資訊保密規定：「宣傳品、出版品、廣播、電視、網際網路或其他媒體，不得報導或記載被害人及其未成年子女之姓名，或其他足以識別被害人及其未成年子女身分之資訊。但經有行為能力之被害人同意、犯罪偵查機關或司法機關依法認為有必要

者，不在此限。」違反此規定，由目的事業主管機關依第61條之1規定科處罰鍰，並命限期改善、沒入物品、限期移除內容、下架或為其他必要處置。

十九、強制通報應立即通報及處理

96年修法採納行政院版本，修正條文第50條第1、3項明定：執行家庭暴力防治人員在執行職務時知有疑似家庭暴力情事者，應立即通報當地主管機關，至遲不得逾24小時；主管機關接獲通報後應立即處理。

二十、增訂警察之查訪義務

104年修法時認為，查訪並告誡加害人以遏止暴力發生係警政人員之職責，亦為目前警察人員處理家庭暴力事件之實況，且警察如能訪查被害人及其家庭成員，一方面可瞭解加害人施暴情形是否改善，另一方面可適時提供被害人及其家庭成員之必要安全措施，故於第48條第1項增列第4款及第5款規定：警察人員處理家庭暴力案件，必要時應採取保護被害人及防止家庭暴力發生之方法包括：「查訪並告誡相對人」、「訪查被害人及其家庭成員，並提供必要之安全措施」。

二十一、增訂被害人之補助

為解決被害人之經濟困境，96年、98年及104年修正條文第58條比照特殊境遇婦女家庭扶助條例，增訂被害人相關補助如下：

「直轄市、縣（市）主管機關得核發家庭暴力被害人下列補助：

一、緊急生活扶助費用。

二、非屬全民健康保險給付範圍之醫療費用及身心治療、諮商與輔導費用。

三、訴訟費用及律師費用。

四、安置費用、房屋租金費用。

五、子女教育、生活費用及兒童托育費用。

六、其他必要費用。

第一項第一款、第二款規定，於目睹家庭暴力兒童及少年，準用之。

第一項補助對象、條件及金額等事項規定，由直轄市、縣（市）主管機關定之。

家庭暴力被害人年滿二十歲者，得申請創業貸款；其申請資格、程序、利息補助金額、名額及期限等，由中央目的事業主管機關定之。

為辦理第一項及第四項補助業務所需之必要資料，主管機關得洽請相關機關（構）、團體、法人或個人提供之，受請求者不得拒絕。

主管機關依前項規定所取得之資料，應盡善良管理人之注意義務，確實辦理資訊安全稽核作業；其保有、處理及利用，並應遵循個人資料保護法之規定。」

二十二、明定防治課程之最低時數

96年修法採納聯盟版本，修正條文第60條明定：各級中小學每學年應有4小時以上之家庭暴力防治課程，但得於總時數不變下，彈性安排於各學年實施。

參　修法精神與評論

家庭暴力防治法所通過之修正條文，在某些方面可以改正舊法之缺失，補充舊法之不足，但也並非周全無缺。整體而言，家庭暴力防治法之此次修正精神與評論大致如下。

一、擴大法律適用範圍

（一）修法精神

1.事實上夫妻關係範圍過小

家庭暴力防治法制定時，現代婦女基金會委託筆者所起草之草案原規定：現有或曾有同居關係者，為家庭成員。在立法院進行朝野協商時，因為有些委員認為有許多同居關係不合法，所以不宜定義為家庭成員，有些

委員認爲同居關係定義不明確，所以不宜納入法律保護範圍，有些委員則認爲家庭暴力防治法剛剛立法，不宜將同居關係納入保護範圍，以免適用範圍過廣，所以協商結果以「事實上夫妻關係」取代「同居關係」。

　　家庭暴力防治法對於事實上之夫妻關係並未加以定義，法院在審理民事保護令案件時，也嘗試將事實上夫妻關係作廣義解釋，讓更多被害人可以適用家庭暴力防治法而向法院聲請民事保護令。然而，因爲立法意旨係希望縮小家庭暴力防治法之適用範圍，所以才以事實上夫妻關係取代同居關係，而且，許多同居關係並非情侶關係，例如：寺廟之僧侶、修道院之修士等等，所以不管法院如何將事實上夫妻關係作擴大解釋，仍無法涵蓋所有之同居關係，更何況法院對於事實上夫妻關係迄未作成確定之定義，而我國學者多採取日本學者之見解，認爲事實上之夫妻關係應有婚姻之意思，並有夫妻般之共同生活，且應具備不違反公序良俗之實質要件，其範圍遠小於同居關係。

2. 同居關係納入家庭成員

　　96年修正條文第3條第1項第2款將現有或曾有同居關係者，明定爲家庭成員，擴大家庭暴力防治法之適用範圍，讓所有同居關係之被害人均可以聲請保護令，並受家庭暴力防治法之保護。

3. 未同居親密關係伴侶納入保護範圍

　　104年修法時，雖未將未同居親密關係伴侶納入第3條所定之家庭成員，但考量未同居之親密關係暴力多盛行於16至24歲女性，爲使未同居親密關係暴力被害人獲得保護，104年修法增訂第63條之1，明定年滿16歲而遭受現有或曾有親密關係之未同居伴侶施以身體或精神上不法侵害之情事者，準用第2章「民事保護令」以及第5章「預防及處遇」之部分規定。

（二）修法評論

1. 優點

　　96年修正條文將同居關係與事實上夫妻關係並列，均爲家庭成員，具有下列優點：

　　(1)擴大家庭暴力防治法之適用範圍，讓同居關係者均可聲請民事保護令，且受家庭暴力防治法所定各種制度之保護。

(2)以同居關係取代事實上夫妻關係,民法第982條關於結婚之規定,已由儀式婚修正為登記婚,該條文於民國97年5月23日施行後,已舉行婚禮但未辦理登記之男女,即可認為係屬我國即日本學說上所稱不違背公序良俗之事實上夫妻關係,應透過親屬法之修正,讓這些事實上夫妻雖非與法律上之夫妻有完全相同之權利義務,但應較同居關係受更多保護,例如:其所生之子女為非婚生子女、彼此有扶養義務及繼承權等。因此,家庭暴力防治法將同居關係與事實上夫妻關係加以區隔,將有利於在法律上建構更完整的事實上夫妻制度及同居制度。

2. 缺點

(1)反對家庭暴力防治人員聲請保護令之理由

此次修法雖讓同居關係者間所發生之暴力事件可以由被害人聲請保護令行為,卻未能採納聯盟版本,讓家庭暴力防治人員在執行家暴防治業務遭受暴力時可以為自己聲請保護令,僅於第49條規定:「醫事人員、社會工作人員、臨床心理人員、教育人員及保育人員為防治家庭暴力行為或保護家庭暴力被害人之權益,有受到身體或精神上不法侵害之虞者,得請求警察機關提供必要之協助。」

反對讓家庭暴力防治人員為自己聲請保護令之理由為:①社工員如受委託執行家暴防治業務,依新修正之刑法係屬公務員,可受保護,不必聲請保護令;②家庭暴力防治人員與加害人不共同生活,聲請保護令與家庭暴力防治法之規範不合;③其他執法人員(如環保人員)常受威脅亦未有保護令之設計,不能獨厚家暴防治人員等。因此,當醫事人員、社工人員、臨床心理人員、教育人員及保育人員等家庭暴力防治人員,為防治家庭暴力行為或保護家庭暴力被害人之權益,而受到身體或精神上不法侵害時,將無法為自己聲請保護令。

(2)反對理由似是而非

事實上,反對理由均屬似是而非。民事保護令具有快速保護被害人、預防受害等功能,是開啟刑事處罰及民事賠償以外的救濟途徑,目前是家庭暴力被害人最喜歡使用的救濟途徑,所以「社工員如果是公務員可依刑

法受保護而不必聲請保護令」之反對理由，實屬無稽。再者，家庭暴力防治法之民事保護令並非以保護共同生活者為前提，所以現為或曾為四親等之旁系親屬，不論其是否共同生活，均為家庭成員，可以聲請保護令，因此，「家庭暴力防治人員與加害人不共同生活，聲請保護令與家暴法之規範不合」之反對理由，實為曲解法律。此外，家庭暴力防治人員如確實有受民事保護之必要，所以才發出需要保護的心聲，至於其他非家庭暴力防治人員如有受保護之必要，應另立法律加以保護，而不能以其他人員無法受保護為由，反對家庭暴力防治人員可以聲請保護令。因此，「其他執法人員常受威脅亦未有保護令之設計，不能獨厚家暴防治人員」之反對理由，難以讓人信服。

(3)家庭暴力防治人員應受保護令之保護

此次修法未能將家庭暴力防治人員納入保護範圍，僅於修正條文第21條第2項規定：社政機關執行未成年子女會面交往或加害人處遇計畫之保護令時，必要時得請求警察機關協助。然而，此條所定警察人員之協助範圍非常狹小，協助對象十分有限，而且，充其量僅能在社政人員執行上開保護令時給予協助，完全無法提供民事保護令之事前防止及隔離等功能。因此，此種修法方式不僅讓家庭暴力防治人員的安全未受保護，而且可能使公權力在執法時難以完全貫徹，而不重視基層執法人員之心聲，對於執法士氣更是一種打擊。

二、增加防暴資源

（一）修法精神

1. 設立防暴基金

家庭暴力防治法、性侵害犯罪防治法、性騷擾防治法實施迄今，從中央到地方一直處於缺人及缺錢狀態。作為此三法中央主管機關之內政部，雖然防治家庭暴力及性暴力（性侵害及性騷擾）之預算逐年微幅增加，但迄95年止，所編列之預算（包括一般性補助款在內）僅2.1餘億元，經臺灣防暴聯盟於95年間拜會行政院蔡副院長英文後，96年度之預算雖增編1.6餘

億元而共計3.8餘億元，但仍不足以因應地方政府缺錢、缺人的窘境。

為使政府投入更多資源以解決家庭暴力及性暴力問題，96年修法條文第6條明定：內政部得設置家庭暴力及性侵害防治基金，以加強推動家庭暴力及性侵害防治工作。104年再修正第6條，第1項將「得」設置基金改為「應」設置，增列第2項明定基金來源包括：(1)政府預算撥充。(2)緩起訴處分金。(3)認罪協商金。(4)本基金之孳息收入。(5)受贈收入。(6)依本法所處之罰鍰。(7)其他相關收入。此條文讓中央政府有設置防暴基金之法源，當政府所編列之預算不足時，可以視不足之情況設置及應用防暴基金，以充實防暴相關人力及經費。

2. 提供庇護安置及就業服務

為使家庭暴力之被害人能得到庇護安置，在經濟上獨立自主，96年修正條文第8條第1項第3、4款明定，家庭暴力防治中心應為被害人以階段性、支持性及多元性提供職業訓練及就業服務，並提供被害人及其未成年子女短、中、長期庇護安置服務，讓被害人能早日脫離暴力陰影。

104年增訂第58條之1第1項規定：對於具就業意願而就業能力不足之家庭暴力被害人，勞工主管機關應提供預備性就業或支持性就業服務。

3. 增訂被害人之補助

為解決被害人及其子女之經濟困境，96年及98年修正條文第58條明定，地方主管機關得核發家庭暴力被害人緊急生活扶助、醫療、訴訟、安置、子女教育、創業貸款等補助費用。

（二）修法評論

1. 優點

防暴基金、庇護安置處所、職業訓練及就業服務之設置、補助費用之核發等，一方面可以讓中央及地方政府有機會展現防治家庭暴力及性暴力之決心，另一方面可以讓充實防暴資源於法有據。因此，上開修法條文對於家庭暴力防治法之落實執行，具有相當重大之意義，如能落實，不僅可以解決不少執法困境，有可以對被害人採取更具體可行之保護措施。

2. 缺點

依96年修正條文第6條規定，防暴基金係「得」設置而非「應」設置，亦即，防暴基金是否設立完全取決於主管機關內政部，縱使不設立亦無違法。再者，基金數額亦由內政部決定，並無法定最低數額之規定。104年雖將該條修正為「應」設置而讓主管機關衛生福利部負有設置義務，並明定基金來源，但該基金來源是否穩定、足夠，仍令人擔憂。因此，中央政府是否設置足夠之防暴基金以辦理防暴業務，將成中央政府是否重視防暴問題的重要指標。

此外，此條文未將性騷擾防治納入其中，可見性騷擾問題雖然十分普遍而嚴重，但尚未獲得政府應有的重視。

三、明定政府有關單位之設立方式

（一）修法精神

家庭暴力防治法制定時，即賦予司法、警政、社政、醫療、教育等機關不少責任，並成立一些新單位。但家庭暴力防治法實施之後，有些新成立之政府單位欠缺法源基礎，有些雖有法源基礎卻欠缺強制力，或名實不相符，此不僅影響執法成效，而且可能產生違法情況。

為改善上開缺失，此次修法明定政府有關單位之設立方式，較重要包括：

1. 地方政府負設立委員會義務

舊法規定各級地方政府「得」設立家庭暴力防治委員會，自家庭暴力防治法實施後，許多地方政府均依法設立家庭暴力防治委員會，成效十分良好，對於家庭暴力防治業務之推廣發揮相當功能，但有些地方政府仍未設立。因此，修法條文第7條明定地方政府主管機關「應」設立而非「得」設立家庭暴力防治委員會，強制各級地方政府均應依法設立委員會，以研擬防暴法規政策及協調、督導、考核防暴事項之執行。

2. 中央主管機關名實相符

舊法規定家庭暴力防治法之主管機關為「內政部家庭暴力防治委員

會」，但家庭暴力防治法實施後，「內政部家庭暴力防治委員會」一直是處於任務編組或內部單位狀態，從未成為實質上之主管機關，故遭受主管機關違法之批評。因此，96年修正條文第4條將家庭暴力防治法之中央主管機關改為內政部，以去除主管機關名實不符之窘境，也讓「內政部家庭暴力防治委員會」之內部機關或任務編組型態得以確立。為因應中央組織再造，104年修正第4條第1項，將主管機關由「內政部」改為「衛生福利部」。

然而，衛生福利部於102年7月23日成立後，家暴法規定所屬內政部之權責事項改由衛生福利部管轄，故內政部家庭暴力及性侵害防治委員會因而裁撤，但衛生福利部雖設置「保護服務司」，卻未成立家庭暴力防治委員會，僅成立家庭暴力及性侵害防治推動小組，易招致違背家暴法應設置委員會之規定、降低層級及不重視家暴防治業務等批評。

3. 家庭暴力服務處取得設立法源

舊法雖未明定地方政府得於法院內設立家庭暴力事件服務處，但自從臺北市政府於士林地方法院率先設立服務處後，各級地方政府陸續於法院內設立服務處，因廣受各界肯定，司法院及內政部也積極推動，現今各級地方政府除離島法院外，均已於法院設立家庭暴力事件服務處。由於服務處之設立方式、地方政府與地方法院之權責劃分均不明確，而且欠缺法源基礎，所以96年修正條文第19條第2項回應臺灣防暴聯盟關於服務處正名化之訴求，明定地方政府主管機關應於所在地地方法院設立家庭暴力事件聯合服務處所，由地方政府提供人力及經費，法院提供場所、軟硬體設備及其他相關協助。

（二）修法評論

1. 優點

內政部家庭暴力防治委員會、地方法院之家庭暴力防治委員會、法院內之家庭暴力服務處，均在家庭暴力防治中居於非常重要之角色。修法條文將此3個單位之設立方式及權責劃分，作明確規範，不僅解決設立違法問題，而且可以減少衝突，增進政府機關與民間團體之合作關係，讓防暴業務之執行更符合現實狀況，也更貼近民意。

2.缺點

聯盟版本原本明定服務處得由地方法院能自行設立、與地方政府共同設立或委託間團體設立，讓地方法院有充分自由選擇之權利，但因司法機關不願擔任設立者之角色，所以修法條文第19條第2項雖讓家庭暴力事件服務處取得設立之法源基礎，但明定設立者係地方政府而非法院，此不僅讓地方法院失去服務處之主導地位，而且不能以服務處取代司法社工。

四、改善民事保護令制度

（一）修法精神

家庭暴力防治法此次修正雖未對民事保護令之整體架構作大幅度修正，但仍對民事保護令作不少修正，以充實其內容及改正其缺失。較重要之修正包括：

1.將緊急保護令從暫時保護令中抽離，讓緊急保護令之有關規定更為明確，並解決舊法關於保護令種類名實不符之問題（名為二種實為三種）。

2.為充實通常保護令之內容，擴充其救濟範圍，96年修正條文第14條第1項第2款、第12款增訂法院核發民事保護令時得核發下列命令：禁止加害人對於被害人為接觸或跟蹤行為、禁止加害人查閱被害人及受其暫時監護未成年子女之戶籍、學籍、所得來源等相關資訊。再者，為使被害人之身心及生活更為穩定，104年修正第15條，將通常保護令之有效期間及延長期間均由「1年以下」改為「2年以下」，並刪除延長「以一次為限」之規定，且為避免被害人因擔心遭加害人報復等因素致未聲請延長保護令，故放寬聲請人之範圍，讓檢察官、警察機關及社政機關均有權聲請延長通常保護令。

3.為回應大法官會議解釋及解決保護令之執行爭議，增訂第2章第2節「執行」，於第21條至第27條中增訂執行程序如下：

　(1)分散執行機關：除舊法所定之金錢給付令由法院執行外，不動產禁止使用收益或處分、限期不履行交付子女之保護令改由法院執行，

家暴中心主責之會面交往、完成加害人處遇計畫改由社政機關執行，禁止查閱資訊由相關機關執行，戶籍遷徙登記由戶政機關執行，其他命令由警察機關執行。

(2)增訂警察執行程序：警察得依法強制進入處所及取交物品，強制取交或申請變更、註銷、補發或核發憑證等。

(3)增訂聲明異議程序：當事人或利害關係人於執行保護令時，得依法向執行機關聲明異議。

4.暫免徵聲請費及執行費：為減輕被害人之經濟負擔、快速核發及執行保護令，修正條文第10條第3項規定：保護令之聲請、變更、延長及抗告均免徵裁判費，並免徵郵務送達及差旅費。修正條文第21條第1項第1款、第24條規定：被害人向法院聲請執行保護令暫免徵收執行費。

（二）修法評論

1. 優點

修法條文將民事保護令之整體架構作微幅調整，並充實其內容，不僅減輕被害人之負擔，而且擴大救濟範圍、存續期間及聲請人，也使執行機關之權責劃分及執行程序更為明確，確實有助於民事保護令之快速核發及執行，提升其保護功能，使被害人之身心及生活更為穩定，並賦予警政、司法、社政機關更多執行權限及責任，且可減少執行爭議，故其整體規範，較舊法更為優良。

2. 缺點

聯盟版本之民事保護令執行係仿外國立法例，將違反金錢以外之保護令均明定為違反保護令罪，並由警察以逮捕方式執行之，一方面讓保護令之執行單純化，警察容易執行，而且警察因加害人違反保護令而加以逮捕後，將其移送地檢署，可以由檢察官核發釋放條件，使檢察官與刑事庭法官也能經由核發釋放條件及緩刑條件等「刑事保護令」而保護被害人，讓刑事保護令發揮其應有之功能。然而，由於有不少人認為刑事處罰係不得已才使用之最後手段，所以聯盟版本的上開執行方式未被採納。

修法條文將民事保護令之執行機關由舊法之警察機關與法院，擴充為

法院、警察機關、社政機關、戶政機關及其他相關機關，讓執行機關變成多頭馬車，欠缺統一執行窗口，當事人執行民事保護令時，難免要花費更多時間與精力。

再者，警察機關執行保護令時，必須視情況而採取逮捕、強制進入處所、取交物品、申請變更或核發憑證等方式，對於擅長辦理刑事案件之警察機關，是一項很大的挑戰，也是一種沉重的負擔。

此外，交付子女之命令改由法院而非警察執行，目前實務上，法院所定探視權之交付子女之命令，常應在週末為之，法院與警察不同，週末不上班，法院如何執行非上班時間之交付子女命令，將是一道有待解決的難題。

而且，關於金錢給付保護令屆期失效後，是否仍可聲請強制執行；暫時及緊急保護令之舉證責任，是否應該降低；暫時及緊急保護令之裁定，是否可以抗告等問題，在實務上均曾引起爭議。修法條文未採納聯盟版本之下列規定：已到期之金錢給付之保護令於通常保護令因有效期間屆滿而失效後仍得聲請強制執行、暫時及緊急保護令之舉證責任為「釋明」而非「證明」、法院准許暫時及緊急保護令時不能抗告，不僅未能消弭實務上之爭議，而且無法加快暫時及緊急保護令核發之速度，令人感到相當遺憾。

五、加強保護被害人

（一）修法精神

為達成保護被害人權益之立法目的，此次修法增加不少保護被害人之規定，除前述之同居關係者及未同居親密關係者可以聲請保護令、家庭暴力防治中心應提供或轉介庇護安置及就業服務、勞工主管應提供就業服務、地方政府應於法院內設置家庭暴力事件服務處、擴充保護令之救濟範圍、存續期間及聲請人、暫免徵民事保護令之聲請費及執行費外，尚包括下列重要規定：

1.修法條文第1條將舊法「促進家庭和諧」之立法目的刪除，以免

「勸和不勸離」之家庭暴力迷思妨礙被害人之求助行爲。

2.爲避免被害人在司法程序中受到傷害：

(1)民事保護令事件

96年修正條文第13條第3項、第4項規定：隔別訊問必要時得依聲請或職權在法庭外爲之、得採有聲音及影像相互傳送之科技設備或其他適當隔離措施、被害人得於審理時聲請其親屬或個案輔導之社工人員、心理師陪同被害人在場並得陳述意見。修正條文第19條第1項規定：「法院應提供被害人或證人安全出庭之環境與措施。」其立法理由爲：法院應提供被害人或證人安全出庭之環境與措施包括下列情形，以維護其人身安全並免於心理恐懼：①對危機或極度恐懼的受暴者，能提供視訊或單面鏡審理空間；②規劃有安全危機之受暴者，到庭時使用不同之出入路線；③准許社工人員陪同受暴婦女出庭。

(2)刑事案件

104年修法時，增訂被害人於警訊及偵查中之保護措施包括：①爲確保被害人隱私及人身安全，增訂第36條定2項規定：「警察機關於詢問被害人時，得採取適當之保護及隔離措施。」②考量家庭暴力事件對被害人身心影響甚鉅，爲減緩被害人在偵查程序中所受到之心理衝擊，協助被害人在偵查程序中能盡可能完整陳述，增訂第36條之1，於第1項規定：「被害人於偵查中受訊問時，得自行指定其親屬、醫師、心理師、輔導人員或社工人員陪同在場，該陪同人並得陳述意見。」爲落實被害人接受陪同偵訊之權利，於第2項規定：「被害人前項之請求，檢察官除認其在場有妨礙偵查之虞者，不得拒絕之。」爲發揮陪同之功能，於第3項規定：「陪同人之席位應設於被害人旁。」

3.爲避免加害人藉由探視子女而繼續對被害人或其子女施暴，96年修正條文第45條第2項增訂：法院於必要時得命有關機關或有關人員保密被害人或子女住居所。

104年修法時於增訂第50條之1有關媒體保密規定：「宣傳品、出版品、廣播、電視、網際網路或其他媒體，不得報導或記載被害人及其未成年子女之姓名，或其他足以識別被害人及其未成年子女身分之資訊。但經

有行為能力之被害人同意、犯罪偵查機關或司法機關依法認為有必要者，不在此限。」違反此規定，由目的事業主管機關依第61條之1規定科處罰鍰，並命限期改善、沒入物品、限期移除內容、下架或為其他必要處置。

（二）修法評論

修法條文採取許多保護被害人之規定，為被害人建構更周全之保護制度，使更多被害人可以透過民事保護令制度受到更多保護，減少司法程序中之二度傷害，也可以接受地方政府更多服務，以協助其勇敢脫離暴力，自力更生。

六、放寬警察及檢察官之逕行拘提權限

（一）修法精神

加害人因實施家庭暴力而構成犯罪時，如果警察機關及檢察官無逕行拘提之權限，因家庭暴力常發生於夜間或其他非上班時間，警察及檢察官將難以將加害人逮捕。

為增強警察機關及檢察官辦理家庭暴力刑事案件之能力、權限及責任，96年修法條文第29條第2、3項明定：檢察官、司法警察官或司法警察偵查犯罪認被告或犯罪嫌疑人犯家庭暴力罪或違保護令罪嫌疑重大，且有繼續侵害家庭成員生命、身體或自由危險，而情況急迫者，得逕行拘提之。檢察執行逕行拘提時，得不用拘票，司法警察以其急迫情形不及報請檢察官者為限始得逕行拘提，於執行後應即報請檢察官簽發拘票，如檢察官不簽發拘票時，應即將被拘提人釋放。

（二）修法評論

1. 優點

家庭暴力防治法賦予警察人員極重之責任，包括聲請保護令、執行保護令及依法保護被害人等，舊法卻未能擴大警察人員之拘捕權限，原因在於許多人因重視被告人權而忽視被害人之人權，也有不少人不信任警察之辦案能力，還有一些人認為家庭暴力防治法是小法，不能在家庭暴力防治

法中有與刑事訴訟法不同之規定，所以舊法未能仿外國之「無令狀逮捕」制度，賦予警察逕行拘捕權限。

在外國法中，無令狀逮捕制度與民事保護令制度均為防治家庭暴力不可或缺之重要制度，好比鳥之雙翼，二者相輔相成，許多加害人被警察依法逮捕時，才知道家庭暴力不是家務事，而是犯罪行為。不賦予警察更多逮捕權限，其實是要求警察辦案卻不給警察應有的武器，不僅對於警察人員不公平，而且無法發揮防治家庭暴力之功能。

修法條文賦予司法警察及檢察官更多逕行逮捕權限，對於司法警察是一種肯定，在防治家庭暴力及保護被害人人權上，跨出歷史性的一大步，令人感到振奮。

2. 缺點

修法條文採納行政院而非聯盟版本，將逕行拘提權限於情況急迫，且司法警察必須以其急迫情形不及報請檢察官者為限，才可以行使逕行拘提，執行後還須報請檢察官簽發拘票，否則應將被拘提人釋放。

修法條文對於警察人員行使逕行拘提權之種種限制，不僅讓有逕行拘提權之警察負有判斷情況是否急迫之義務，且拘提後仍須報請檢察官簽發拘票，如此一來，警察執行逕行拘提權時可能陷入是否逾越權限之爭議，嚴重影響警察執行逕行拘提權之意願。再者，修法條文將舊法之「應」逕行拘提，改為「得」逕行拘提，將強制拘提改為任意拘提，警察在可以逕行拘提時，縱使不行使逕行拘提權也不違法，更讓警察有不行使逕行拘提權之理由。因此，修法條文之逕行拘提權究竟可以提高警察多少之執法效能以保護被害人，實在讓人存疑。

七、強化刑事保護令制度

（一）修法精神

雖然家庭暴力防治法規定對於犯家庭暴力罪及違反保護令罪之刑事被告或受刑人，檢察官得於偵查中定釋放條件，於假釋付保護管束時定假釋條件（應遵守事項），法官得於審判中定釋放條件，於判決緩刑時定緩刑

條件，此釋放條件、緩刑條件及假釋條件，學說上稱為刑事保護令。

　　刑事保護令在外國法制中，發揮極大的保護及防治功能，因為違反刑事保護令之法律效果為直接羈押及監禁，較違反民事保護令之民事執行或犯罪起訴之效果更為強烈。

　　然而，自從家庭暴力防治法實施以來，由於警察之拘捕權限並未放寬，檢察官及刑庭法官較少接受家庭暴力防治訓練等原因，民事保護令成為被害人最常使用的救濟途徑，民事法庭及家事法庭法官擔負暴力防治之重責大任，檢察官、刑事庭法官似乎可以置身事外，很少利用刑事保護令以防治家庭暴力。

　　修法條文為充實刑事保護令之規範內容，增訂下列規定：

1. 96年修正條文第31條第1項第2、4款及第33條、第38條、第39條增訂，檢察官定釋放條件及假釋條件、法官定釋放條件及緩刑條件時，得禁止對被害人為跟蹤行為、命遠離下列場所特定距離：被害人之住居所、學校、工作場所或其他被害人或其特定家庭成員經常出入之特定場所。

2. 96年修正條文第31條第2項規定釋放條件之有效其間為：自具保、責付、限制住居或釋放時起生效至刑事訴訟終結時為止，最長不得逾1年。

3. 104年修正第38條，將法院「得」核發緩刑條件改為「除顯無必要者外應」核發。

（二）修法評論

1. 優點

　　修法條文將遠離令及禁止跟蹤令納入刑事保護令之內容，並明定釋放條件之有效期間，且擴充法官與檢察官在違反釋放條件時之處理權限，並加重法官核發緩刑條件之義務，可以讓刑事保護令更具有保護被害人之效果。再配合擴大檢察官、司法警察、司法警察官拘捕權限之修法條文，對於刑事保護令功效之提升，應該具有相當助益。

2. 缺點

(1)違反釋放條件難以羈押

96年修正條文第32條第2項不採聯盟及行政院版本，關於被告違反釋放條件時，法院及檢察官可以不受刑事訴訟法規定限制而命羈押之規定，明定：「被告違反檢察官或法院依前條第1項第1款所定應遵守之條件，犯罪嫌疑重大，且有事實足認被告有反覆實施家庭暴力行為之虞，而有羈押之必要者，得依刑事訴訟法第101條之1之規定，偵查中檢察官得聲請法院羈押之；審判中法院得命羈押之。」依此規定，被告違反釋放條件時，命羈押必須符合下列條件：①違反「禁止實施家庭暴力」條件；②犯罪嫌疑重大；③有事實足認被告有反覆實施家庭暴力行為之虞而有羈押之必要；④符合刑事訴訟法第101條之1之規定。然而，符合刑事訴訟法第101條之1規定者，本來就可以依該條規定為預防性羈押，修法條文第32條第2項形同具文，完全無法達到放寬羈押條件之功能。

為解決此一問題，104年修法時，認為刑事訴訟法第101條之1並無家庭暴力之相關規定，故將上開第32條第2項「得依刑事訴訟法第101條之1之規定」文字刪除。然而，被告違反釋放條件時，命羈押雖不須符合刑事訴訟法第101條之1之規定，但仍須符合下列條件：①違反「禁止實施家庭暴力」條件；②犯罪嫌疑重大；③有事實足認被告有反覆實施家庭暴力行為之虞而有羈押之必要。因此，被告如違反釋放條件時可能有許多無法羈押之情況，例如：被告違反禁止跟蹤、禁止連絡、遠離特定場所、特定距離等命令時，如採取嚴格解釋，可能無法依修法條文第32條第2項規定加以羈押，則修法條文第32條第2項所能達到放寬羈押條件的功能也可能非常微小，只有限於在違反禁止施暴命令時，才有適用此條聲請羈押或命羈押之機會。

因此，法官及檢察官縱使核發釋放條件，也很難依修法條文第32條第2項羈押被告。違反釋放條件而無法加以羈押，將使釋放條件毫無強制力，不僅有損司法威信，而且會降低法官及檢察官定釋放條件之意願，讓刑事保護令的功能打了一些折扣。

(2)釋放條件之期間過短

修法條文第31條第2項、第33條規定，檢察官或法官所核發之釋放條件，期間最長為1年，且不能延長。則釋放條件的期間不僅較舊法更短，也較通常保護令短，而且讓檢察官所發的釋放條件不能與法官所發的釋放條件銜接，法官所發的釋放條件亦無法與法官所發的緩刑條件相互銜接，如此一來，釋放條件的功能將大打折扣，也可能迫使被害人必須再聲請民事保護令，徒增訟累，浪費司法資源。

肆 結 論

家庭暴力防治法之修法運動長達5年才完成修法，比家庭暴力防治法之制定期間更長，過程更為艱辛。此次修法因為關心此法之立法委員願意接納許多臺灣防暴聯盟之意見，使得聯盟版本在立法院審議過程中能得到與官方版本相同之重視。

立法院歷次通過之修法條文，讓家庭暴力防治法之適用範圍擴及同居關係、未同居親密伴侶關係、目睹家庭暴力兒童及少年，為防暴基金、就業扶助、費用補助及法院內之家庭暴力事件服務處等提供設立或核發法源，讓緊急保護令得以正名，充實民事保護令及刑事保護令之內容，擴張檢察官及司法警察之逕行拘提權，放寬預防性羈押要件，並強化被害人之保護，所以相當程度可以填補舊法之漏洞及改善舊法之缺失。

然而，修法條文未能讓家庭暴力防治人員有為自己聲請民事保護令之機會，忽視家庭暴力防治人員人身安全之保護。此外，修法條文規定司法警察之逕行拘提權限於情況急迫不及報請檢察官者為限才可以行使，執行後還須報請檢察官簽發拘票，又將逕行拘提權由舊法之強制拘提改為任意拘提，嚴重影響警察執行逕行拘提權之意願，逕行拘提權將無法完全發揮保護被害人之功能。再者，修法條文雖放寬預防性羈押要件，讓法官對於違反釋放條件者、重複實施家庭暴力罪或違反保護令罪者均得命預防性羈押，但關於違反釋放條件之預防性羈押，卻規定被告違反釋放條件時，必須限於違反第31條第1項第1款禁止實施家庭暴力之命令始能羈押，使許多

違反釋放條件之被告（例如被告違反禁止接觸令、遷出令、遠離令等）不能依法為預防性羈押，刑事保護令的功效仍難開展。而且，修法條文規定釋放條件期間最長為1年，且不能延長，讓檢察官與法官所發的釋放條件無法相互銜接，也使法官所發的釋放條件不能與緩刑條件相銜接，釋放條件因而難以取代民事保護令，徒增訟累。此外，修法條文讓法院無法在家庭暴力服務處取得設立主導地位，使民事保護令執行機關分散而為多頭馬車。還有，修法條文未能明文降低暫時及緊急保護令之舉證責任，亦未明定法院准許暫時及緊急保護令時不能抗告，實難以改善外界對於法院核發保護令過於緩慢之批評。

法律修正之後，是否可以有效提升家庭暴力防治功能，提供被害人更多實質保護，還要視法律是否能夠落實執行而定。政府有關機關及執法人員必須重視暴力防治問題，願意投入更多資源及心力，才能達成家庭暴力防治法之立法與修法目的。

第二章　論家庭暴力之定義

壹　緒　論

自從家庭暴力防治法於民國87年6月24日實施之後，歷經漫長的修法路程，第1次修法條文終於在民間團體、立法委員及政府官員的努力推動及共同協商後順利通過立法，於民國96年3月28日公布施行。

家庭暴力防治法在舊法中已有明確之定義，但在該法於民國87年制定時，因為不少國人對於此法是否會引起家庭紛爭存有相當大的疑慮，所以將同居關係排除於法律之適用範圍。多年來，「擴大法律適用範圍」一直是「家庭暴力防治法修法聯盟」及「臺灣防暴聯盟」的重要修法訴求，此項訴求在此次修法中幾經波折終於獲得善意回應，同居關係被納入保護範圍，家庭暴力的定義因而被擴大，此舉不僅讓更多人可以得到家庭暴力防治法之保護，而且對於家庭暴力防治法受到國人的肯定，也具有重要的指標意義。104年修法時再度擴大保護範圍，將滿16歲親密關係未同居伴侶、目睹家庭暴力兒童及少年均納入其中。

家庭暴力是一個不確定之法律概念，所以在適用法律時難免會引起爭議，為減少爭議，並達成家庭暴力防治法第1條所訂之防治家庭暴力及保護被害人立法目的，有必要從家庭暴力防治法之立法精神、外國相關法規、我國及外國之學說及實務見解來探求家庭暴力之定義，才能妥善適用法律，發揮其保護與防治之功能。

貳　家庭暴力之定義

一、外國法之定義

（一）關於暴力

各國立法例對於暴力之定義向來十分分歧，不少國家對於暴力採取

較為廣泛之定義，例如：依厄瓜多爾法律，暴力不限於身體虐待，精神虐待及性虐待亦屬之，而且得以作為或不作為之方式實施，所謂虐待，包括限制個人之行動自由在內[1]；波多黎各法律規定，所謂精神虐待包括嚴重之情感傷害以及恐嚇等[2]；蓋亞那（Guyana）法律規定，所謂虐待係指一種具有以下目的之常態行為：侮辱、破壞或嘲弄個人價值、不當限制共同財產之使用權或管理權、勒索、經常守夜、孤立、使人得不到適當的食物或休息、威脅剝奪子女之監護權、破壞非屬於自己且為他人所尊貴之物品等[3]。

世界衛生組織（World Health Organization）於西元2002年提出「世界暴力與健康報告」（World Report on Violence and Health），對於暴力採取十分廣泛之定義如下：「故意對自己、他人、團體或社區為威脅或實際使用身體武力或權力，造成或非常可能造成受傷、死亡、精神傷害、發育不良或剝奪。」此報告將暴力依實施對象而分為三個類型：自我暴力（self-directed violence）、人際暴力（interpersonal violence）、集體暴力（collective violence）。人際暴力又依實施對象是否有親人或親密關係而再分為兩個類型：家庭及親密伴侶暴力（family and intimate partner violence）、社區暴力（community violence）[4]。

（二）關於家庭暴力

關於外國立法例對於家庭暴力之定義，歐洲理事會（Council of Europe）於西元2011年通過之「婦女受暴及家庭暴力防制公約」（Convention on preventing and combating violence against women and domestic violence）第3條第1項第2款規定：「家庭暴力應指所有在家庭內、配偶或伴侶間、前配偶或前伴侶間所發生之身體、性、心理或經濟

---

[1] for Women, Law & Dev. International, State Responses to Domestic Violence 77 ,78 （Rebecca P. Sewall et al. Eds, 1996）.

[2] 同前註，78頁。

[3] 同前註，77頁。

[4] World Health Organization, World Report on Violence and Health: Summary 4-5(2002).

暴力（economic violence）而言，不以加害人與被害人現在或曾經同居為限。」

再者，美國模範家庭暴力法（Model Code on Domestic and Family Violence）第102條第1項規定，所謂家庭暴力，係指非正當防衛行為而有下列情形之一者：1.意圖或已經致使家庭成員受身體傷害；2.使家庭成員置身於身體傷害之恐懼中；3.以武力、恐嚇或脅迫方法，致使家庭成員從事非自願性行為（sexual activity）。

此外，紐西蘭家庭暴力法（Domestic Violence Act）第3條規定，所謂家庭暴力係指一個人對於與其現有或曾有家庭關係（domestic relationship）者實施暴力行為而言。所謂暴力係指身體虐待、性虐待及精神虐待而言。所謂精神虐待，包括但不限於下列行為：1.恐嚇（intimidation）；2.騷擾（harassment）；3.毀損財物；4.以身體、性或心理虐待要脅；5.財物或經濟虐待（例如：拒絕或限制獲得財物資源，防止或限制就業機會或接受教育等）；6.致使或容許兒童目睹或聽聞與該孩童有家庭關係者遭受身體、性或心理虐待，或致使或容許兒童置身於目睹或聽聞發生該虐待之危險中。不過，家庭暴力之受虐者，不會構成致使或容許兒童目睹或聽聞與其有家庭關係者受虐、致使或容許兒童置身於目睹或聽聞暴力之危險中。

二、我國法之定義

我國家庭暴力防治法對於家庭暴力之定義規定於第2條第1項第1款，舊法僅規定身體虐待及精神虐待，104年修法時將經濟虐待納入，規定如下：「家庭暴力：指家庭成員間實施身體、精神或經濟上之騷擾、控制、脅迫或其他不法侵害之行為。」

此規定對於暴力採廣義而概括之定義，包括身體上、精神上及經濟上之不法侵害行為，至於何謂不法侵害行為，則以「騷擾、控制、脅迫」等例示規定，再加上「其他」之概括規定未加以定義。

此條文所規定之暴力行為態樣，包括身體虐待、精神虐待及經濟虐待

3種，其中以精神虐待及經濟虐待之定義較難認定。「法院辦理家庭暴力案件應行注意事項」第1條規定：

「家庭暴力防治法（以下簡稱本法）所稱精神或經濟上之騷擾、控制、脅迫或其他不法侵害之行為，包括下列足以使被害人畏懼、心生痛苦或惡性傷害其自尊及自我意識之舉動或行為：

一、言詞攻擊：以言詞、語調脅迫、恐嚇，企圖控制被害人，例如謾罵、吼叫、侮辱、諷刺、恫嚇、威脅傷害被害人或其親人、揚言使用暴力、威脅再也見不到小孩等。

二、心理或情緒虐待：以竊聽、跟蹤、監視、持續電話騷擾、冷漠、孤立、鄙視、羞辱、不實指控、破壞物品、試圖操縱被害人或嚴重干擾其生活等。

三、性騷擾：如開黃腔、強迫性幻想或特別性活動、逼迫觀看性活動、展示或提供色情影片或圖片等。

四、經濟控制：如不給生活費、過度控制家庭財務、被迫交出工作收入、強迫擔任保證人、強迫借貸等。」

關於家庭暴力與非家庭暴力之區別，則在於實施對象有所不同，亦即，家庭暴力之當事人（即加害人與被害人）間有家庭暴力防治法第3條所定之家庭成員關係，非家庭暴力之當事人間則無此關係。

參 家庭成員之定義

一、外國法之定義

外國立法例對於家庭成員之用詞不完全相同，定義也不一致。

美國模範家庭暴力法稱為「family or household member」，此法第102條第2項採取相當廣泛之定義，包括：(一)配偶或前配偶；(二)現共同生活或曾共同生活者；(三)現正約會交往或曾約會交往者；(四)現有或曾有性關係者；(五)血親；(六)現有或曾有姻親關係者；(七)有共同子女者；(八)配偶之子女、前配偶之子女或有共同子女者之子女。

紐西蘭家庭暴力法稱為「family member」，此法第2條對於家庭成

員亦採取非常廣泛之定義，包括：(一)現有或曾有血親、姻親、公民結合（civil union）、收養或事實上（defacto）關係者；(二)大家庭或在文化上被承認爲家族（family group）之成員；應注意者，紐西蘭家庭暴力法對於家庭暴力之定義，係指一個人對於與其現有或曾有「家庭關係」者實施暴力行爲而言，已如前述。

該法第4條對於家庭關係之定義，比上開家庭成員之定義更爲廣泛，包括：(一)配偶或伴侶；(二)家庭成員；(三)通常分擔家務者；(四)有親密個人關係（close personal relationship）者。

所謂通常分擔家務者，不包含分擔家務之原因純粹基於下列事實者：(一)出租人與承租人關係；(二)僱用人與受僱人關係；(三)受僱人與受僱人關係；(四)占有共同住處。

所謂有親密個人關係，不包括親密關係之原因純粹基於下列事實者：(一)僱用人與受僱人關係；(二)受僱人與受僱人關係。

法院審酌是否具有親密個人關係時，應審酌下列事項但不限於下列事項：(一)關係之特質與強度：應審酌共同相處之時間、通常共同相處之地點、通常共同相處之方式等，但不以有性關係爲必要；(二)關係之持續期間。

二、我國法之定義

（一）家庭成員之定義

我國家庭暴力防治法第3條對於家庭成員所採取之定義，較上開外國立法例之定義小，但包含範圍也相當廣泛，該條列舉規定如下：

「本法所稱家庭成員，包括下列各員及其未成年子女：

一、配偶或前配偶。

二、現有或曾有同居關係、家長家屬或家屬間關係者。

三、現爲或曾爲直系血親或直系姻親。

四、現爲或曾爲四親等以內之旁系血親或旁系姻親。」

依此規定，家庭成員係指現在或以前具有下列關係之一者：1.夫妻關

係；2.同居關係；3.家長與家屬關係；4.同為家屬關係；5.直系親屬關係；
6.四親等內之旁系親屬關係。

（二）增訂目睹家庭暴力兒童及少年之保護規定

兒童及少年因身心發展尚未成熟，如目睹家庭暴力則可能遭受身心創
傷及負面影響，104年修法時，雖家庭暴力防治法第3條或擴張家庭成員之
定義，但於其他相關修正條文增訂保護目睹家庭暴力兒童及少年之規定，
並於第2條第1項第3款增定目睹家庭暴力之定義為：「指看見或直接聽聞
家庭暴力。」

（三）增訂未同居親密關係伴侶之保護規定

許多16歲以上之人遭受有親密關係之未同居伴侶施以暴力，104年修
法時，雖未將未同居親密關係伴侶納入第3條所定之家庭成員，但為此類
被害人獲得保護，增訂第63條之1，餘第1項明定：年滿16歲而遭受現有或
曾有親密關係之未同居伴侶施以身體或精神上不法侵害之情事者，準用
第2章「民事保護令」以及第5章「預防及處遇」之部分規定。第2項規定
「親密關係伴侶」之定義為：「指雙方以情感或性行為為基礎，發展親密
之社會互動關係。」

104年修法增訂第63條之1，明定年滿16歲而遭受現有或曾有親密關係
之未同居伴侶施以身體或精神上不法侵害之情事者，準用第2章「民事保
護令」以及第5章「預防及處遇」之部分規定。

肆 同居關係之認定

上開規定較易發生爭執者，係「同居關係」認定問題。家庭暴力防治
法草案原規定之用語係「同居」，在家庭暴力防治法制定期間進行朝野協
商時，因有些立法委員認為「同居」用語過於不確定，有些立法委員則認
為「同居」用語過於廣泛，所以協商結果係以「事實上之夫妻關係」取而
代之。立法院於民國96年修法時採納臺灣防暴聯盟之修法條文，以「同居
關係」取代「事實上夫妻關係」。

一、舊法之事實上夫妻關係

（一）學説見解

依通說見解，「事實上之夫妻」係與「法律上之夫妻」相對應之用語，婚姻如不合乎法定要件，縱使同居，僅為事實上夫妻，不發生法律上夫妻之身分關係[5]。不過，我國學者對於事實上之夫妻關係，多採取日本學者之見解，認為事實上之夫妻關係應有婚姻之意思，並有夫妻般之共同生活，雖不具備婚姻之形式要件，但應具備某種婚姻實質要件，至於應具備何種婚姻實質要件，則有爭議，一般認為應具備不違反公序良俗之實質要件。亦即，當事人有結婚之意思，互認彼此有配偶關係，組成共同生活關係，並已公然為夫妻共同生活，形成獨占、排他之身分關係，與法律上夫妻相同，故法律不能忽視該事實應予保護[6]。因此，僅有曖昧之男女同居關係，無婚姻意思及婚姻事實，並非事實上之夫妻[7]，如未具備法律上之實質要件致婚姻無效或不成立時（例如：非男女之結合、當事人無意思能力、當事人就婚姻無合意、違反民法第983條近親婚之規定、違反民法第985條關於重婚之規定等），亦不應成立事實上之夫妻關係[8]。再者，如未具備實質要件致婚姻被撤銷時，如係因未得法定代理人同意（民法第981條）、監護人與受監護人結婚（民法第984條）、相姦婚（舊民法第986條）、違反待婚期間所為再婚（舊民法第987條）、被詐欺與被脅迫之婚姻（民法第997條）等，該結合關係雖可認為係事實上之夫妻關係，但被撤銷之婚姻如係因不能人道、無意識或精神錯亂之婚姻等，有學者認為

---

[5] 陳棋炎、黃宗樂、郭振恭，民法親屬新論，55頁，2013年4月版；戴炎輝、戴東雄，中國親屬法，44頁，民國85年2月版；林菊枝，親屬法新論，51頁，民國85年9月版；高鳳仙，親屬法——理論與實務，20頁，2016年9月版。

[6] 陳棋炎，論婚姻成立之實質要件——兼述事實上夫妻，臺大法學論叢，112至113頁（民國70年12月）；郭振恭，論事實上夫妻之保護，輔仁法學第四期，246頁（民國74年1月）；蔡顯鑫，事實上夫妻之概念，陳棋炎先生七秩華誕祝賀論文集——家族法諸問題，221頁至222頁、245至246頁，民國79年10月版；林春長，事實上夫妻之研究，私立輔仁大學法律學研究所碩士論文，33頁，民國89年6月版；戴炎輝、戴東雄，親屬法，131頁，民國91年8月版；陳棋炎、黃宗樂、郭振恭，同前註，55-56頁。

[7] 郭振恭，同前註，245頁。

[8] 陳棋炎，同註6，112頁。

係屬事實上之夫妻關係[9]，有學者則認為非屬事實上之夫妻關係[10]。此外，事實上之夫妻間，應已存有合法婚姻之一般共同生活關係之實，而為社會所公認，故妾、午妻、宿娼等，均非屬事實上之夫妻關係[11]。

（二）實務見解

在實務見解方面，司法院於中華民國88年6月17日以（88）院台廳民3字第15439號發布之「法院辦理家庭暴力案件應行注意事項」第1條、壹、丙、2規定如下：「第3條第2款所稱現有或曾有事實上夫妻關係，宜斟酌加害人與被害人間之主觀意願及客觀事實，並參考下列事實妥適認定之：1.共同生活時間之長短及其動機；2.共同生活費用之多寡及其負擔；3.性生活之次數及其頻繁及程度；4.有無共同子女；5.彼此間之互動關係；6.其他足以認定有一般夫妻生活之事實。」依此規定，何謂事實上之夫妻關係，仍十分不明確，對於事實上夫妻關係之認定似乎幫助不大。

法院之判決意見並不統一，例如：臺灣屏東地方法院87年度訴字第832號判決認為：「按所謂學理上事實夫妻須當事人具備有婚姻之意思，互認他方為自己之配偶，自己為他方之配偶，以自己之全人兩相結合，而組成共同生活關係，並已公然為夫妻共同生活，形成獨占、排他之身分關係。其理論在於一男一女既已有夫妻共同生活之實質，社會上一般人亦公認其為夫妻，其共同生活所牽扯之對內及對外之法律關係，應加以規範，以保護當事人及第三人」。臺灣高等法院臺中分院89年度家護抗字第109號民事裁定則認為：「兩造雖非法律上夫妻關係，但兩造均自承有同居並生下女兒之事實，為家庭暴力防治法第3條第2款之有事實上夫妻關係者，仍為該法所稱之家庭成員，相對人依該法聲請保護令尚無不合。」但臺灣高等法院89年庭長法律問題研討會卻認為：舉行結婚儀式並同居之同性戀伴侶間發生家庭暴力時，不能認為具有事實上之夫妻關係，但如果以永久共同生活為目的而為同居，應認有家屬家長或家屬間之關係，可以聲請保

---

[9] 郭振恭，同註6，246頁。

[10] 陳棋炎，同註6，113頁。

[11] 同前註。

護令[12]。

----

[12] 臺灣高等法院89年庭長法律問題研討會：

【法律問題】

甲、乙二人爲同性戀，雙方舉行結婚儀式後，同居於甲之住所，惟乙未於該住所設籍；某日乙遭甲毆打，某乙可否主張其遭甲施家庭暴力行爲，而向法院聲請核發保護令？

【研討意見】

甲說：乙不可聲請保護令。

(一)我國民法對結婚當事人雖無直接明文限於一男一女之結合關係，惟學者對婚姻之定義，均認爲係「以終生共同生活爲目的之一男一女適法結合關係」，而我國民法親屬編之諸多規定，均建立在兩性結合之基礎上，是現行民法所謂結婚，應不包括同性之結合。準此，乙與甲非家庭暴力防治法第3條第1款之配偶關係，乙自不可以該關係聲請保護令。

(二)又是否爲事實上之夫妻關係，宜斟酌加害人之主觀意願及客觀事實，以資認定有無一般夫妻生活之事實（參法院辦理家庭暴力案件應行注意事項壹：丙之二）。因夫妻已限定爲男女之結合關係，且立法過程中該規定皆以男女同居關係爲基礎而爲討論，故上開規定係以男女無婚姻關係而卻有同居之事實爲判斷前提，而甲、乙爲同性同居，自不具事實上之夫妻關係，尚難依家庭暴力防治法第3條第2款前段之事實上夫妻關係而爲保護令之聲明。

(三)按以同一家共同生活者爲一戶，戶籍法第3條第2項前段定有明文。甲、乙實質上結婚並同居，惟乙未於甲之住所設籍，戶籍登記上僅甲一人住於該處，故登記名義上，甲、乙各居一戶而分屬不同戶籍，非在同一家共同生活，甲、乙間向非民法第1122條所稱：以永久共同生活爲目的而同居之親屬團體，亦與同法第1123條第3項：非親屬而以永久共同生活爲目的之同居一家者，視爲親屬之要件不符。乙自不可依家庭暴力防治法第3條第2款後段之家長家屬或家屬間之關係，聲請保護令。

乙說：乙可主張其與甲有家長家屬或家屬間之關係，而聲請保護令。

(一)稱家者，謂以永久共同生活爲目的而同居之親屬團體；同家之人除家長外均爲家屬；雖非親屬而以永久共同生活爲目的同居一家者，視爲家屬。民法第1122條及第1123條第2項、第3項分別著有明文。故所謂家，民法上係採實質要件主義，以永久共同生活爲目的而同居一家爲要件，應取決於有無共同生活之客觀事實，而不應以登記同一戶籍爲唯一認定標準（大法官會議釋字第415號解釋意旨參照）。本件甲、乙實質上結婚並同居於甲之住所，雖乙戶籍未遷至甲處，仍應認雙方以永久共同生活爲目的之同居一家，甲、乙間應視爲具有家長家屬之關係（該住所僅2人同住）或家屬間之關係（該住所尚有他人同住，而甲、乙皆非家長）。此外，家庭暴力防治法之頒行，無非是希望讓更多人有機會接受保護令之保護及得到其他扶助、護衛、輔導及治療，從而乙應可依該關係聲請保護令。

(二)又我國之家庭暴力防治法係從美國移植而來（最主要爲美國模範家庭暴力法），而美國關於家人或家屬之定義，有些包括現在或過去之伴侶；有些州保護之對象尚包括現在或過去分享共同住所之成年人、與施暴者有約會或親密關係者。因此，現今美國許多州之家庭暴力法有關規定中，不僅保護無婚姻或血緣關係之同居者，連同性戀有時亦在受保護之列（詳高鳳仙著《家庭暴力防治法規專論》第16頁及第42頁之註34至36、註38，五南圖書，民國89年9月版）。是同居中之同性戀者，若以永久共同生活爲目的而爲同居，應認有家屬家長或家屬間之關係。

【結論】

多數採乙說。

【臺灣高等法院研究意見】

採乙說。

二、現行法之同居關係

（一）外國法之定義

　　同居之英文為cohabitation，《黑氏法律辭典》將同居定義為：如夫妻般共同生活，共同承當已婚者所通常顯明之婚姻權利、責任與義務，包括但不必然視性關係而定[13]。「法律用語辭典」（Dictionary of Legal Terms）則定義為：1.共同生活之行為，法令通常將之擴張及於如夫妻般公開共同生活者；2.有性交行為[14]。

　　關於同居之定義，蘇格蘭於西元2006年公布施行之親屬法（Family Law (Scotland) Act 2006）第25條第1項規定，「同居」係指一個人現在或曾經與另一個人如夫妻一般生活，或兩個同性別之人現在或曾經如公民伴侶（civil partners）共同生活者而言。再者，該條第2項規定：法院認定是否具有同居關係時，應審酌下列事項：1.共同生活期間之長短；2.共同生活時之關係性質（the nature of the relationship）；3.共同生活期間生活所需財務約定（financial arrangements）之性質及範圍。所謂公民伴侶，係指依蘇格蘭於西元2005年施行之「公民伴侶法」（Civil partners Act）所成立之同性伴侶契約而言。因此，上開規定，對於同居關係採取之定義不能算是寬廣，同居者必須如夫妻或公民伴侶般共同生活，如果只是偶而短暫同居，或者只是共同居住於同一房屋之單純室友或僧侶，可能無法被認為是構成同居關係[15]。

　　加州刑法典（Penal Code）第13700條第2項則對於同居採取較為廣義之定義，規定如下：「『同居』係指兩個不相關之成人共同生活一段相當時間（for a substantial period of time）而造成某種永久關係（permanency of relationship）而言。審酌是否同居之因素包括但不限於下列情狀：1.當事人共享同一住所（sharing the same living quarters）時之性關係。2.分享

---

[13] Black's Law Dictionary, Fifth Edition, 236 (1979).

[14] Gifts, Steven H., Dictionary of Legal Terms, 79(1998).

[15] Lesley Gordon, Jenny Nobbs, Cohabitation: the new legal landscape, The Journal 20 (May 2006).

收入或支出。3.對財產有共同之使用權或所有權。4.當事人是否自認為夫妻。5.關係的連續性（continuity）。6.關係的期間長短（length）。」

（二）我國法之定義

家庭暴力防治法草案中原規定「同居」而非「事實上夫妻關係」，其立法之目的在於針對社會上常見之「約會暴力」問題提供法律救濟，使雖無婚姻關係但有同居關係者，於遭受同居人暴力侵害時，也可以依據家庭暴力防治法向法院聲請保護令，得到適當之保護。嗣於立法院進行朝野協商時因有些立法委員認為同居關係過於廣泛，所以將「同居」用語改為「事實上之夫妻關係」。

由於事實上之夫妻在學說上係採取較同居關係更為狹隘之解釋，必須當事人在主觀上具有婚姻之意思，在客觀上有夫妻般共同生活之事實，而且不能違背公序良俗，不僅將許多同居男女排除在外，而且在實務上因意見不一而容易引起爭議。為使約會暴力之被害人可以依家庭暴力防治法得到更多保護，民國96年之修法條文遂採納臺灣防暴聯盟之修法條文將「事實上之夫妻關係」修正為「同居關係」。

關於同居關係之定義，臺灣防暴聯盟之修法條文明定包括下列二種情形之一：1.同財共居者；2.公開或不公開如夫妻般共同生活者。當時之立法目的是希望將共同生活之異性戀或同性戀伴侶、修道院之神父或修女、寺廟之和尚或尼姑等，均納入保護範圍。不過，由於立法委員及政府官員對於同居關係之定義有不同意見，有些人認為此定義尚不明確，且有掛一漏萬之虞，所以該條文並未通過立法。

由於現行法並未明定同居關係之定義，只能由法官就具體個案加以認定並做成裁判。法官在為裁判時，可以參酌外國規定或實務見解，並考量我國國情作法律上之認定。

事實上，同居關係之定義不僅各國並不相同，而且在不同法律也會有不同之認定。家庭暴力防治法既然是以防治具有親密關係者相互間之暴力為目的，而且修法目的是為了擴大法律適用範圍，讓更多人可以聲請保護令，則對於同居關係不妨採取較為寬廣之解釋，讓更多沒有婚姻關係的同

居者可以依據家暴法尋求保護與救濟。

伍 結 語

　　傳統上，許多人習慣於婚姻暴力之用語，事實上，從家庭暴力之定義看來，家庭暴力不僅包括婚姻暴力，還包括近親暴力（如手足相殘等）、兒童虐待及老人虐待等，所以家庭暴力之被害人，在婚姻暴力中雖然以婦女居多，但在近親暴力、兒童虐待及老人虐待中，可以說是男女各半。因此，家庭暴力防治法不僅保護女性，許多受暴男性亦可以適用此法尋求救濟。

　　民國96年第1次修法時擴大家庭成員之定義，將同居關係納入保護範圍，家庭暴力之定義亦隨之擴張。現行法雖採納臺灣防暴聯盟訴求而將同居關係納入保護範圍，但卻未採納其關於同居關係之定義條文，此種立法方式有其優點與缺點：

　　優點是，法官可以參考外國法規、學說及實務見解，並依據我國國情，就具體個案對同居關係之定義，做出合乎法學思潮及國人期待之認定，所有同居關係的定義比較不會過於落伍或過於新潮。

　　缺點是，每個法官均有其價值觀與解釋法律之方式，如果不同法官之判決過於歧異，可能會讓法律之適用產生不安定，讓當事人及執法者感到無所適從。

　　近年來，只願意同居而不願意結婚之男女愈來愈多，約會暴力頻頻發生，家庭暴力防治法將同居人間之暴力定義為家庭暴力之一種，不僅可以對於約會暴力之被害人提供更多保護，而且可以讓施暴者接受治療輔導，讓家庭暴力防治法之功能更加提升。而且，將同居關係納入保護範圍後，家庭暴力防治法對於同性戀與異性戀伴侶間之暴力防治均給予相同之保護，使我國對於人權的維護又往前跨進一大步。

　　104年修法時，進一步擴大家庭暴力之定義，除原本規定之身體及精神虐待外，再將經濟虐待納入家庭暴力之行為態樣。再者，此次修法雖未擴張家庭成員之定義，但在相關修法條文增列目睹家庭暴力兒童及少年之

保護規定，並讓年滿16歲遭受未同居親密關係伴侶施暴之被害人可準用第2章「民事保護令」及第5章「預防及處遇」之部分規定而加以保護。因此，家庭暴力防治法之保護範圍愈來愈大，不僅讓更多人免於受暴，也是對於此法施行成效的正面肯定。

第三章　我國民事保護令制度之分析研究

壹　緒　論

　　家庭暴力普遍存在於世界各角落，依據聯合國世界衛生組織（WHO）之西元2013年全球統計資料顯示，30%有伴侶之婦女曾遭受親密伴侶之身體或性虐待（physical and/or sexual intimate partner violence）[1]。此外，美國研究資料曾顯示，家庭暴力是美國婦女受害之最主要原因，其所造成之傷害超過強姦、車禍及搶劫之總和[2]，最保守估計，每年約有100萬婦女被其親密伴侶毆打[3]。由於家庭暴力包括婚姻暴力、兒童虐待及老人虐待，婚姻暴力之被害人雖大多為女性，但兒童虐待及老人虐待之被害人卻是男女各半，因此，除了婦女外，受家庭暴力中影響之兒童及男人亦為數眾多，家庭暴力之影響層面可以說是極為廣泛。不過，自古以來，家庭暴力向來不受大眾關注，家庭暴力之報案率非常低，民眾對於家庭暴力充滿迷思[4]。

　　美國可以說是最先對於家庭暴力從事研究及立法之國家，不過，美國也直到西元1970年代，才開始漸漸有人進行針對家庭暴力作深入的研究，

1　World Health Organization, Global and regional estimates of violence against women: prevalence and health effects of intimate partner violence and non-partner sexual violence 27(2013).

2　Kaye, Judith S. & Knipps, Susan K., Judicial Responses to Domestic Violence: The Case for a Problem Solving Approach, 27 Western States University Law Review 3(2000); McCormick, Tonya, Note and Comment, Convicting Domestic Violence Abusers When the Victim Remains Silent, 13 B.Y.U. J. Pub. L. 427, 428(1999).

3　Bachman, Ronet & Saltzman, Linda E., Bureau of Justice Statistics, NCJ-154348, Special Report: Violence against Women: Estimates from The Redesigned Survey 3(1995).

4　Johnson, Leslie D., Caught in the Crossfire: Exammining Legislative And Response to the Forgotten Victims of Domestic Violence, 22 Law and Psychology Review 272(1998); Cahn, Naomi R., Civil Images of Battered Women: The Impact of Domestic Violence on Child Custody Decisions, 44 Vand. L. Rev. 1041, 1046(1991); Haddix, Amy, Comment, Unseen Victims: Acknowledging the Effects of Domestic Violence on Children Through Statutory Termination of Parental Rights, 84 Cal. L. Rev. 757,760(1996).

被害人開始陳述其苦情，相關法律也逐漸制定。到了西元1980年代中葉，美國各州多已制定保護家庭暴力被害人之特別民事法規，使被害人透過民事保護令制度得到保護[5]。

比較而言，我國社會對於家庭暴力議題的關注起步算晚。在民國82年鄧如雯殺夫案發生之前，婚姻暴力問題並未引起國人之普遍重視，鄧如雯殺夫案則引起社會廣大的迴響，家庭暴力防治法之立法運動因而漸漸展開。嗣家庭暴力防治法於民國87年6月24日由總統令公布施行，此法保護之對象十分廣泛，包括在家庭中遭受婚姻暴力、兒童虐待及老人虐待之被害人。該法施行將近9年後，在民間團體、政府機關及立法委員的共同努力下，完成第一次修法，修正條文從54條擴增為66條，於民國96年3月28日由總統令公布施行。嗣該法曾數度再作修正。

在家庭暴力防治法所引進之諸多外國法制中，民事保護令制度占有最重要之地位，其規範之內容與執行成效，已引起國人極大關注。民事保護令制度可以說是家庭暴力防治法中最具有特色之制度，其施行之具體成果儼然成為家庭暴力防治法成敗之重要指標。

本章擬分析我國民事保護令之種類與救濟範圍，論述關於民事保護令之管轄法院、聲請、核發、延長、變更、撤銷、抗告及執行等相關法令規定、法律問題與實務運作，探討民事保護令制度之施行現況，評論其施行之成效與困境，並提出民事保護制度之修法與執法改進建議，期能有助於民事保護令制度相關實務爭議問題之釐清、法令規定之妥善適用，以及修法方針之正確擬定，使民事保護令制度能切合國情落實執行，發揮其防治暴力與保護被害人及其子女之功能。

一、家庭暴力防治法簡介

家庭暴力防治法係一個由民間團體制訂之法律，政府並無提出官方版本，直到修法時，行政院才提出官方修法版本，但民間團體在修法時亦提

---

[5]　Johnson, Leslie D.,同前註 Cahn, Naomi R., 同前註，1048頁; Voris, MichaelJ., Civil Orders of Protection: Do They Protect Children, The Tag-Along Victims of Domestic Violence? 17 Ohio N.U. L. Rev. 601(1991).

出修法版本，且在修法過程中扮演相當重要之角色。

（一）法律之制定

民國82年6月至83年4月間，筆者奉派赴美從事司法院82年度出國專題研究，蒐集並攜回美國各州家庭暴力之有關法規及論文資料。民國84年2月間，復經司法院遴選至關島參加第11屆南太平洋法官會議（11th South Pacific Judicial Conference），適逢關島於數日前已舉行家庭暴力之國際研討會議，經關島法官大力協助下，攜回剛出爐之1994年美國模範家庭暴力法（Model Code on Domestic and Family Violence），以及關島、紐西蘭等國之家庭暴力有關法規及文獻。回國後，即參考上開法規資料，並以美國模範家庭暴力法爲藍本，草擬我國家庭暴力法，嗣於民國84年9月間完成家庭暴力防治法草案。

民國85年7月間，現代婦女基金會成立「家庭暴力防治法制定委員會」，由潘維剛擔任總召集人，黃富源、王如玄、張錦麗及筆者爲共同召集人，聘請教授、法官、律師、公家及民間機構中，關心家庭暴力之學者專家約50人擔任委員，對於筆者所草擬之草案進行逐條討論與修正，再邀集學者專家、社會大眾及政府代表召開公聽會及審查會以彙整各方意見作檢討修正，草案完成後，同年9月間，由潘維剛等立法委員連署送立法院審議。此法於民國87年5月28日經立法院三讀通過，於民國87年6月4日總統令公布施行[6]。

民國87年6月4日公布施行之家庭暴力防治法凡54條，共分7章，係一部包括跨越多種領域的綜合立法，其內容包含民法、刑法、民事訴訟法、刑事訴訟法、社會服務法等相關規定，而且引進許多外國法律制度，如保護令制度、強制逮捕制度、監督探視制度、強制通報制度等等。此法引起國人高度重視，有些人表示支持，有些人則加以批判。

爲使政府有關機關能充分準備落實法律所定之各種制度，家庭暴力防治法第54條設有1年緩衝期之規定，除第1章通則、第5章第42條至第49條、第7章附則自公布日施行外，包括保護令制度在內之其餘35個條文均

---

[6]　高鳳仙，家庭暴力防治法規專論，63頁至64頁、67頁至69頁，民國104年9月版。

自公布後1年施行。

（二）法律之修正

民國90年1月11日司法節當天，現代婦女基金會、婦女救援基金會、晚晴協會，中華民國女法官協會、民間司法改革基金會、臺北律師公會及勵馨基金會等7個民間團體組成「家庭暴力防治法修法聯盟」，通盤檢討修正家庭暴力防治法，筆者代表中華民國女法官協會出席會議。草案於民國92年間完成後，由周清玉等跨黨派立法委員連署後，送立法院審議。

民國93年8月20日七夕情人節當天，現代婦女基金會、勵馨基金會、雙福基金會、臺北市雙胞胎協會、臺灣家庭暴力暨性侵害處遇計畫協會、兒童福利聯盟、東吳大學衛理公會安素堂、臺北北安扶輪社、臺大婦女研究室、中華育幼機構兒童關懷協會，及臺北市婦女新知協會等11個民間團體，成立「防暴三法推動聯盟」，全力推動家庭暴力防治法修法條文、連續性暴力犯罪修法條文及性騷擾防治法之立法與修法工作。筆者代表東吳大學衛理公會安素堂與其他聯盟成員共同推動防暴三法，民國94年3月間，「防暴三法推動聯盟」更名為「臺灣防暴聯盟」，中華民國婦女會總會、臺南市青少年生活關懷協會、關懷文教基金會、婦女新知基金會、婦女救援基金會、輔仁大學家庭暨生命教育倫理中心、晚晴婦女協會等民間團體陸續加入聯盟。

由於民間團體與官方版本內容過於歧異，致未能於第五屆立法委員任期內通過修法條文，嗣聯盟版本之家庭暴力防治法草案由王昱婷等第六屆立法委員連署後送立法院審議。由於李永萍等多位跨黨派立法委員的大力支持，家庭暴力防治法修法條文終於在立法院三讀通過，於民國96年3月28日總統令公布施行[7]。

民國96年3月28日公布施行之修正條文，主要係以臺灣防暴聯盟版本及行政院版本為依據，並採納其他委員所提出之修法條文，修正後之家庭暴力防治法條文共為66條，修正條文均並自公布日施行。修法重點包括：擴大法律適用範圍、增加防暴資源、明定政府有關單位之設立方式、改善

---

[7] 同前註，64頁至65頁、69頁至72頁。

民事保護令制度、加強保護被害人、放寬警察及檢察官之逕行拘提權限、強化刑事保護令制度等。此次修改的幅度相當大，不過，由於民間團體之修法代表彼此間就民事保護令之修正方向未能達成共識，所以民事保護令制度原則上仍維持其舊有之架構，很少加以更動。

由於修正條文第10條第3項雖規定保護令之聲請免徵裁判費，卻漏未規定免徵抗告等費用，故聯盟與政府機關達成共識之修正條文第10條第3項，明定保護令之聲請、撤銷、變更、延長及抗告，均免徵裁判費，並免徵郵務送達費及法院人員之差旅費。該條文由潘維剛等立法委員連署後送立法院審議，於民國96年12月21日經立法院三讀通過，並於民國97年1月9日公布施行。

再者，民國98年4月22日總統令修正公布第50條條文，將移民業務人員列為責任通報人員，讓受暴之外籍配偶與大陸配偶能即時獲得相關機關之協助。此外，為配合新修正之特殊境遇家庭扶助條例，民國98年4月29日總統令修正公布第58 條條文，將該條第3項關於家庭暴力受害人申請創業貸款補助必須具備「依民事保護令取得未成年子女之權利義務行使或有具體事實證明獨自扶養子女者」之要件刪除，使家庭暴力受害人只要年滿20歲，均可得申請創業貸款補助，而與特殊境遇家庭扶助條例齊一資格要件。

為因應政府組織再造成立「衛生福利部」，民國102年7月19日行政院院公告，第4條所列屬「內政部」之權責事項，自民國102年7月23日起改由新成立之「衛生福利部」管轄。

104年2月4日總統令修正公布25個條文，增訂8個條文，修法重點包括：未同居親密關係及目睹暴力兒少納入保護範圍、中央主管機關改為衛生福利部、應設立防暴基金及明定基金來源、擴大通常保護令之存續期間及聲請人、法院得依職權核發暫時保護令、增訂被害人於偵查中之保護程序、放寬預防性羈押要件、增訂媒體保密規定、警察人員負有查訪義務、明定勞工主管機關應提供被害人就業服務等。

二、英美法上之保護令制度

　　保護令之英文名稱為「protection order」、「order of protection」或
「protective order」，依《黑氏法律辭典》之定義，係指法院所為保護特
定人使其免受侵擾、傳喚或發現真實（discovery）之命令或裁判而言[8]。保
護令規定多見諸英美法制國家之民事訴訟法、刑事訴訟法、親屬法、家庭
暴力法、被害人與證人保護法（Victim and Witness Protection Act）等法規
中。許多國家及地區已採用保護令制度，包括：美國、澳洲、紐西蘭、奧
地利、巴哈馬、香港、日本、菲律賓、牙買加、聖文生與格林那定（Saint
Vincent and the Gren-a-dines）、土耳其、美國各州、英格蘭、蘇格蘭、威
爾斯及加拿大多數省等，不過，這些國家及地區之保護令制度有極大差異
存在[9]。

　　在家庭暴力案件中，民事庭法官所核發保護特定人使其免受家庭暴
力之命令或裁判，稱為民事保護令。刑事庭法官、有權准許釋放或假釋之
機關，亦得依法對於家庭暴力罪或違反保護令之犯罪嫌疑人、被告或受刑
人為宣告緩刑、審前釋放或假釋時，定類似民事保護令救濟範圍之緩刑、
釋放或假釋條件，對於違反上開條件者，得撤銷緩刑、釋放或假釋，以保
護特定人免受家庭暴力[10]，此種條件在學說上可稱為刑事保護令。保護令
制度雖然經英美法系國家採行多年，但在大陸法系國家之法制中則相當罕
見。

----

[8]　Black's Law Dictionary, Fifth Edition, 1101, 418(1979)。所謂發現真實，在審判實務上，係
指一方當事人在審判前得用以向他方當事人獲取與案件有關之事實或資訊，以助其準備審判
之方法。依美國聯邦民事訴訟法之規定，發現真實之手段包括：宣誓證言、訊問筆錄、提供
文件或物件、允許進入土地或其他財產、身體或心理檢查、要求自白等。

[9]　Armatta, Judith, Getting Beyond the Law's Complicity in Intimate Violence against
Women, 33 Willamette Law Reviews 829-830(1997); Center for Soc. Dev. and Humanitarian
Affairs, United Nations Off. at Vienna, Strategies for Confronting Domestic Violence: A
Resource Manual, at 21, U.N. Doc. ST/CSDHA/20(1993); Hart, Barbara J., State Codes on
Domestic Violence: Analysis, Commentary and Recommendations, Council of Juvenile and
Family Court Judges 5(1992).

[10]　例如：Model Code on Domestic and Family violence. § 208、219、220; Mass. Gen. Laws
Ann. ch.276. § 58A, 58B.

三、我國家庭暴力防治法之民事保護令制度

我國雖屬大陸法系國家，本無保護令制度，但因我國家庭暴力防治法引進保護令制度，故於第2章中設有「民事保護令」專章，於第3章「刑事程序」中亦有釋放條件、緩刑條件及假釋條件之規定（第31條至35條、第38條至第40條）。由於我國家庭暴力防治法係以美國「全國少年暨家事法官會議」（National Council of Juvenile and Family Court Judges）[11]於西元1994年所制定之「模範家庭暴力法」為藍本，並參酌美國各州、紐西蘭、澳洲、英國、關島、菲律賓等家庭暴力相關法規及學說論著而制定，其後又經全盤檢討修正，所以在保護令制度之規範上可以說內容相當充實，並符合最新法律思潮。

民事保護令制度在我國家庭暴力防治法中居於非常重要的地位，第2章民事保護令專章共計20個條文，再加上第6章第61條之違反保護令罪規定，民事保護令相關條文約占全部條文近三分之一。

家庭暴力防治法施行後，民眾對於民事保護令之聲請情形，以及法院對於保護令之核發情形廣受大眾矚目。依據內政部家庭暴力防治委員會之統計資料，自民國88年6月24日民事保護令制度開始施行時起至民國89年5月底止為時近1年，全國各警察機關受理家庭暴力案件共計9,803件，全國各地方法院受理民事保護令聲請案件共計8,673件[12]。依據司法院之統計資料，自民國88年6月24日至12月31日短短6個月期間，各地方法院民事保護令聲請事件之終結件數高達4,087件[13]；民國108年，各地方法院民事保護令聲請事件之新收件數高達26,914件，終結件數26,627件[14]。由以上統計資

---

[11] 美國全國少年暨家事法官會議自1991年起，接受Conrad N. Hilton Foundation之贊助，開始起草模範家庭暴力防治法，以作為各國或各州立法之參考，歷經3年始起草完成。參閱National Council of Juvenile and Family Court Judges, Appendices to the Model Code on Domestic and Family Violence v (1994).

[12] 內政部家庭暴力防治委員會，保護令制度實施週年檢討，保護令制度實施一週年檢討會資料，第2頁、第14頁、第15頁，民國89年6月23日編印。

[13] 司法院統計處，司法統計提要，第308頁，民國89年5月編印。

[14] 司法院網站，首頁>業務綜覽>司法統計>性別統計專區>保護令性別統計>地方法院民事保護令聲請事件收結情形—按年（月）別分。

料可以看出，民事保護令制度自開始施行時起迄今，已成為家庭暴力受虐者最常尋求的救濟途徑。

貳　民事保護令之種類與救濟範圍

民事保護令制度之規範內容，主要見諸家庭暴力防治法第2章之「民事保護令」專章共計20個條文，違反保護令之刑事處罰效果則規定於第6章第61條。茲將民事保護令之種類與救濟範圍歸納概述如下。

一、種類

（一）保護令立法例

關於保護令之種類，有些立法例分為保護令（此為狹義之保護令，廣義之保護令則包含暫時保護令在內）及暫時保護令二種，有些立法例則分為保護令（此亦為狹義之保護令）、暫時保護令及緊急保護令三種。

所謂狹義之保護令，係指法院依聲請人之聲請，通知相對人，但不管相對人是否到庭，於行審理程序後，所核發之命令，亦有稱之為完全保護令（full protection order）者，我國則稱之為通常保護令。

所謂暫時保護令（temporary protection order），係法院為保護處於急迫危險之家庭暴力被害人，不通知相對人，僅依聲請人之聲請即核發之命令，亦有稱之為緊急保護令（emergencyprotection order）、急速保護令（expedited order）、一造保護令（exparte protection order）或一造暫時保護令（exparte temporary protection order）。

（二）舊法規定

家庭暴力防治法草案明定之民事保護令為三種：通常保護令、暫時保護令及緊急保護令。經立法院朝野協商後，將保護令簡化或單一化，僅分通常保護令與暫時保護令二種，但緊急保護令相關條文並未全數刪除，而是將緊急保護令納入暫時保護令中。

因此，舊法第9條第1項規定：「保護令分為通常保護令及暫時保護令」，依此規定，保護令似乎只有通常保護令及暫時保護令二種。不過，

舊法第11條第1項規定：「保護令之聲請，應以書面為之。但被害人有受家庭暴力之急迫危險者，檢察官、警察機關、或直轄市、縣（市）主管機關，得以言詞、電信傳真或其他科技設備傳送之方式聲請，並得於夜間或休息日為之。」第15條第3項規定：「法院於受理第十一條第一項但書之暫時保護令聲請後，依警察人員到庭或電話陳述家庭暴力之事實，有正當理由足認被害人有受家庭暴力之急迫危險者，除有正當事由外，應於四小時內以書面核發暫時保護令，並得以電信傳真或其他科技設備傳送暫時保護令予警察機關。」依此二條文規定內容加以分析，雖然舊法並未明文規定暫時保護令可再細分為二種，但明文規定有一種特殊型態之暫時保護令，舊法以「第十一條第一項但書之暫時保護令」稱之，此種特殊型態之暫時保護令，不論是聲請時間、聲請方式、法定要件、法院核發保護令方式等，均與其他暫時保護令並不相同，此種特殊型態之保護令相當於外國立法例之緊急保護令。舊法所定之暫時保護令事實上可分為「一般性暫時保護令」及「緊急性暫時保護令」二種，因此，舊法所規定之保護令種類，名為通常保護令與暫時保護令二種，實為通常保護令、一般性暫時保護令、緊急性暫時保護令三種，名實並不相符，而且經常引起適用上之混淆。

（三）現行法規定

　　為正本清源，矯正民事保護令上開名實不符及難以適用之缺失，民國96年之修正條文第9條規定民事保護令種類如下：「民事保護令（以下簡稱保護令）分為通常保護令、暫時保護令及緊急保護令。」此外，修法條文在相關條文中將三種保護令作相當清楚之規定，緊急保護令從此正式現形，不再成為法中的隱形人，與其他兩種保護令同列，取得同等重要之地位。

（四）三種保護令之主要區別

　　為使上開三種保護令易於瞭解起見，可以將其主要區別歸納如下：

1. 通常保護令與暫時保護令之主要區別

(1)通常保護令法院於審理程序終結後才可核發（第14條第1項），暫時及緊急保護令法院得不經審理程序或於審理終結前核發（第16條第1項）。

(2)通常保護令之救濟範圍較廣（第14條第1項），暫時及緊急保護令之救濟範圍較狹隘（第16條第3項）。

(3)通常保護令之存續期間（又稱有效期間，英文稱為duration）較長（第15條），暫時及緊急保護令之存續期間較短（第16條第6項）。

2. 緊急保護令與其他保護令之主要區別

(1)緊急保護令得以書面或口頭為聲請，且得於下班時間聲請；其他保護令應以書面為聲請，且僅能在上班之時間為之（第12條第1項）。

(2)緊急保護令不能由被害人聲請，只能由檢察官、警察機關或地方主管機關聲請；其他保護令可以由被害人、檢察官、警察機關或地方主管機關聲請（第10條第1、2項）。

(3)緊急時保護令之核發應具備下列法定要件：聲請人到庭或以電話向法院作證有家庭暴力之事實（第16條第4項），其他保護令之核發則不須具備此法定要件。

(4)法院受理緊急保護令之聲請後，如准許核發緊急保護令時應於4小時內為之（第16條第4項），其他保護令則未定有法院准許核發期限。

(5)法院核發緊急保護令時，可以以電信傳真或其他科技設備傳送予警察機關（第16條第4項），其核發其他保護令則不能以此種方式傳送。

二、救濟範圍

關於保護令之救濟範圍，係指法院依法可以核發之保護令內容或範圍而言。紐西蘭家庭暴力法（Domestic Violence Act 1995）則稱之為「保

護令之條件」（conditions of protection order）。不過，該法所稱之保護令，依該法第2條規定，係指依該法第14條所核發之命令而言，該法第2章係保護令（protection orders）專章，第2A章係計畫（programmes），第3章係財產令（orders relating to property）專章，財產命令包括占有令（occupation orders）、租賃令（tenancy orders）、附屬家具令（ancillary furniture orders）、家具令（furnitureorders）等。因此，此法所規定之保護令與財產令分別設有規定，此與我國家庭暴力防治法以及美國模範家庭暴力法等法律，將財產令納入保護令之救濟範圍內者，顯不相同。

　　通常保護令之救濟範圍較為廣泛，依我國家庭暴力防治法第14條第1項規定，共有十三種。暫時及緊急保護令之救濟範圍較為狹隘，依家庭暴力防治法第16條第3項規定，共有八種。暫時及緊急保護令之八種救濟範圍與通常保護令之十三種救濟範圍內之其中八種完全相同，均為家庭暴力防治法第14條第1項第1款至第6款、第12款與第13款所定之內容。因此，家庭暴力防治法第14條第1項第1款至第6款、第12款與第13款之規定，可以說是通常、暫時及緊急保護令之共同救濟範圍，至於家庭暴力防治法第14條第1項第7款至第11款規定，則可以說是通常保護令之特有救濟範圍。

（一）三種保護令之共同救濟範圍

　　通常、暫時及緊急保護令之共同救濟範圍，規定於家庭暴力防治法第14條第1項第1款至第6款、第12款以及第13款，其中第1款至第6款、第12款為列舉規定，第13款係概括規定。為說明起見，茲將各款規定依命令之性質冠上名稱，分述如下：

1. 禁止施暴令（enjoining violence order）

(1)家庭暴力防治法之規定

　　家庭暴力防治法第14條第1項第1款規定：「禁止相對人對於被害人、目睹家庭暴力兒童及少年或其特定家庭成員實施家庭暴力。」依此規定，法院得禁止相對人對於「被害人」、「目睹家庭暴力兒童及少年」或「特定家庭成員」等三種人其中之一種、二種或三種實施家庭暴力。

(2)法律規定實益

有人認為家庭暴力防治法第14條第1項第1款並無規定之必要，因為施暴行為本為法律所不容許，刑法對於施暴行為已有恐嚇罪、傷害罪、妨害自由罪等處罰規定，所以家庭暴力防治法沒有必要於第14條第1項特別規定法院得核發禁止施暴令，再於第61條第1項第1款規定違反禁止施暴令者構成違反保護令罪。然而，刑法所定之恐嚇罪、傷害罪、妨害自由罪等係屬侵害個人法益之罪，而家庭暴力防治法所定之違反保護令罪因係違反法院所發之命令，具有藐視法庭（contempt of court）之性質[15]，係屬侵害國家法益之罪，故二者所保護之法益並不相同[16]。再者，刑法所定之傷害罪依刑法第287條規定須告訴乃論，而違反此款規定之法律效果，依家庭暴力防治法第61條第1項第1款規定，係構成違反保護令罪，此為非告訴乃論之罪。法院核發禁止施暴令後，加害人如果違反命令繼續施暴，因而構成違反保護令罪及傷害罪時，被害人如不願提出傷害罪告訴，加害人仍應成立違反保護令罪，被害人如提出傷害罪之告訴，則係一行為觸犯數罪名，依刑法第55條規定，從一重處斷。因此，此款仍有其規定實益。

法官核發禁止施暴令時，不管家庭暴力情節是否嚴重，只要認定相對人曾實施家庭暴力，而且有再繼續實施家庭暴力之可能性時，即可核發。

2. 禁止接觸令（nocontact order）

(1)家庭暴力防治法之規定

家庭暴力防治法第14條第1項第2款規定：「禁止相對人對於被害人、目睹家庭暴力兒童及少年或其特定家庭成員為騷擾、接觸、跟蹤、通話、通信或其他非必要之聯絡行為。」依此規定，法院可以核發禁止接觸令，

---

[15] 所謂藐視法庭，係指意圖妨害司法審判秩序、有損法院尊嚴或威信之作為或不作為而言。如係不遵從法院於裁判程序中為對造之利益所發之命令，則構成民事藐視（civil contempt），如係對法院或裁判程序有不敬之行為致妨害司法審判者，則構成刑事藐視（criminal contempt）。參閱Gifts, Steven H., Dictionary of Legal Terms, 97(1998)。

[16] 學者認為，偽證罪、湮滅證據罪、枉法裁判罪等，係屬單純保護國家社會法益之「單純性法益」犯罪；誣告罪、公共危險罪等，係屬同時侵害個人與國家或社會法益，且其中互相關聯之「關聯性法益」犯罪；濫權羈押罪、凌虐人犯罪、和誘罪等，係屬同時侵害個人及國家或社會法益，這些法益在刑法上均受保護，在程序法上亦同時為被害人之「重疊性法益」犯罪。參閱陳樸生，刑事訴訟法實務，296頁至298頁，民國88年6月版。

禁止相對人直接或間接對於被害人、目睹家庭暴力兒童及少年或其特定家庭成員為下列一種或數種接觸行為：①騷擾；②接觸；③跟蹤；④通話；⑤通信；⑥其他非必要之聯絡行為。

(2)騷擾之定義

所謂騷擾（harass），家庭暴力防治法第2條第1項第4款規定：「騷擾：指任何打擾、警告、嘲弄或辱罵他人之言語、動作或製造使人心生畏怖情境之行為。」依此規定，家庭暴力防治法對於騷擾採取十分廣泛之定義，其行為類型包括對他人實施下列語言或動作：①打擾；②警告；③嘲弄；④辱罵；⑤製造使人心生畏怖之情境。

(3)跟蹤之定義

跟蹤（stalking）行為通常屬於騷擾行為之一種，但是不是所有的跟蹤行為均可以涵蓋於騷擾行為定義中，在解釋上可能產生爭議，為避免爭議及保護被害人，民國96年修法時於第14條第1項第2款明定法院核發保護令時得禁止相對人為跟蹤行為，並於第2條第1項第4款規定跟蹤之定義如下：「跟蹤：指任何以人員、車輛、工具、設備或其他方法持續性監視、跟追之行為。」其立法理由為：「依實務上經驗顯示，相對人於保護令核發後，部分仍會與被害人接觸，甚至施予跟蹤，此等行為有可能使被害人之身心承受不必要壓力以至於受到傷害，爰於第2款增列禁止行為態樣，並刪除『直接或間接』贅語，以供法院核發保護令時審酌採行，使被害人之保護更為周全。」104年修法時擴充跟蹤之使用工具及行為態樣，於第2條第1項第5款規定跟蹤之定義為：「指任何以人員、車輛、工具、設備、電子通訊或其他方法持續性監視、跟追或掌控他人行蹤及活動之行為。」

跟蹤是一個自古存在的用詞，近年來愈來愈多國家將跟蹤行為加以法律規範，有些國家將跟蹤定義為犯罪行為，但不同國家有不同之法律，不同法律對於跟蹤有不同之定義，刑法與非刑法所定義之跟蹤亦不相同。例如：美國有法律辭典將跟蹤定義為：「具有至少下列兩種要素之持續的（persistent）、惱人的（distressing）、威嚇的（threatening）行為：行為人無正當理由而反覆跟隨（follow）被害人，並對被害人實施擾亂

（annoy）或驚嚇（alarm）行為。」[17]而依據美國多數州之刑法規定，跟蹤大致上應具有下列要件：①故意為騷擾或驚嚇行為，如：反覆為留言、跟隨、破壞或其他違背意願的（unwanted）行為；②給被害人或其家人確實明示或暗示的威嚇；③該行為致生真實與合理的被害恐懼[18]。

　　我國家暴法所定義之跟蹤，104年修法時雖規定行為態樣為「持續性監視、跟追或掌控他人行蹤及活動之行為」，仍然不十分明確，應由法官就具體案件作出判決使其明確化。家暴法修法時既將跟蹤由騷擾之概念中分離出來，而且其修法目的係在於擴大而非限縮禁止接觸令之法律適用範圍，則法官宜從寬解釋跟蹤之定義，讓被害人得到更多保護。

　　(4)核發原則

　　法官核發禁止接觸令時，應視家庭暴力情節之輕重，核發不同內容之接觸令，以避免相對人經由接觸行為對於被害人造成擾亂、控制、威脅或傷害。不論被害人與加害人是否居住於同一處所，法院均可核發禁止接觸令。但被害人與相對人如果居住於同一個處所時，法院核發禁止接觸令時，最好能核發遷出令，如果不核發遷出令，也不宜核發範圍廣泛難以執行之命令，如禁止通話、禁止聯絡等，否則加害人與被害人如共同居住一處，事實上很難完全禁止通話及聯絡，將造成禁止接觸令之難以執行。

3. 遷出令（kick out order）

(1)家庭暴力防治法之規定

　　家庭暴力防治法第14條第1項第3款規定：「命相對人遷出被害人、目睹家庭暴力兒童及少年或其特定家庭成員之住居所；必要時，並得禁止相對人就該不動產為使用、收益或處分行為。」舊法原規定法院得禁止相對人「為其他假處分」，民國96年修法時將假處分文字刪除，增加禁止使用收益之規定，其修法理由為：因民事訴訟法所規定之假處分屬於民事訴訟保全程序，法院所為假處分裁定均有所欲保全之請求，或爭執法律關係之本案訴訟存在，而民事保護令之禁止假處分，因未有本案訴訟存在，與民

---

[17] Gifts, Steven H., 同註15，467頁。

[18] Neal Miller, Stalking Laws and Implementation Practices: A National Review for Policymakers and Practitioners, Institute for Law and Justice 12(2001).

事訴訟之假處分概念即有不同，爲免產生疑義，致將來無法執行，爰刪除有關假處分規定。

依此規定，法院核發遷出令時，得對相對人發下列一種或數種命令：①遷出被害人、目睹家庭暴力兒童及少年或其特定家庭成員之住居所；②遷出被害人、目睹家庭暴力兒童及少年或其特定家庭成員之住居所並禁止相對人就該不動產爲使用（如出借等）、收益（如出租等）或處分行爲（如：出賣或設定抵押權等）。

(2)核發原則

法官核發遷出令時，不以房屋之所有權屬於被害人、目睹家庭暴力兒童及少年或其特定家庭成員爲要件，不論房屋係屬何人所有，均可核發遷出令。但法官核發遷出令，應以家庭暴力情節尚屬嚴重，加害人與被害人、目睹家庭暴力兒童及少年或其特定家庭成員有必要加以隔離爲要件，以及加害人居住使用被害人、目睹家庭暴力兒童及少年或其特定家庭成員之住居所爲要件。因此，房屋如非屬被害人、目睹家庭暴力兒童及少年或其特定家庭成員之住居所，或加害人並未居住使用該房屋者，法院不宜核發遷出令。

在外國立法例方面，加州親屬法第6321條第1項及第2項第1款規定，不論作爲當事人住居所之不動產在法律上之所有權或使用權歸屬何人，法院得核發命當事人遷出住居所之暫時保護令時，但應有事實足證，准許居住者對於系爭不動產依表面合法權力（under color of law）有占有權，始得核發。

我國家庭暴力防治法並未明定遷出令之核發應以聲請人、被害人、目睹家庭暴力兒童及少年或其特定家庭成員對於其住居所依法有占有權爲要件，故法院核發遷出令時，不必查明被害人、目睹家庭暴力兒童及少年、其特定家庭成員或相對人對於其住居所是否有占有之正當權源，亦不須查明被害人、目睹家庭暴力兒童及少年、其特定家庭成員或相對人對於該住居所是否有所有權。再者，因爲遷出令係讓被害人、目睹家庭暴力兒童及少年或其特定家庭成員於保護令有效期間內對於其住居所享有排他之占有使用權，除中止或限制相對人在該期間內對於該住居所之占有使用權外，

並不影響相對人或其他人對於該不動產之所有權或其他權益。不過，由於遷出令係對於相對人住居所占有使用權之中止或限制，有時也會使貧窮的相對人陷入無處棲身的窘境，故宜慎重核發。

(3)住居所之定義

所謂住居所，係指住所與居所而言。關於住所之認定，民法第20條第1項規定：「依一定事實，足認以久住之意思，住於一定之地域者，即為設定其住所於該地。」依最高法院27年上字第2452號判例意旨，住所與居所均應具有居住於一定地域之事實，但兩者之區別在於：住所有久住之意思，居所則無[19]。

(4)遷出令之性質與功能

遷出令事實上有定住居所使用權之性質，因此，不管住居所之所有權係屬加害人、被害人或第三人所有，法院均得核發遷出令，使加害人不得於該處所繼續居住，而被害人、目睹家庭暴力兒童及少年或其特定家庭成員仍可享有該住居所之使用權。

在家庭暴力防治法實施之前，家庭暴力如果情節嚴重致加害人與被害人不能共同居住時，被害人大都選擇離家出走，在親友家或庇護所過著躲躲藏藏的日子，許多人因而無法正常工作，被迫與子女分離。此外，有些被害人為求自保而將加害人殺害，或因無法自保而被加害人殺害。

家庭暴力防治法實施後，法院可以核發遷出令而使加害人暫時離家，被害人及其子女仍可安居家中，維持其既有之居住、工作與上學環境，對於被害人及其子女提供更好的保護。

(5)人權保護問題

有人批評遷出令將加害人趕出家門，違反加害人之人權。然而，加害人如因實施家庭暴力而使加害人與被害人無法繼續共同生活時，如果說要始作俑者之加害人離家是違反加害人之人權，那麼讓被害人離家更是違反被害人之人權。而且，加害人離家時通常還能維持其正常的工作與生活，

---

[19] 最高法院27年上字第2454號判例：「民事訴訟法第564條第1項所謂住所，應依民法之規定定其意義。依民法第20條第1項規定，須以久住之意思，住於一定地域者，始為在該地有住所，若因事務或業務寄居其地，非有久住之意思者，縱令時歷多年，亦僅得謂為居所。」

被害人離家時縱使是居住於政府或民間團體所免費提供之庇護所，為逃避加害人，通常必須切斷其舊有之關係，改變其工作與居住環境，甚至於無法接近或照顧子女。事實上，法官核發遷出令時，不是僅能消極地將加害人趕出家門而已，還可以核發命完成加害人處遇計畫之命令，命加害人於離家期間接受適當之治療或輔導，以改變其施暴習性，使因家庭暴力問題而瀕臨破裂之家庭，有再度復合之機會。

遷出令之核發會發生加害人對於不動產使用權暫時喪失之法律效果，並改變加害人之居住環境，所以法院核發此命令時，應審酌家庭暴力情節輕重、加害人之經濟能力、當事人之意願等情狀，慎重為之。

4. 遠離令（stay away order）

(1)家庭暴力防治法之規定

家庭暴力防治法第14條第1項第4款規定：「命相對人遠離下列場所特定距離：被害人、目睹家庭暴力兒童及少年或其特定家庭成員之住居所、學校、工作場所或其他被害人或其特定家庭成員經常出入之特定場所。」依此規定，法院核發遷出令時，可以命相對人遠離下列一種或數種場所特定距離：①被害人、目睹家庭暴力兒童及少年或其特定家庭成員之住居所；②被害人、目睹家庭暴力兒童及少年或其特定家庭成員之學校；③被害人、目睹家庭暴力兒童及少年或其特定家庭成員之工作場所；④其他被害人、目睹家庭暴力兒童及少年或其特定家庭成員經常出入之特定場所。

(2)核發原則

法官核發遠離令時，亦應以家庭暴力情節尚屬嚴重，或加害人與被害人、目睹家庭暴力兒童及少年或其特定家庭成員有必要加以隔離為前提，但遠離令之核發不以被害人、目睹家庭暴力兒童及少年或其特定家庭成員與加害人共同居住於一個處所為要件。

(3)遠離令與遷出令之關係

關於遠離令與遷出令之關係，被害人、目睹家庭暴力兒童及少年或其特定家庭成員與加害人如果未居住於同一處所，法院雖可以核發遠離令，但不能核發遷出令。然而，被害人、目睹家庭暴力兒童及少年或其特定家庭成員與相對人如果共同居住於一個處所時，法院核發遠離令時，亦應核

發遷出令，否則加害人將無法進入其住處內，將其所有或所需用之物品取出，對於加害人將造成許多困擾，而且，加害人對於該住處本有使用權時，法院如未核發遷出令而使加害人喪失其對於該住處之使用權，則遠離令之執行亦會產生困難。

5. 物品使用權令（property possession order）

(1)家庭暴力防治法之規定

家庭暴力防治法第14條第1項第5款規定：「定汽車、機車及其他個人生活上、職業上或教育上必需品之使用權；必要時，並得命交付之。」依此規定，法院定物品使用權時，可以定下列一種或數種物品之使用權，並得於必要時命相對人交付該物品：①汽車；②機車；③汽機車以外之個人生活上必需品；④汽機車以外之個人職業上必需品；⑤汽機車以外之個人教育上之必需品。

(2)個人必需品之定義

所謂汽機車以外之個人生活上必需品，如衣服、刮鬍刀、化妝品、皮包、運動器具、電冰箱、電視機、冷氣機、洗衣機等均屬之。所謂汽機車以外之個人職業上必需品，如醫師所需之醫療設備[20]、律師所需之六法全書、畫家所需之畫具、魔術師所需之表演道具等均屬之。所謂汽機車以外

---

[20] 司法院，民事法律專題研究（13）—司法院司法業務研究會第27期研究專輯，198頁至199頁。
　　一、法律問題：債務人為內兒科診所之開業醫師，則債務人所有而置於診所內之X光攝影機、超音波掃描機各乙臺，是否屬強制執行法第53條第1項所稱「債務人職業上所必需之器具」不得查封？
　　二、討論意見：
　　　　甲說：(一)所謂債務人職業上所必需之器具而不得查封者，係以必要者為限，非關於職業上一切器具物品概不得查封，須若無此器具物品，則其職業無法進行者方屬之（21年抗1087、55年台抗字第526號參照）。而內兒科醫師縱無右揭器具，亦不影響其執行醫療職務，難認屬醫師職業上必需之器具。
　　　　　　(二)開業醫師縱無右揭器具而無法開業，仍可至其他醫院就職行醫以維持生活，難指為醫師職業上所必需之器具。
　　　　乙說：(一)所謂職業上所必需之器具，解釋上應包括增進該職業技術水準之器具在內，蓋大部分職業均無所謂「若無此器具物品，則其職業無法進行」之器具。右揭器具既可協助內兒科醫師診斷之迅速、正確性，應屬醫師職業上必需之器具。況債務人醫師主觀上如已習慣使用儀器診斷，如遽遭查封拍賣，難謂就其職業之進行不發生影響。(二)任何從事專門職業者，皆可受僱其他同業以領薪維持生活，甲說(二)之理由如果成立，則「債務人職業上所必需之器具」將失去規範意義。
　　三、研討結論：採乙說。

之個人教育上必需品，如學生上學或上課用之書包、文具、課本、腳踏車等均屬之。

(3)物品使用權令之性質

物品使用權令係由法院定物品之使用權，因此，不管此物品之所有權係屬加害人、被害人或第三人所有，法院均得核發物品使用權令，使被害人對於該物品享有排他之使用權。

(4)物品使用權令與遷出令之異同

物品使用權令與遷出令均有規定使用權之性質，其目的均在於使被害人繼續維持其舊有之居住與生活環境。不過，遷出令係以被害人之住居所為標的，而物品使用權令係以被害人之個人必需品為標的，故二者仍有極大區別。

6. 暫時監護權令（temporary custody order）

(1)家庭暴力防治法第14條之規定

家庭暴力防治法第14條第1項第6款規定：「定暫時對未成年子女權利義務之行使或負擔，由當事人之一方或雙方共同任之、行使或負擔之內容及方法；必要時，並得命交付子女。」依此規定，法院定暫時監護權時，可以定未成年子女暫時由當事人之一方監護或由當事人雙方共同監護，也可以定監護之內容及方法，必要時還可以命交付子女。

104年修法時，為保障未成年子女之權益，增訂第14條第2項規定：「法院為前項第六款、第七款裁定前，應考量未成年子女之最佳利益，必要時並得徵詢未成年子女或社會工作人員之意見。」

(2)暫時監護權令與離婚之關係

保護令之核發，並不限於離婚後或分居6個月以上才可核發，家庭暴力防治法亦未規定暫時監護權令必須於離婚後或分居6個月以上始可核發。因此，當事人結婚後，不論是否已經離婚或分居6個月以上，對於其所生之未成年子女，法院均得依據家庭暴力防治法核發暫時或通常保護令，定暫時監護權。此與民法所定之父母對於未成年子女之監護權，必須於父母離婚後或父母無正當理由不繼續共同生活達6個月以上時，始得由法院酌定或改定者（民法第1055條、第1089條之1參照），並不相同。

(3)家庭暴力防治法第43條之規定內容與立法意旨

法院核發暫時保護令時，應注意並遵守家庭暴力防治法第43條之規定：「法院依法爲未成年子女酌定或改定權利義務之行使或負擔之人時，對已發生家庭暴力者，推定由加害人行使或負擔權利義務不利於該子女。」依此規定，法院在定暫時監護權時，如當事人之一方爲家庭暴力之加害人時，推定由其監護不利於子女。亦即，如加害人無法證明由其監護符合子女之最佳利益，則應由他方監護。

家庭暴力防治法第43條之立法意旨，並非排除子女最佳利益原則之適用，亦非將夫妻誰是誰非之過失觀念帶入子女監護酌定標準中，更不是爲了要對於家庭暴力之加害人給予懲罰或對於被害人給予補償。而是從家庭暴力對於子女身心之影響觀點，來詮釋子女最佳利益原則，並在法院適用子女最佳利益原則時，使加害人負擔舉證責任。因爲有研究資料顯示，家庭暴力對子女產生極大之影響：①暴力家庭之子女較非暴力家庭之子女更可能被其父母傷害身體；②子女縱使未受其父母傷害，卻因目擊父母之暴力行爲而心感痛苦，且可能發生行爲及心理異常現象，長大後也常在自己所建立之家庭中發生暴力行爲；③暴力家庭之子女可能遭受身體虐待，兒童虐待有70%係發生於配偶虐待之家庭中，暴力家庭之子女可能遭受父母雙方虐待，因受虐婦女較非受虐婦女有兩倍虐待其子女之可能性[21]。再者，依據美國麻州、德州、佛州等9個州之青年服務處（Department of Youth Services）所作之研究顯示，目睹暴力之子女與身受暴力之子女同樣會呈現暴力與違法行爲，子女一旦成爲施暴之標的，較可能成爲暴力犯罪之加害人[22]。此外，在麻州之研究資料顯示，在暴力家庭中長大之子女有多6倍企圖自殺之可能性，多24%犯性侵害罪之可能性，多74%對他人實施

---

[21] Cohn, Naomi R., Civil Images of Battered Women: The Impact of Domestic Violence on Child Custody Decisions, 44 Vanderbilt Law Review 1055- 1058(1991).

[22] Buel, Sarah M., Family Violence and the Health Care System: Recommendations for More Effective Interventions, 35 Houston Law Review 142-143(1998); D'Ambra, Laureen, A Legal Response to Juvenile Crime: Why Waiver of Juvenile Offenders is not a Panacea, 2 Roger Williams U. L. Rev. 277, 299(1997); Klein,Catherine F. & Orloff , Leslye E., Providing Legal Protection for Battered Women: An Analysis of State Statutes and Case Law, 21 Hofstra L. Rev. 801, 953(1993).

犯罪之機會，增加50%吸毒或酗酒之可能性[23]。關於受虐兒童長大後會成為施虐者的原因，心理分析學家提出下列理由：受虐兒童可能會認同加害人以致力於重獲控制權（mastery）並克服身為被害人之羞辱，甚至於誤以為侵犯（aggression）可以要求償還在孩提經驗中所斷絕的關愛或聯繫關係（connection），而此種侵犯與失落物的錯誤結合關係，可能會導致強迫性的連續暴力行為，因為控制與聯繫的願望當然不可能經由不斷的施暴行為而實現[24]。由於家庭暴力對於子女有上開重大不良影響，家庭暴力防治法第43條明文推定，由加害人監護子女並不符合子女最佳利益原則。

　　此外，由於家庭暴力之加害人會威脅被害人，加害人間與被害人間不可能彼此合作（cooperate），而彼此合作是法院准許共同監護之重要考慮因素，因此，不少立法例對於已發生家庭暴力之子女監護案件，作關於共同監護之限制規定。例如：伊利諾州法律則規定，法院在認定子女最佳利益原則時，應考慮父母對於直接影響共同監護子女之事項上，是否具有經常有效合作之能力，所謂父母之合作能力，係指父母實際遵守共同行使親權令（Joint Parenting Order）之能力[25]。美國德拉威（Delaware）州法律規定，應推定家庭暴力之加害人不能准許單獨或共同監護子女[26]。我國上開家庭暴力防治法第43條規定：推定由加害人監護子女並不符合子女最佳利益原則，所謂監護，解釋上單獨監護與共同監護均屬之。

7. 禁止查閱資訊令（confidentiality of information order）

　　家庭暴力防治法第14條第1項第12款規定：「禁止相對人查閱被害人及受其暫時監護之未成年子女戶籍、學籍、所得來源相關資訊。」此為民國96年之新增規定，且非承襲外國法制而為我國特有之規定，其立法理由為：「為加強保護被害人及受其暫時監護之未成年子女，增列第十二款規定被害人得持本保護令向相關機關申請，禁止相對人查閱被害人及受其暫

---

[23] Buel, Sarah M., 同前註; Guarino, Susan, Family Violence and Juvenile Delinquency, Rep. Mass. Dept. of Youth Services 1986, at 3.

[24] Minow, Martha, Between Intimates and between Nations: Can Law Stop the Violence? 50 Case Western Reserve Law Reviews 862(2000).

[25] 750 Ill. Comp. Stat. 5/602.1(c)(1).

[26] Del. Code tit. 13, 705(A)(a).

時監護未成年子女之戶籍、學籍資料、所得來源等資訊。有關其執行方式及細節規定，將依修正條文第六十四條以辦法定之。」

依此規定，法院核發禁止查閱資訊令時，禁止查閱被害人及受其監護未成年子女之下列資訊：①戶籍；②學籍；③所得來源。

8. 其他必要命令（other necessary order）

(1)家庭暴力防治法之規定

家庭暴力防治法第14條第1項第13款規定：「命其他保護被害人、目睹家庭暴力兒童及少年或其特定家庭成員之必要命令。」此為概括規定，即除家庭暴力防治法第十四條第一項第一款至第十二款所規定以外之命令，法院認為有保護被害人、目睹家庭暴力兒童及少年及其特定家庭成員時，即可依此款規定核發必要之命令。

(2)必要命令之意涵

所謂必要之命令，係指法院為保護被害人及其特定家庭成員所必須核發之命令而言。除家庭暴力防治法第14條第1項第1款至第12款以外，法院尚依此款規定核發其他必要之保護之命令，例如：命被害人於被害人保護計畫[27]中接受規定之輔導或治療以維護其身心之健康、禁止當事人之一方帶未成年子女出國，以避免暫時監護權或探視權難以執行，而有損該子女之利益、命相對人給付被害人、目睹家庭暴力兒童及少年住居所之房屋貸款等均屬之。在實務上，臺灣南投地方法院88年家護字第39號裁定曾核發其他必要命令，命相對人不得騷擾聲請人之父母。

（二）通常保護令之特有救濟範圍

通常保護令之特有救濟範圍，規定於家庭暴力防治法第14條第1項第7款至第11款，各款均屬列舉規定。暫時保護令之所以沒有這些救濟範圍，係因為這些特有的救濟範圍比上開共同的救濟範圍，在調查及審理上通常更為繁複，或者比較不急迫，不宜未經開庭即快速決定准許核發或予以駁

---

[27] 家庭暴力防治法第54條第1項第2款規定：中央衛生主管機關應訂定家庭暴力加害人處遇計畫規範，其內容包括：「司法機關、家庭暴力被害人保護計畫之執行機關（構）、加害人處遇計畫之執行機關（構）間之聯繫及評估制度。」此款雖有關於「被害人保護計畫」之規定，但家庭暴力防治法並未對於此計畫有更詳細之規範。

回，應通知兩造開庭行審理程序進行調查後，再爲准許或駁回之裁定，故不列爲暫時保護令之救濟範圍，而列爲通常保護令之特有救濟範圍。爲說明起見，茲將各款規定依命令之性質冠上名稱，分述如下：

1. 暫時探視權令（temporary visitation order）

所謂探視，現行民法及家庭暴力防治法稱爲「會面交往」。關於暫時探視權令，家庭暴力防治法及其他法令有相關之規定，茲分述如下：

(1)家庭暴力防治法之規定

①家庭暴力防治法第14條第1項第7款及第2項

外國立法例有關於限制家庭暴力之加害人探視子女之規定，例如，美國亞利桑那（Arizona）州法律規定：「法院如認爲父或母實施家庭暴力行爲時，應舉證證明讓法院足認其探視（parenting time）不會危害子女或對於子女之情感發展造成重大損害」[28]。我國家庭暴力防治法第43條僅規定：推定由加害人「監護子女」不符合子女最佳利益原則，並未規定推定由加害人「探視子女」不符合子女最佳利益原則。

家庭暴力防治法關於暫時探視權令，係規定於第14條第1項第7款：「定相對人對未成年子女會面交往之時間、地點及方式；必要時，並得禁止會面交往。」依此規定，法院定暫時探視權時，可以定相對人對於未成年子女探視之時間、地點及方式，必要時也可以禁止相對人探視子女。由於探視子女是父母對於子女所享有之基本權利，因此，除法律另有規定或法院另有裁判或當事人另有約定外，無監護權之父或母在不違反未成年子女之意願，及不妨礙其生活作息之情況下，可自由探視未成年子女。在此意義之下，法院依本款規定而定相對人之探視方式時，可以說是對於相對人行使探視權之限制。

由於此款並未規定法院可以定被害人對於未成年子女之探視方式或禁止探視，故法院核發暫時探視權令時，只能對於相對人之探視權加以限制或禁止，不能限制或禁止被害人之探視權。

104年修法時，爲保障未成年子女之權益，增訂第14條第2項規定：

---

[28] Ariz. Rev. Stat. Ann. 25-403.03(F).

「法院爲前項第六款、第七款裁定前,應考量未成年子女之最佳利益,必要時並得徵詢未成年子女或社會工作人員之意見。」

②家庭暴力防治法第45條

除上開條文外,家庭暴力防治法第45條有關於探視條件(conditions of visitation)之規定,此條規定不僅在暫時探視權令中有其適用,在其他子女探視權事件中亦有其適用,其規定內容爲:

「法院依法准許家庭暴力加害人會面交往其未成年子女時,應審酌子女及被害人之安全,並得爲下列一款或數款命令:

一、於特定安全場所交付子女。

二、由第三人或機關、團體監督會面交往,並得定會面交往時應遵守之事項。

三、完成加害人處遇計畫或其他特定輔導爲會面交往條件。

四、負擔監督會面交往費用。

五、禁止過夜會面交往。

六、準時、安全交還子女,並繳納保證金。

七、其他保護子女、被害人或其他家庭成員安全之條件。

法院如認有違背前項命令之情形,或准許會面交往無法確保被害人或其子女之安全者,得依聲請或依職權禁止之。

如違背前項第六款命令,並得沒入保證金。法院於必要時,得命有關機關或有關人員保密被害人或子女住居所。」

依此條規定,法院定暫時探視權時,應審酌子女及被害人之安全,並可以定第1項所列舉之一款或數款命令作爲探視條件,且可以依第3項規定,命保密被害人或子女之住居所,以保護被害人及子女之安全。加害人如違反探視條件或法院認爲有保護被害人或子女之必要時,法院可依第2項規定,禁止探視或沒收保證金。

關於此條第1項第1款所定之「特定安全場所」,係指法院認爲可以確保被害人及其未成年子女安全之特定場所而言,例如家庭暴力防治法第46條所定會面交往處所、警察局、學校等均屬之,場所是否安全,應由法院在具體案件中審酌各種情況認定之。

此條第1項第2款係關於監督探視（supervised visitation）之規定，依此規定，法院為保護被害人及其子女之安全起見，可以指定第三人（如被害人之親友等）或機關團體（如警察機關或民間團體等）為監督人，對於相對人之探視子女進行監督，法院也可以定探視時應遵守之事項，使相對人不會藉由探視子女之機會，而對於被害人及其子女實施掌控其行動或危害其安全之行為。此外，法官還可以依第1項第4款之規定，命加害人負擔監督探視之費用。

③家庭暴力防治法第46條

關於探視處所及監督探視，家庭暴力防治法第46條規定如下：

「直轄市、縣（市）主管機關應設未成年子女會面交往處所或委託其他機關（構）、團體辦理。

前項處所，應有受過家庭暴力安全及防制訓練之人員；其設置、監督會面交往與交付子女之執行及收費規定，由直轄市、縣（市）主管機關定之。」

依此規定，地方政府應自行設置或委託其他機關、機構、團體設置未成年子女之探視處所，探視處所應配置受過家庭暴力安全及防制訓練之人員，地方政府且應另訂關於探視處所之設置、監督探視與交付子女之執行及收費規定。

(2)內政部公布之範例

為使直轄市及縣（市）政府依家庭暴力防治法第46條規定，訂定會面交往相關規定，內政部以中華民國88年7月8日台內家字第8881467號頒布「（縣市全銜）辦理家庭暴力事件未成年子女會面交往與交付處所設置辦法（範例）」，及「（縣市全銜）辦理家庭暴力事件未成年子女會面交往與交付處理程序（範例）」。

上開「（縣市全銜）辦理家庭暴力事件未成年子女會面交往與交付處所設置辦法（範例）」規定：家庭暴力防治中心應設置家庭暴力未成年子女會面交往處所（第2條），辦理下列措施：提供會面交往之服務、製作會面交往報告紀錄、定期辦法家庭暴力會面之安全及防制相關人員之專業訓練、訂定會面作業或交付流程、提供會面時有關安全保護措施（第3

條）。處所應設置一處以上接待室，並得設不同出入口、盥洗室、大型活動場所及安全防護措施，以提供同居父母一方及探視一方個別使用，處所空間配置應注重隔離性，地點應以交通便利性爲主（第4條）。處所應有社工人員、受過家庭暴力安全及防制訓練人員，必要時得通知警察機關派員協助（第5條），亦得召募志工協助辦理子女會面服務（第7條）。受委託辦理家庭暴力防治工作之團體應具有下列要件：經政府許可立案之財團或社團、團體章程所訂之任務應以從事社會福利相關業務、團體財務需健全（第6條）。家庭暴力防治中心應訂定「未成年子女會面交往與交付收費標準」（第8條），並應訂定「未成年子女會面交往與交付處理程序」（第9條）。

　　上開「（縣市全銜）辦理家庭暴力事件未成年子女會面交往與交付處理程序（範例）」主要規定如下：加害人應填具申請書並檢具相關證明文件向當地家庭暴力防治中心提出申請（第2條）。中心受理申請後，應先與加害人、未成年子女及其監護人或暫時監護人會談，以洽定會面交往與交付時間及遵守注意事項（第4條）。監督者應全程監督會面，並應保持中立，及以未成年子女最佳利益爲考量，並製作觀察紀錄（第7條）。有下列情形者，監督人員可中止會面：指定會面時間30分鐘內未到達，加害人有喝酒、服用藥物、毒品或其他不利會面情形，會面時有不利於會面之言行舉止，其他有違反會面交往或交付相關規定者（第9條）。會面交往結束時，中心工作人員應注意事項包括：工作人員應將未成年子女交還監護人或暫時監護人，監護人或暫時監護人與子女應先行離開，加害人應依指示離開，其他相關需提醒事項（第10條）。未成年子女交付加害人時，中心工作人員應注意下列事項：交付應在會面場所，加害人應依規定時間在會面處所將未成年子女交還，加害人如未依規定時間交還未成年子女者，得洽請警察人員協助，加害人如仍未依規定交還未成年子女者，得向原核發保護令之法院報告（第11條）。未成年子女交付與加害人時，若發現加害人有損害未成年子女之權益時，得向法院申請禁止相對人會面交往權利（第12條）。中心因爲加害人或監護人或暫時監護人不配合之事由致未完成交往與交付者，應將詳細情形向法院報告（第13條）。中心工作人

員應遵守保密原則，不得對外洩漏相關資訊（第14條）。

自內政部公布上開範例後，彰化縣政府、臺中市政府及臺中縣政府率先分別於民國88年12月14日、16日及17日公布「彰化縣家庭暴力未成年子女會面交往與交付處所設置辦法」、「臺中市政府家庭暴力未成年子女會面交往處所設置辦法」、「臺中縣家庭暴力未成年子女會面交往與交付處所設置辦法」。嗣後各地方政府亦陸陸續續訂定相關辦法。例如：臺北市政府於民國89年9月29日發布「臺北市監督家庭暴力事件未成年子女會面交往與交付子女處理規則」，高雄市政府於民國91年12月16日發布「高雄市辦理家庭暴力事件未成年子女會面交往與交付處所設置辦法」及「高雄市辦理家庭暴力事件未成年子女會面交往與交付處理辦法」，臺南縣政府於民國96年12月5日發布「臺南縣家庭暴力未成年子女會面交往與交付處所設置辦法」等等。

2. 租金或扶養費令（rent or support order）

(1)家庭暴力防治法之規定

家庭暴力防治法第14條第1項第8款規定：「命相對人給付被害人住居所之租金或被害人及其未成年子女之扶養費。」依此規定，法院可以核發租金令，命加害人給付被害人住居所之租金，亦可以核發扶養費令，命加害人給付被害人及其未成年子女之扶養費。給付租金令或扶養費令，具有使被害人及其未成年子女得到安養之性質，使其居住環境與生活條件得到某程度確保。

(2)租金令

法院核發租金令，係為使被害人及其子女安居於住居所中，因此，租金令之核發，應具備下列要件：①房屋係屬被害人之住居所；②房屋係屬租屋，非屬加害人或被害人所有；③加害人或被害人係承租人。如係第三人所承租，該第三人依約本負有給付租金之義務，除該第三人無法負擔給付租金之義務外，不宜命加害人給付租金。

法院決定是否核發租金令時，應審酌兩造之資力、被害人及其子女之需要等情況認定之。法院准許核發租金令時，可以命相對人給付全部租金，也可以命相對人給付部分租金。

租金令也可以與遷出令一起核發,例如:加害人與被害人共同居住於一個處所,該處所係屬租屋,不管承租人係加害人或被害人,法院可以核發遷出令命加害人自該處所遷出,同時核發租金令,命加害人負擔租金給付義務。

(3)扶養費令

法院核發扶養費令,係為使被害人及其子女之生活不虞匱乏,核發時應注意民法關於扶養義務成立法定要件及扶養程度之規定。

①扶養義務之成立

扶養義務之成立,必須扶養權利人有受扶養之需要,扶養義務人有扶養之可能,故須具備下列要件:

A.被害人及未成年子女應具備之要件

民法第1117條第1項及第2項規定:「受扶養權利者,以不能維持生活而無謀生能力者為限。」「前項無謀生能力之限制,於直系血親尊親屬,不適用之。」此外,最高法院79年台上字第2629號判例明載:「民國74年6月3日修正公布之民法第1116條之1規定:『夫妻互負扶養之義務,其負扶養義務之順序與直系血親卑親屬同,其受扶養權利之順序與直系血親尊親屬同』。夫妻互受扶養權利之順序,既與直系血親尊親屬同,自不以無謀生能力為必要。本院43年台上字第787號判例係就民法修正前所為之銓釋,自民法增訂第1116條之1規定後,即不再援用。」因此,法院核發給付扶養令時,原則上被害人及未成年人應具備下列扶養要件:(A)不能維持生活;(B)無謀生能力。但被害人如係加害人之配偶或直系血親尊親屬時,只須具備不能維持生活之要件即可,縱使有謀生能力仍可核發。

所謂不能維持生活,係指不能以自己之財產及勞力所得以維持自己之生活而言。所謂無謀生能力,包括無工作能力、雖有工作能力而不能期待其工作(如因照顧幼兒而無法工作等)、因經濟不景氣而不能覓得職業等情形而言[29]。

---

[29] 最高法院56年台上字第795號判例:民法第1084條乃規定父母對於未成年子女之保護及教養義務,與同法第1114條第1款所定直系血親相互間之扶養義務者不同,後者凡不能維持生活而無謀生能力者,皆有受扶養之權利,並不以未成年為限。又所謂謀生能力並不專指無工

B.加害人應具備之要件

民法第1118條規定：「因負擔扶養義務而不能維持自己生活者，免除其義務。但受扶權利者為直系血親尊親屬或配偶時，減輕其義務。」依學者見解，所謂有扶養能力，係指負扶養義務後仍可維持自己之原有相當之生活而言，即負扶養義務後，生活雖非毫無減縮，但不應因而發生重大惡化[30]。

② 扶養程度

關於法院核發扶養令時定如何扶養費之數額問題，民法第1119條規定：「扶養之程度，應按受扶養權利者之需要，與負扶養義務者之經濟能力及身分定之。」因此，法院定扶養費之數額，應審酌下列因素：(A)加害人之經濟能力及身分；(B)被害人及未成年人之需要。

所謂需要，係指一個人生活之全部需求而言，舉凡衣食住行之費用、醫療費用[31]、教育費用、休閒娛樂費、請求扶養之訴訟費、扶養權利人之喪葬費等，均包括在內。有學者認為：扶養之需要，應依雙方當事人之生活程度而定，如權利人之生活程度高，義務人之生活程度低，則須在義務人之生活程度以下，始能謂有需要，如權利人之生活程度低，義務人之生活程度高，則得以現狀之維持為需要[32]。

關於扶養之程度，有學者認為：應依扶養需要與扶養能力之相對均衡而定，需要少而能力多時，應按需要之程度而定，需要多而能力少時，應依能力之程度而定[33]。依實務見解，應依扶養權利人之需要程度[34]及扶養

作能力者而言，雖有工作能力而不能期待其工作，或因社會經濟情形失業，雖已盡相當之能事，仍不能覓得職業者，亦非無受扶養之權利，故成年之在學學生，未必即喪失其受扶養之權利。

[30] 史尚寬，親屬法論，691頁，民國58年版。

[31] 最高法院19年上字第1121號判例：受扶養權利者患病時，必須支出之醫療費用，為維持生活所需要之費用，定扶養之程度，依民法第1119條之規定，既應參酌受扶養權利者之需要，則此項費用之供給，自在扶養義務範圍之內。

[32] 史尚寬，同註30，691頁。

[33] 同前註，692頁。

[34] 最高法院30年上字第360號判例：直系血親相互間依民法第1114條第1款固負扶養之義務，惟履行扶養義務，應於扶養權利者所需要之程度為之，其以給付金錢為扶養之方法，於扶養權利者所不需要之數額時期，扶養義務者無給付之義務。

義務人之財力[35]、經濟能力及身分[36]定之。

3. 損害賠償令（compensation order）

(1)家庭暴力防治法之規定

家庭暴力防治法第14條第1項第9款規定：「命相對人交付被害人或特定家庭成員之醫療、輔導、庇護所或財物損害等費用。」依此規定，法院可以命加害人給付被害人或特定家庭成員下列一種或數種費用：①醫療費；②輔導費；③庇護所費用；④財物損害費用。本款所規定之醫療、輔導、庇護所及財物損害等費用，均係被害人或特定家庭成員因加害人為家庭暴力行為所必須支出之費用，其性質均屬損害賠償性質。

(2)住院膳食費問題

關於被害人或特定家庭成員因家庭暴力行為致需住院治療而支出之膳食費用，是否可依本款規定命加害人給付問題，可能發生爭議。最高法院民國78年4月18日之78年度第9次民事庭會議決議(二)認為：此種膳食費用應屬民法第第193條第1項規定所定「增加生活上之需要」之費用[37]。依

---

[35] 司法院院字第416號解釋：被繼承人之妻，得就遺產內請求酌給贍養費，其標準視權利人之需要，及義務人之財力定之。
最高法院18年上字第957號判例：扶養權利人對於扶養義務人請求指定扶養財產，如有必要情形自為法之所許，至扶養財產額之多寡，應依扶養義務人之身分財力及扶養權利人之日常需要，以定標準。

[36] 最高法院30年滬上字第150號判例：扶養之程度應按扶養權利者之需要，與扶養義務人之經濟能力及身分定之，為民法第1119條所明定，夫不與妻同居應由夫供給妻生活費用者，雖非同條所稱之扶養，而其供給費用之數額亦當準用該條定之。
最高法院38年台上字第18號判例：扶養之程度，應按受扶養權利者之需要與扶養義務人之經濟能力及身分定之，為民法第1119條所明定，夫不與妻同居應由妻供給妻生活費用者，雖非同條所稱之扶養，而其供給費用之數額亦當準用該條定之。至生活費用給付之方法兩造如未協議時，自得由法院斟酌情形定之。

[37] 最高法院民國78年4月18日78年度第9次民事庭會議決議（二）：因侵權行為致需住院治療而支出之膳食費用，原告請求給付，有無理由？有甲、乙、丙三說：
甲說：膳食費用之支出，乃居家生活必需之支出，原告請求為無理由。
乙說：基於住院之特殊環境，由醫院控制供給之伙食，實為治療行為之一環。因此支出之膳食費用，應屬醫療費用，原告請求為有理由。
丙說：一般膳食，乃居家生活所必需，即令身體健康未受侵害，亦應支出，宜採甲說；反之，如因受侵害，醫師認有供給特別伙食時，其費用即屬治療行為，應採乙說。
以上三說，應以何說為當，提請公決全體一致通過採取民事第四庭所提之研究報告作為決議並以該研究報告作附件。
決議：民法第193條第1項規定：「不法侵害他人之身體或健康者，對於被害人因此喪失或減少勞動能力，或增加生活上之需要時，應負損害賠償責任。」所謂增加生活上之需要，係指被害以前並無此需要，因為受侵害，始有支付此費用之需要而言，因此身體

此見解，此種膳食費並非醫療費，係屬增加生活上需要之費用，而增加生活上需要之費用性質上是否係屬本款所定之財物損害費用，解釋上即有疑義。如不能認此種費用係屬本款所規定之財物損害費用，亦不能認爲係本款所定之其他費用時，法院僅能依家庭暴力防治法第14條第1項第13款關於其他必要命令之規定，命加害人給付之。

(3)利息給付問題

法院命加害人給付損害賠償令時，依實務見解，亦可命加害人給付法定遲延利息[38]。

4. 加害人處遇計畫令（batterer treatment program order）

關於酗酒與家庭暴力之關係，依據美國司法部司法統計局之「西元1998年至2002年全國犯罪受害調查」（National Crime Victimization Survey）資料顯示，38.5%家庭暴力受訪者表示，當家庭暴力事件發生時，關於加害人是否受到酒精或毒品影響問題，28.9%受訪者表示未影響，19.5%受訪者表示不知道是否受影響[39]。在家庭暴力刑事事件中，涉有酗酒或吸毒者比不涉酗酒或吸毒者更可能被起訴[40]。因此，許多暴力家庭需要關於酗酒與吸毒之處遇，而酗酒與吸毒之處遇亦係法院所命加害人處

　　或健康受不法侵害，需住入醫院治療，於住院期間所支付之膳食費用，應屬增加生活上需要之費用，加害人應予賠償。

[38] 臺灣高等法院暨所屬法院57年度第2次法律座談會：
【法律問題】
被害人求命給付醫療費用自支付之日起之法定利息，應否准許？
【討論意見】
甲說：於法無據，應予駁回。
乙說：按因故意或過失不法侵害他人之權利者，負擔損害賠償責任，此在民法第184條第1項規定甚明，所謂權利指一切私權而言，故因身體上所受損害，致生財產上之損害者，當然包括在內（參照最高法院39臺上字第987號判例）。又因回復原狀而應給付金錢者，自損害發生時加給利息，應付利息之金錢債務其利率未經約定者，債權人得請求按照當地中央銀行核定放款日拆二分之一計算，民法第213條第2項，利率管理條例第6條定有明文，請求醫療費用之法定利息，尚非無據，應予准許。
丙說：按遲延之債務，以支付金錢爲標的者，債權人得請求依法定利率計算之遲延利息，民法第232第1項前段定有明文，損害賠償亦屬債權之一種，自得請求醫療費用之法定利息。
【研討結果】得自請求之日起支付法定利息。

[39] Bureau of Justice Statistics, Family Violence Statistics 19 (June 2005).

[40] Schmidt, J. and E. H. Steury, Prosecutorial Discretion in Filing Charges in Domestic Violence Cases, 27(3) Criminology 487-510 (1989).

遇計畫中十分重要的一環，但如無其他配套措施，單憑酗酒與吸毒處遇仍不能防止暴力[41]。

我國之民事保護令之加害人處遇計畫係自外國引進之制度，其所為處遇與外國制度相同，不僅包括戒酒與戒毒，尚且包括精神治療、親職教育輔導與心理輔導。

(1)外國法制

與法院相關聯之加害人處遇計畫通常具有下列目標：①加強施虐者對其暴力行為負責；②發展暴力以外之行為模式；③增強建設性之情緒表達、聆聽技巧及控制憤怒；④減低孤立並發展個人支持體系；⑤減少對於關係之依賴與控制；⑥增強施虐者對於家庭或社會助長家庭暴力因素之認知[42]。

處遇通常係採取一小團體之施虐者在1～2位受過訓練之團體領袖監督下每週聚會方式[43]，以破除拒絕與疏離感，並助其發展人際溝通技巧[44]。團體之人數因各個處遇計畫而有不同，通常為7～25人。處遇期間亦因各個計畫而異，通常為5週至1年。再者，各個處遇計畫採取不同程度之教育與治療方法，而以改變根深蒂固之行為異常者為目標之處遇計畫，通常採行包括個別治療與團體治療之長程療法[45]。

在各種加害人處遇計畫中，明尼蘇達州之Duluth模式被認為是全美最先進及最成功之一種，被許多地方採用。此計畫係包含一個企圖改變

---

[41] Domestic Violence and Abuse of Alcohol or Drugs, Courts and Communities: Confronting Violence in the Family, State Justice Institute Conference, San Francisco, CA: March 25-28, 1993.

[42] Ganley, A., Court-mandated Counseling for Men Who Batter: A Three-Day Workshop for Mental Health Professionals, Washington D.C.: The Center for Women Policy Studies (1981).

[43] Goolkasian, G., Confronting Domestic Violence: A Guide for Criminal Justice Agencies, National Institute of Justice, Office Of Issues and Practices, Washington D.C.: The Government Printing Office(1986); Gondolf, E. W., 2 Evaluating Programs for Men Who Batter：Problems and Prospects, Journal of Family Violence 95-108(1987).

[44] Saunders, D., Helping Husbands Whom Batter, Social Casework: The Journal of Contemporary Social Work, June 347-353(1984).

[45] Batterer Treatment Programs, Courts and Communities: Confronting Violence in the Family, State Justice Institute Conference, San Francisco, CA: March 25-28, 1993.

加害人之權力與控制（power and control）信念之36週對抗團體輔導計畫（confrontational group counseling program）[46]，認為權利不對等及譴責被害人是暴力行為發生的原因，所以教導加害人藉由學習挑戰彼此對其被害人之態度與信念之方式來克服其施暴觀念[47]。課程係採用教育與輔導方法，將焦點集中在施虐者使用暴力以對於其伴侶樹立權力與控制上。進入計畫者每週參加由一位輔助員（facilitator）所負責之團體，此輔導不一定是心理衛生專業人員，可能是一個受過訓練的非專業人士。參加者作一些對抗自身暴力行為之活動，例如：每日記錄自己之暴力行為、用依據個人經驗所為之角色扮演來建立無暴力技巧、放映錄影帶並作即時討論、教導諸如暫時停止及認識婦女之憤怒等技巧。這些活動不討論特定關係，而將焦點置於權力與控制根本問題上[48]。

此外，麻薩諸塞州首府波士頓之EMERGE模式，也是一個相當受歡迎而具有女性主義觀點的加害人處遇計畫，此計畫將自己定位為：一個男性共同組織團體致力於終結對於女性施暴，並認為自己是組織男性以對抗社會上性別歧視運動的一部分。此計畫雖係由受過訓練的輔導員（counsel）負責，但所有課程均係以受指導的自助小組方式進行[49]。

關於加害人處遇計畫之費用負擔問題，多數計畫要求加害人負擔費用[50]。例如：加州制定一個以加害人之付費能力為基礎之機動費用表[51]，

---

[46] Johnson, Leslie D., 同註4，278頁; Cadwallader, Lindsay, Mandating Batterers' Treatment Programs as a Condition To Granting Custody or Visitation Rights to Batterers, 14 Prob. L. J. 27(1997).

[47] Babcock, J. C., Green, C. E., & Robie, C., Does batterers' treatment work? A meta-analytic review of domestic violence treatment. Clinical Psychology Review, 23(8), 1023-1053 (2004).

[48] Hanna, Cheryl, The Paradox of Hope: The Crime and Punishment of Domestic violence, 39 William & Mary Law Review 1530 (1998); Gwinn, Casey G., The Path to Effective Intervention: Trends in The Criminal Prosecution of Domestic Violence, The Prosecutor, Nov./Dec. 1993, at 22-23, 35, 53-64; Pence, Ellen & Paymar, Michael, Education Groups for Men Who Batter: The Duluth Model 3 (1993).

[49] Hanna, Cheryl, 同前註，1530至1531頁， Gondolf, Edward W., Men Who Batter: An Integrated Approach for Stopping Wife Abuse20-22(1985).

[50] Hanna, Cheryl, 同前註，1531頁。

[51] Cal. Penal Code § 1203.097(C)(I)(P).

康乃狄克州規定每一個家庭暴力教育計畫之費用為200美元[52]，麻薩諸塞州要求每位參加計畫者負擔350美元之費用[53]。而且，許多計畫僅接受認罪（plead guilty）或坦承自己曾為施暴行為之加害人[54]。

關於加害人處遇計畫之效果，有研究資料顯示，多數完成計畫者在完成計畫後之1年內未再實施暴力行為，未實施暴力行為之比例在53%至85%之間，而未完成計畫者比完成計畫者更可能繼續實施暴力行為[55]。

不過，施暴者縱未接受處遇計畫，法院之介入也有嚇阻施暴之效果，有研究資料顯示，在法院介入後6個月內，82%未有再次向警方報案之紀錄[56]。

如將受法院監督之接受處遇者與未接受處遇者相比較，則顯示暴力之降低係依施暴者之特質而定，而且可能須嚴格監督並嚴格執行處遇計畫之出席情況[57]。由觀護人及處遇計畫之醫師，依據施暴者之改變動機所選出之施暴者中，在起初6個月內，接受處遇者與未接受處遇者之再犯比率是4%比16%[58]。不過，暴力行為如屬嚴重或頻繁時，完成法院所命之加害人處遇者與法院未命其完成加害人處遇者間，並無明顯的差異[59]。而且，接受處遇者雖然比未接受處遇者更可減少精神虐待，但卻更可能為輕微之身體暴力，其比例為43%比12%[60]。

再者，依據美國國家司法研究所（National Institute of Justice）曾針對

- - - - - - - - - - - - - -

[52] Conn. Code § 46b-38c(i).

[53] Mass. Gen. Laws. ch. § 209(A) 10.

[54] Hanna, Cheryl,同註48，1531頁；Gwinn, Casey G., 同註48，21頁。

[55] Tolman, R. M. & L.ennentt, L. W., A Review of Quantitative Research on Men who Batter, 5 Journal of Interpersonal Violence 87-110(1990).

[56] Hamberger, L. K. and J. E. Hastings, Characteristics of Spouse Abusers: Predictors of Treatment Acceptance, 1 Journal of Interpersonal Violence 363-373(1986).

[57] Batterer Treatment Programs, 同註45。

[58] Dutton, D. G., The Outcome of Court-mandated Treatment for Wife Assault: A Quasi-experimental Evaluation, 1 Violence and Victims 163-175(1986).

[59] Batterer Treatment Programs, 同註45。

[60] Harrell, A., Evaluation of Court-Ordered Treatment for Domestic Violence Offenders, Final Report to the State Justice Institute, Washington, D. C.: The Urban Institute(1991).

採用Duluth模式加害人處預計畫之佛羅里達州Broward郡及紐約州Brooklyn區進行評估，依據其於西元2003年所提出之報告，在Broward郡的研究發現，加害人如果有工作、已婚、有家庭或與社區有利害關係，則比較可能不會再犯，雖然被害人回應率低，但因從多種資源取得資訊，每種均得到類似結論等，使研究者對於研究結論具有信心。在Brooklyn區的研究顯示，接受計畫較長時間（26週）的加害人比接受計畫短時間（8週）的加害人，更少再施暴，但加害人比較可能完成短時間的計畫。此研究對於下列問題未下結論：加害人處遇計畫改變了加害人的態度及行為，或僅是在研究期間暫時壓制其施暴行為？[61]

　　加害人處遇計畫究竟是否比傳統之監禁、緩刑付保護管束等處罰方式更能有效減少暴力發生，目前迄無定論，而且，在刑事案件中法院如果強制加害人接受處遇，可能讓被害人產生錯誤的期待，希望加害人永久得到復健，而事實上加害人可能只是短期受到嚇阻，或者完全沒有嚇阻效果，因此，有學者認為，刑事處罰仍然在減少家庭暴力上扮演重要之角色，以加害人處遇計畫代替刑事處罰並不是一個好的策略[62]。不過，雖然加害人處遇計畫並非防治家庭暴力之萬靈丹，但有學者認為，加害人處遇計畫是跨出正確方向的一步，確實有許多加害人在完成加害人處遇計畫後停止施暴行為，而且，因為加害人處遇計畫正不斷進行新的發展，其成功率將不斷提高[63]。有些心理學等專家認為，最常被採用之Duluth模式加害人處遇計畫易於忽視家庭暴力之下列因素：藥物濫用（substance abuse）、遵從危機感（stake-in-conformity）、加害人人格特質（personality of the batterer）、伴侶互動關係（relational dynamics within the couple）、創傷史（history of trauma）、羞辱感角色扮演（the role of shame）等，加害人處遇計畫如果能夠增加其服務內容，或為特定顧客量身定作處遇方式，而不

---

[61] Shelly Jackson, Lynette Feder, David R. Forde, Robert C. Davis, Christopher D. Maxwell, and Bruce G. Taylor, Batterer Intervention Programs: Where Do We Go From Here? National Institute of Justice(June 2003).

[62] Hanna, Cheryl, 同註48，1536頁、1583頁；Gwinn, Casey G., 同註48，21頁。

[63] Johnson, Leslie D., 同註4，278頁。

是嚴格遵從任何一種未經驗證具有更好成效之課程，則更可能增進其服務品質[64]。

(2)我國法制

①家庭暴力防治法第14條規定

關於加害人處遇計畫令，家庭暴力防治法第14條第1項第10款規定：「命相對人完成加害人處遇計畫。」關於加害人處遇計畫之定義，家庭暴力防治法第2條第1項第6款明定如下：「加害人處遇計畫：指對於加害人實施之認知教育輔導、親職教育輔導、心理輔導、精神治療、戒癮治療或其他輔導、治療。」

依上開規定，法院得命相對人完成加害人處遇計畫，命其接受下列一種或數種處遇：a.認知教育輔導；b.親職教育輔導；c.心理輔導；d.精神治療；e.戒癮治療；f.其他輔導；g.其他治療。

為加強法院裁定處遇計畫，104年增列家庭暴力防治法第14條第4項規定：「第一項第十款之加害人處遇計畫，法院得逕命相對人接受認知教育輔導、親職教育輔導及其他輔導，並得命相對人接受有無必要施以其他處遇計畫之鑑定；直轄市、縣（市）主管機關得於法院裁定前，對處遇計畫之實施方式提出建議。」

加害人如故意不完成處遇計畫，在保護令有效期間無法以違反保護令罪移送，為積極執行處遇計畫，104年增列家庭暴力防治法第14條第4項規定：「第一項第十款之裁定應載明處遇計畫完成期限。」

②家庭暴力防治法第54條規定

關於加害人處遇計畫，家庭暴力防治法第54條規定如下：

「中央衛生主管機關應訂定家庭暴力加害人處遇計畫規範；其內容包括下列各款：

一、處遇計畫之評估標準。

二、司法機關、家庭暴力被害人保護計畫之執行機關（構）、加害人處遇計畫之執行機關（構）間之聯繫及評估制度。

----

[64] Babcock, J. C., Green, C. E., & Robie, C.,同註47; Shawn Smith, It's Time for Domestic Violence Treatment to Grow Up, www.ironshrink. Com(November 2006).

三、執行機關（構）之資格。

中央衛生主管機關應會同相關機關，負責家庭暴力加害人處遇計畫之推動、發展、協調、督導及其他相關事宜。」

依此規定，行政院衛生署有訂定加害人處遇計畫規範之義務。因此，行政院衛生署於中華民國88年6月22日發布「家庭暴力加害人處遇計畫規範」，全文共12點。嗣於中華民國90年2月1日修正發布全文共24點；於中華民國97年6月6日修正發布全文共19點。

民國97年6月6日修正之「家庭暴力加害人處遇計畫規範」第2點規定：「本規範所稱處遇計畫執行機關（構），應具下列資格之一：a.經中央衛生主管機關醫院評鑑合格並設有精神科門診或精神科病房者。b.經中央衛生主管機關精神科醫院評鑑合格者。c.經中央衛生主管機關指定之藥癮戒治醫療機構。d.經直轄市、縣（市）政府指定之相關機關（構）或團體。」

上開規範於民國97年修正前並無讓民間團體可以發展及申請作為執行機構之客觀標準，修法後已經改善，但規範條文僅19條，內容過於簡陋、籠統，再加上我國政府有關機關與民間團體對於加害人處遇計畫之陌生與不重視，所以目前法院核發加害人處遇計畫令之情形並不多見，即使核發，其成效亦極為不彰。

5. 律師費令（attorney fee order）

(1)律師費與訴訟費用

由於我國民事訴訟法除第三審外並非採取律師訴訟主義，因此，當事人所支出之律師費用，原則上不能認為係屬訴訟費用之一種，法院不能命敗訴之當事人負擔，只有在例外情形，才能命敗訴之當事人負擔律師費。此種例外情形為：當事人確有不能自為訴訟行為，必須委任他人代理之情形，所支出之代理人費用，為伸張權利或防禦上所必要者，得認為訴訟費用之一種，於必要限度令敗訴之人賠償[65]。

---

[65] 最高法院81年度台上字第90號判決：按我國民事訴訟不採律師訴訟主義，故當事人所支出之律師費用，自不在訴訟費用之內。惟當事人確有不能自為訴訟行為，須委任代理之情形所支出之代理人費用，如可認為伸張權利或防禦上所必要者，方屬訴訟費用之一種。職是，律

(2)家庭暴力防治法之規定

家庭暴力防治法第14條第1項第11款規定：「命相對人負擔相當之律師費用。」依此規定，當事人所支出之律師費用，縱使不能認為係屬訴訟費用之一種，法院仍可以核發律師費令，命相對人負擔相當之律師費。

由於家庭暴力之加害人多為家庭財物之管理人，通常有能力聘請律師，被害人則常無力負擔律師費用。事實上，被害人對於繁雜的民事保護令制度有關規定常不知所措，對於訴訟程序、非訟程序及執行程序多感陌生，常需要聘請律師提供訴訟協助[66]，家庭暴力防治法之上開規定，可以說是對於被害人提供特別保護。

(3)相當律師費之認定

關於律師費之數額若干可認為相當問題，法院應視訴訟標的金額或價額以及事件之繁簡，參酌當事人委任律師所實際支出之律師費，以及委任律師時財政部所訂定之執行業務者收費及費用標準[67]，具體認定之。

參　民事保護令事件之管轄法院、聲請與核發程序

民事保護令制度係家庭暴力防治法所創設之制度，其救濟範圍雖然

師費用不在訴訟費用之內，必係代理人費用，始屬訴訟費用之一種。

最高法院77年度台上字第936號判決：我國民事訴訟法並非採取律師訴訟主義，當事人所支出之律師費用，須當事人確有不能自為訴訟行為，必須委任他人代理之情形，所支出之代理人費用，為伸張權利或防禦上所必要者，始得認為訴訟費用之一種，於必要限度令敗訴之人賠償（參照司法院院字第205號解釋）。

本件上訴人並無確有不能自為訴訟行為之情形，其請求被上訴人賠償律師報酬8萬元，難認為有理由。

[66] Topliffe, Elizabeth, Why Civil Protection Orders Are Effective Remedies for Violence But Mutual Protective Orders Are Not, 67 Indiana Law Journal 1044 (1992).

[67] 司法院於民國96年8月13日修正之「律師為行政訴訟事件特別代理人之酬金計算標準」第3條規定如下：「聲請人聲請行政法院之審判長選任律師為特別代理人，承審審判長應視訴訟標的金額或價額以及事件之繁簡，參酌選任時財政部訂定之執行業務者收費及費用標準，核定其報酬，並通知聲請人逕向行政法院繳納。行政法院依職權選任律師為特別代理人，得斟酌前項情形，命當事人繳納。」司法院於民國92年08月26日發布之「法院選任律師及第三審律師酬金核定支給標準」第4條規定如下：「法院裁定律師酬金，應斟酌案情之繁簡、訴訟之結果及律師之勤惰，於下列範圍內為之。但律師與當事人約定之酬金較低者，不得超過其約定：一、民事財產權之訴訟，於訴訟標的之金額或價額3%以下。但最高不得逾新臺幣50萬元。二、民事非財產權之訴訟，不得逾新臺幣15萬元；數訴合併提起者，不得逾新臺幣30萬元；非財產權與財產權之訴訟合併提起者，不得逾新臺幣50萬元。法院於裁定前，得予律師及當事人陳述意見之機會。」

有些係就已存在之私權加以爭執，且有時有對立之當事人。不過，由於此制度係爲保護被害人及特定家庭成員之安全而設，必須迅速妥適處理，因此，家庭暴力防治法第20條第1項規定：「保護令之程序，除本章別有規定外，適用家事事件法有關規定。」依家事事件法第3條第4項第13款規定，保護令事件爲丁類事件，依該法第74條規定，除別有規定外，適用該法第4編「家事非訟程序」之規定。故法院處理民事保護令事件應進行家事非訟程序，依家庭暴力防治法第13條、第20條第2項規定，採取職權調查主義及不公開審理主義，以裁定方式爲裁判，對於裁定不服則循抗告程序而爲救濟，使法院能以簡易、迅速、經濟之方式處理家庭暴力事件。總之，依家庭暴力防治法及家事事件法規定，法院處理家庭暴力事件可以說係以便民、馬上處理及24小時服務爲原則，其目的係讓被害人及特定家庭成員（通常係未成年子女）能得到適當的保護，免受暴力的危害。

一、管轄法院

（一）土地管轄

所謂土地管轄，係指以土地爲標準而劃分法院管轄區域者而言。關於土地管轄，各國立法例爲使被害人易於聲請民事保護令起見，多有擴大法院管轄範圍之規定。

1. 外國法制

美國各州法律關於家庭暴力案件之法院管轄權（jurisdiction）與審判地（venue），多規定聲請人居所地、聲請人逃避虐待之暫時居住地、相對人居所地及虐待事件發生地之法院均有管轄權及審判權[68]。此外，美國模範家庭暴力法第303條第2項則規定，聲請人得向下列法院提出聲請：(1)聲請人之現在或暫時居所地；(2)相對人之居所地；(3)家庭暴力發生地。該條第3項規定，聲請人並無最低居住期間之要件。如此一來，聲請人即有較多之選擇法院機會，但也不會因而不法侵害相對人之憲法保障權利。

----

[68] Hart, Barbara J., 同註9，第7頁。

2. 我國法制

(1)我國民事訴訟法之以原就被原則

關於法院之管轄權，民事訴訟法第1條第1項規定：「訴訟，由被告住所地之法院管轄。被告住所地之法院不能行使職權者，由其居所地之法院管轄。訴之原因事實發生於被告居所地者，亦得由其居所地之法院管轄。」此項規定係為保護被告之利益，所以採取以原就被原則，以防止原告隨時濫行提起訴訟，故規定訴訟以由被告住所地之法院管轄為原則[69]，如被告住所地之法院不能行使職權，則由被告居所地之法院管轄。訴之原因事實發生於被告居所地者，亦得由其居所地之法院管轄。

(2)我國家庭暴力防治法之管轄權有關規定

家庭暴力防治法為使被害人容易聲請保護令起見，特擴大法院之管轄範圍，不再固守以原就被原則，於第11條規定：「保護令之聲請，由被害人之住居所地、相對人之住居所地或家庭暴力發生地之地方法院管轄（第1項）。前項地方法院，於設有少年及家事法院地區，指少年及家事法院（第2項）。」依此規定，下列地方法院、少年及家事法院對於家庭暴力事件均有管轄權：①被害人住所地之法院；②被害人居所地之法院；③相對人住所地之法院；④相對人居所地之法院；⑤家庭暴力發生地之法院。因此，被害人如逃離其與加害人共同之住居所後，在他地居住時，不必返回原住所地，得於其現住居所地之法院聲請保護令。

（二）職務管轄

所謂職務管轄，係指以法院職務之種類為標準而訂法院管轄範圍而言。關於職務管轄。各國立法例規定並不一致。

1. 外國法制

關於民事令案件應由何種法庭或法院處理問題，在美國法院方面，各州之法律規定及實務運作情況並不一致，不少州法院之民事、家事等法院或法庭有權核發民事保護令。以紐約州為例，對於家庭暴力事件，被害人可以向家事法院或法庭聲請核發民事保護令，被害人如進行離婚、撤銷

---

[69] 王甲乙、楊建華、鄭健才，民事訴訟法新論，12頁，民國88年6月版。

婚姻、分居等訴訟時，可以向民事法院或法庭、性質上屬於第一審事實審法院之最高法院（supreme court）聲請核發民事保護令。例如：家事法院審理子女疏忽（neglect）尚未審結，而此聲請事件與最高法院審理中之離婚事件有關時，爲避免家事法院與最高法院對於相同之事實與爭點重複審理，家事法院可以將保護令事件移送最高法院審理[70]。

2. 我國法制

關於民事保護令案件應由何種法庭或法院處理問題，我國家庭暴力防治法並未明文加以規定。依家事事件法第3條第4項第13款規定，民事保護令事件屬於丁類事件，依同法第74條規定，原則上適用該法第4編「家事非訟程序」之規定。同法第5條規定：「家事事件之管轄，除本法別有規定外，準用非訟事件法有關管轄之規定；非訟事件法未規定者，準用民事訴訟法有關管轄之規定。」同法第2條規定：「本法所定家事事件由少年及家事法院處理之；未設少年及家事法院地區，由地方法院家事法庭處理之。」依此規定，民事保護令事件原則上應由少年及家事法院處理，例外在未設少年及家事法院地區，由地方法院家事法庭處理。

（三）住居所之認定與調查

1. 住居所之認定

關於住所之認定，應依民法第20條第1項規定：「依一定事實，足認以久住之意思，住於一定之地域者，即爲設定其住所於該地。」

最高法院27年上字第2454號判例明載：「依民法第20條第1項規定，須以久住之意思，住於一定地域者，始爲在該地有住所，若因事務或業務寄居其地，非有久住之意思者，縱令時歷多年，亦僅得謂爲居所，不能認爲住所。」依此判例意旨，所謂「居所」，係指無久住之意思而事實上居住之處所而言。

家庭暴力防治法第11條規定被害人之居所地之法院有管轄權，係以

---

[70] Symposium: Women, Children and Domestic Violence: Current Tensions and Emerging Issues, 27 Fordham Urban Law Journals 682-693(2000).; New York State Office for the Prevention of Domestic Violence, Expanded Access to Family Court in New York State, NYS Expanded Access Report 2(2011).

該居所地為被害人事實上日常生活之作息地，由被害人日常生活實際作息地之居所地法院就近調查審理，俾能迅速適時確保被害人之人身安全及精神自由不受不法侵害。如被害人僅係暫避某處所以免被不法侵害或騷擾而已，或僅以某處所為其通訊聯絡之處所，實際上並無以該處為居所而為其日常生活作息並居住之事實者，不能認為被害人係設定居所於該處所，該處所之法院並無管轄權。

2. 住居所之調查

關於法院對於當事人住居所之調查，家庭暴力防治法第12條第3項規定：「法院為定管轄權，得調查被害人之住居所。經聲請人或被害人要求保密被害人之住居所，法院應以秘密方式訊問，將該筆錄及相關資料密封，並禁止閱覽。」

依此規定，法院為認定其對於民事保護令事件有無管轄權時，雖有權調查被害人之住居所，但應注意保密被害人之住居所，以避免加害人知悉被害人之行蹤而對其進行控制、騷擾或施暴。亦即，聲請人或被害人如果要求保密被害人之住居所時，法院應以秘密方式訊問被害人、聲請人或其他關係人，於訊問後將該訊問筆錄及相關資料密封，並禁止閱覽該筆錄或相關資料。

二、聲請程序

（一）聲請人

關於保護令之聲請人，各國立法例之規定並不一致。原則上家庭暴力之被害人具有訴訟能力者，其本人得為聲請人，即使在採取律師強制代理制度之國家，亦多准許聲請人本人不經律師代理提出聲請。如被害人無訴訟能力，其法定代理人得代理被害人為聲請。

1. 外國法制

美國有些州有些法律規定，在當事人聲請保護令案件中，法院得為一方或雙方當事人之未成年子女指定法定代理人[71]。此外，有些法律規定檢

---

[71] 例如：N. H. Rev. Stat. §173-B: 6.

察官、社會福利機關等亦得爲聲請人[72]，有些法律則規定，警察人員在法院不辦公期間得爲被害人聲請緊急救濟[73]。而美國伊利諾州法律更進一步規定，任何人均得代理未成年人或無訴訟能力之成年人爲聲請[74]。

2. 我國法制

(1)民事保護令之聲請人

家庭暴力防治法第10條第1項規定：「被害人得向法院聲請通常保護令、暫時保護令；被害人爲未成年人、身心障礙者或因故難以委任代理人者，其法定代理人、三親等以內之血親或姻親，得爲其向法院聲請之。」同條第2項規定：「檢察官、警察機關或直轄市、縣（市）主管機關得向法院聲請保護令。」

上開規定對於聲請人採取較爲寬廣之立法，不以被害人爲限，但非被害人爲聲請人時，僅能爲被害人聲請，不能爲自己聲請。

有權聲請三種保護令者包括：①檢察官；②警察機關；③直轄市、縣（市）主管機關。

有權聲請通常及暫時保護令，不能聲請緊急保護令者包括：①被害人；②被害人如果爲未成年人或身心障礙者，或有因故難以委任代理人之情形時，被害人之法定代理人、三親等以內之血親或姻親。

所謂「因故」難以委任代理人者，係指因某種事由而難以委任代理人而言，例如：罹患重病、暫時出國等均屬之。「法院辦理家庭暴力案件應行注意事項」第6條第3項規定：

「成年之被害人因故難以委任代理人者，亦得由其三親等以內之血親或姻親爲聲請人；因故難以委任代理人之情形，宜斟酌下列情狀定之：

一、被害人之身體狀況。

二、被害人之精神狀況。

三、被害人當時之處境。

----

[72] 例如：Md. Fam. Law Code §4-5o1(0)(2)(i)&(ii).

[73] 例如：Md. Fam. Law Code §4-5o4.1(a).

[74] 750 ILCS(I11. Compiled Stat.) 60/201(b) (from ch. 40, para. 2312-1(b))

四、有家事事件法第十五條第一項及第二項得選任程序監理人之情形。」

家事事件法第15條第1項及第2項規定如下：

「處理家事事件有下列各款情形之一者，法院得依利害關係人聲請或依職權選任程序監理人：

一、無程序能力人與其法定代理人有利益衝突之虞。

二、無程序能力人之法定代理人不能行使代理權，或行使代理權有困難。

三、為保護有程序能力人之利益認有必要。

前條第二項及第三項情形，法院得依職權選任程序監理人。」

上開規定之所以不准被害人、其法定代理人或三親等內親屬聲請緊急保護令，係因緊急保護令可以在非上班時間以電話傳真，或其他科技設備傳送方式聲請，法院在未與聲請人謀面下即應快速核發，聲請人如非屬政府機關亦非檢察官，法院因難以電話、傳真或其他科技設備確認聲請人即為家庭暴力之被害人、其法定代理人或三親等內親屬，且難以僅憑聲請人之單方說辭即核發保護令，故規定被害人、其法定代理人或三親等內親屬不得為緊急保護令之聲請人。

(2)代理人之委任

我國家庭暴力防治法並未規定聲請人是否可以於民事保護令事件中委任代理人，非訟事件法第12條規定：「民事訴訟法有關訴訟代理人及輔佐人之規定，於非訟事件之非訟代理人及輔佐人準用之。」依此規定，聲請人可以委任代理人。

再者，「法院辦理家庭暴力案件應行注意事項」第16條規定：「保護令事件之聲請人得委任代理人到場。但聲請人為被害人者，法院認為必要時得命本人到場，並得依家事事件法相關規定為其選任程序監理人。」因此，聲請人可以不親自出庭而委任代理人出庭，但聲請人為被害人時，法院如果認為必要可以命本人親自出庭，也可以為其選任程序監理人。

（二）聲請時間

關於民事保護令之聲請時間，各國立法例雖有不同，但許多法律多有便民及迅速辦理之相關規定。

1. 外國法制

為了確實保護及迅速處理起見，美國法院多提供24小時服務。有些法院在下班時間之處理方式，係由警察人員與值班法官以電話聯絡後，將法官口頭核發之保護令依法定格式做成書面文件，交予聲請人。這些下班時間所核發之命令通常存續期間較短，有些法律規定至法院上班之日失其效力，有些則規定其效力至通知相對人開庭審理之日止。除了極少數州外，聲請人通常可以在其聲請當日取得暫時或緊急保護令，不過，法律多規定應定審理期日，此期日通常係核發暫時或緊急保護令後10～13日，也有法律規定法院應於聲請當日或上班之日行一造審理程序[75]。

2. 我國法制

我國法制關於民事保護令之聲請時間，亦因聲請民事保護令之種類而有不同。

(1)通常、暫時保護令之聲請時間

家庭暴力防治法對於此兩種保護令之聲請時間並無特別規定，所以此兩種保護令之聲請時間與一般民事訴訟或非訟事件之聲請時間相同，均必須在上班時間才可至法院提出聲請狀。聲請人如果以郵寄聲請狀方式提出聲請，法院於上班時間才會分案處理。

(2)緊急保護令之聲請時間

依據家庭暴力防治法第12條第1項但書規定，緊急性暫時保護令得於「夜間」或「休息日」為聲請。因此，法院對於緊急性暫時保護令之聲請，提供24小時服務，不論日間、夜間、上班日或休息日，都有值班人員隨時受理緊急保護令事件。

關於夜間即休息日之定義，「家庭暴力防治法施行細則」第8條規定：「本法第十二條第一項但書規定所稱夜間，為日出前，日沒後；所稱

---

[75] Hart Barbara J., 同註9，6頁至7頁；例如Me. Rev. Stat. tit. 19-A §4006(2).

休息日，為星期例假日、應放假之紀念日及其他由中央人事主管機關規定應放假之日。

（三）聲請程式

關於民事保護令之程式，各國立法例多有相關規定，但規定內容亦不相同。

1. 外國法制

美國各州法律多規定，法院應制定特別之簡化聲請表格及填表說明，並由法院人員提供書寫協助，且免除第一次聲請費，以提供迅速及有效之服務[76]。雖然聲請人通常應提出聲請狀，但有些法律規定在緊急情況下得為口頭聲請，例如：維吉尼亞州法律規定，法官為保護任何人之健康或安全，得依法核發書面或口頭之一造緊急保護令；該州之少年及家事法庭手冊則規定，警察人員得以電話聲請保護令，聲請時應將請求在書狀上，讀給法官聽後，再將法官的回應寫在書狀的命令欄內[77]。

關於聲請狀應記載之事項，美國法律多未明定。有些州法律則規定，聲請狀應記載聲請人之姓名、相對人之姓名及地址、兩造之關係、暴力事件之陳述、兩造間其他案件之繫屬、所聲請之救濟等[78]。雖然法律多規定聲請人應告知法院兩造間尚有諸如離婚、監護或其他民刑訴訟案件之繫屬情形。但法律多不因兩造間有其他案件繫屬而禁止聲請人提出保護令之聲請，且多不禁止保護令之聲請人再提起其他民事或刑事訴訟，再者，如於另案中法院已就監護或扶養問題而為裁判或正進行訴訟時，有些法律規定，法院雖得核發命令，但其救濟範圍不應包括監護或扶養在內[79]。

2. 我國法制

依我國相關法律之規定，關於民事保護令之聲請程式，因聲請民事保護令之種類而有不同。

---

[76] Hart Barbara J., 同前註，7頁、9頁。

[77] Va. Code. § 16.1-253.4.(A); Office of the Executive Secretary, Department of Judicial Services, Juvenile and domestic relations district court manual 6-1(2010)

[78] 例如：Ariz. Rev. Stat. § 13-3602(C). MD Code, Family Law, § 4-504(b)(1)(ii).

[79] 例如：Mass. Gen. Laws. ch.209A. § 3.

(1)通常、暫時及緊急保護令之聲請程式

家庭暴力防治法第12條第1項前段規定：「保護令之聲請，應以書面為之。」依此規定，聲請通常、暫時及緊急保護令，應提出聲請狀。

關於聲請狀之應記載事項，家庭暴力防治法並未加以規定，依家庭暴力防治法第20條第1項規定：「保護令之程序，除本章別有規定外，適用家事事件法有關規定。」家事事件法第75條第3項、第4項分別規定聲請書狀應載明之事項及宜記載之事項。

家庭暴力防治法施行細則第6條亦有關於聲請狀應記載事項之規定。上開應記載事項，聲請人如未依規定記載，則保護令之聲請程式有欠缺，聲請不合法。家庭暴力防治法第13條第1項規定：「聲請保護令之程式或要件有欠缺者，法院應以裁定駁回之。但其情形可以補正者，應定期間先命補正。」依此規定，聲請不合法可以補正時，法院應定期命聲請人補正，逾期不補正可裁定駁回聲請；聲請不合法如不能補正者，法院可逕行裁定駁回聲請。

(2)緊急保護令之聲請程式

緊急保護令之聲請程式，除依家庭暴力防治法第12條第1項前段規定以書面為聲請外，還可依該條但書規定為聲請：「但被害人有受家庭暴力之急迫危險者，檢察官、警察機關或直轄市、縣（市）主管機關，得以言詞、電信傳真或其他科技設備傳送之方式聲請緊急保護令，並得於夜間或休息日為之。」

因此，聲請緊急保護令可以下列方式為之：①提出聲請狀；②以言詞聲請；③以電信傳真聲請；④以其他科技設備傳送方式聲請。

聲請人如係以提出聲請狀之方式聲請緊急保護令，則聲請狀應記載事項與其他兩種民事保護令之聲請狀應記載事項相同。

聲請人如係以言詞聲請緊急保護令，家事事件法第75條第2項規定：「以言詞為聲請或陳述，應在法院書記官前為之；書記官應作成筆錄，並於筆錄內簽名。」關於筆錄應記載事項及得記載事項，依家事事件法第75條第3項及第4項定，與聲請狀相同。

聲請人如係以電信傳真或以其他科技設備傳送方式聲請緊急保護令，

其應記載之事項解釋上應與聲請狀相同，因家庭暴力防治法施行細則第7條規定如下：「檢察官、警察機關或直轄市、縣（市）主管機關依本法第十二條第一項但書規定，以言詞、電信傳真或其他科技設備傳送之方式聲請緊急保護令時，應表明前條各款事項，除有特殊情形外，並應以法院之專線為之。」此外，依「法院辦理家庭暴力案件應行注意事項」第8條規定如下：

「地方（少年及家事）法院應設專線，供檢察官、警察機關或直轄市、縣（市）主管機關依本法第十二條第一項但書聲請緊急保護令之用；專線於上班時間接至家事（少年及家事）紀錄科，非上班時間接至法警室或法官寓所。

法院收受電信傳真方式之聲請書狀後，應即以電話向聲請人查證，並得以詢問司法院每3個月發布保密代碼之方式查證之。

法院收受聲請書狀後，如發現頁數不全或其他缺漏不明，得以電話或電信傳真方式通知聲請人補正。

上班時間法院人員依前項規定處理後，應即在聲請書狀文面加蓋機關全銜之收文章，註明頁數、時間及加蓋騎縫章，並完成收文程序後，即送承辦法官或司法事務官辦理。非上班時間應由法官在聲請書狀上載明收受時間後即刻辦理，或先由法警在書狀上載明收受時間，即刻送請法官辦理；並均於次一上班之日中午前，將聲請書狀送法院收發室處理。」

（四）保密住居所

為保護家庭暴力被害人及其子女之安全，不少立法例有關於保密其住居所之規定。

1. 外國法制

美國法律多規定聲請人得聲請保密其住居所。例如：模範家庭暴力法第304條第3項規定，聲請人得於其向法院所提出之各種書狀及文件中，不記載其住居所，僅記載其送達處所，但法院為調查有無管轄權或審判權，有下列情形之一時，得命其陳明住居所：(1)得聲請人同意；(2)於相對人不在場時，在辦公室口頭訊問後，將筆錄密封；(3)開庭審理後，審酌聲請

人之安全，認公開其住居所有利於審判。

加州民事訴訟法第545條規定，聲請狀、保護令及暫時保護令雖未載明聲請人或其子女之住居所、托兒、就學或工作場所等，仍有效力及執行力。

自西元1991年起生效之「賓州虐待保護法」（Protection from Abuse Act，即為「賓州綜合法規」第23編「家庭關係」第61章「虐待保護」，英文名稱為Pennsylvania Consolidated Statutes Title 23 "Domestic Relations" Chapter 61 "Protection from Abuse"）第6112條規定，法官於審理程序中如認公開原告或其未成年子女之永久或暫時地址，將危及原告或其家人之安全者，得禁止公開其地址，法官亦不得於訴訟或審理程序中要求公開家庭暴力計畫（domestic violence program）之地址。

2. 我國法制

家庭暴力防治法第12條第2項規定：「前項聲請得不記載聲請人或被害人之住居所，僅記載其送達處所。」

依此規定，聲請人聲請民事保護令時，不論其聲請何種保護令，亦不論其採用何種聲請程式，均可於聲請狀、筆錄、電信傳真或其他科技設備傳送方法上，僅記載聲請人或被害人之送達處所，而不記載其住居所。

此外，依該條第3項規定，當法院為定管轄權而調查被害人之住居所時，聲請人或被害人可以要求保密被害人之住居所，聲請人或被害人如提出保密要求時，法院應以秘密方式進行訊問，將該筆錄及相關資料密封，並禁止閱覽。

（五）聲請費用

舊家庭暴力防治法並未有關於聲請費之規定，地方法院多將保護令事件視為「非因財產權關係為聲請」事件，依舊非訟事件處理法第103條第1項規定，徵收費用銀元30元。此金額依「臺灣高等法院民事訴訟、非訟事件、公證費用提高徵收額數標準」之規定提高徵收之。

民國94年2月5日修正之非訟事件法第14條第1項規定：「因非財產權關係為聲請者，徵收費用新臺幣一千元。」因各界反應所徵收之費用太

高，家庭暴力之被害人難以負擔，所以民國96年修正之家庭暴力法第10條第3項規定：「前二項之聲請，免徵裁判費。」依此規定，民事保護令之聲請，免徵聲請費。

因該項漏未依朝野協商共識規定民事保護令之抗告免徵抗告費，造成地方法院是否應徵收抗告費用之爭議，所以民國97年修正之家庭暴力法第10條第3項規定：「保護令之聲請、撤銷、變更、延長及抗告，均免徵裁判費，並準用民事訴訟法第七十七條之二十三第四項規定。」

因此，聲請核發、撤銷、變更或延長民事保護令時，或對法院關於民事保護令之裁定提出抗告時，均不僅不必繳納聲請費及抗告費，而且不必繳納郵電送達費及法官、書記官、執達員、通譯於法院外為訴訟行為之食、宿、舟、車等費用。

（六）視為聲請

家庭暴力防治法對於民事保護令之聲請，係採當事人進行主義，亦即，當事人可以選擇聲請通常、暫時或緊急保護令，也可選擇三種都提出聲請，法院原則上僅能就當事人所聲請之保護令種類加以裁判。

然而，家庭暴力防治法第16條第5項對於上開原則卻設有例外規定如下：「聲請人於聲請通常保護令前聲請暫時保護令或緊急保護令，其經法院准許核發者，視為已有通常保護令之聲請。」依此規定，當事人僅聲請暫時或緊急保護令而未聲請通常保護令時，法院如果准許核發暫時或緊急保護令，則視為已有通常保護令之聲請，應另行分案處理通常保護令事件。再者，法院如果駁回暫時或緊急保護令之聲請時，則無本項規定之適用，不能視為已有通常保護令之聲請，法院不須另行分案處理通常保護令事件。此外，當事人如果已經聲請暫時、緊急及通常保護令時，當事人既已經為通常保護令之聲請，自無「視為」聲請問題，並無本項規定之適用。

三、核發程序

民事保護令之聲請首先應具備合法要件與有效要件，如不具備合法要

件而不能補正或逾期不補正者，應以聲請不合法駁回之，如不具備有效要件者，則應以聲請無理由駁回之。

（一）合法要件

民事保護令之聲請首先應具備合法要件，家庭暴力防治法第13條第1項規定：「聲請保護令之程式或要件有欠缺者，法院應以裁定駁回之。但其情形可以補正者，應定期間先命補正。」

因此，法院受理暫時保護令之聲請後，不論是通常保護令或暫時保護令之聲請，均應先爲程序審查，以查明聲請是否合法提出，審查事項包括：法院是否有管轄權、聲請人是否有聲請權、代理人之代理權有無欠缺、聲請是否合於聲請程式、是否繳交聲請費用等。聲請如有不合法情形而可以補正者，法院應定期命聲請人補正，逾期不補正者，才可以裁定駁回聲請。至於聲請如有不合法而不能補正之情形者，則可逕行裁定駁回民事保護令之聲請。

（二）有效要件

民事保護令之聲請，除須具備合法要件外，尚須具備有效要件。亦即，保護令之聲請如具備合法要件後，法院應進一步審查該聲請是否具備保護聲請之有效要件，如未具備有效要件，法院應以該聲請無理由裁定駁回之，如認爲已具備有效要件，則應核發保護令。

關於民事保護令之有效要件，家庭暴力防治法對於通常保護令、暫時及緊急保護令之規定不盡相同。

1. 通常保護令

關於通常保護令之核發要件，依家庭暴力防治法第14條第1項規定：「法院於審理終結後，認有家庭暴力之事實且有必要者，應依聲請或依職權核發包括下列一款或數款之通常保護令」。

依此規定，通常保護令之核發應具備下列要件：(1)有家庭暴力之事實；(2)有核發通常保護令之必要。

所謂有家庭暴力之事實，係指相對人曾對於被害人實施家庭暴力行爲而言。所謂有核發通常保護令之必要，係指被害人有繼續遭受相對人實施

家庭暴力行為之危險而言。

2. 暫時保護令

關於暫時保護令之核發要件，家庭暴力防治法第16條第2項規定：「法院為保護被害人，得於通常保護令審理終結前，依聲請或依職權核發暫時保護令。」

依此規定，暫時保護令之核發要件為：(1)有保護被害人之必要；(2)通常保護令審理尚未終結。

所謂有保護被害人之必要，係指被害人有繼續遭受相對人實施家庭暴力行為之危險，不待法院行審理程序核發通常保護令，應儘速核發暫時保護令而言。

3. 緊急保護令

關於緊急保護令之核發要件，家庭暴力防治法第16條第4項規定：「法院於受理緊急保護令之聲請後，依聲請人到庭或電話陳述家庭暴力之事實，足認被害人有受家庭暴力之急迫危險者，應於四小時內以書面核發緊急保護令，並得以電信傳真或其他科技設備傳送緊急保護令予警察機關。」

依此規定，緊急保護令之核發要件為：(1)聲請人到庭或電話陳述家庭暴力之事實；(2)被害人有受家庭暴力之急迫危險。

所謂被害人有受家庭暴力之急迫危險，係指被害人有繼續遭受相對人實施家庭暴力行為之急迫危險，不待法院核發通常或暫時保護令，應依法於聲請後4小時內核發緊急保護令而言。

4. 法律溯及既往問題

有爭議者，係關於保護令制度實施以前，所發生家庭暴力事件之被害人，是否得聲請保護令問題。

持否定見解者認為：關於家庭暴力防治法之施行日期，依舊家庭暴力防治法第54條規定，原則上係自公布日施行，而包括保護令制度在內之部分條文係自公布後1年施行，現行法第66條規定：「本法自公布日施行」，均未有溯及既往之規定。故在保護令制度實施以前所發生家庭暴力事件之被害人，不論在保護令制度施行後是否尚有繼續受家庭暴力侵害之

危險，依法均不得聲請保護令。

　　最高法院89年台抗字第678號裁定則採肯定見解如下：「家庭暴力防治法之立法精神，在於保護處於家庭暴力危險中之被害人免受家庭暴力行為之傷害，故保護令是否核發之斟酌重點，在於法院審判時，曾實施家庭暴力行為之加害人，是否有對於被害人實施家庭暴力之危險中，如果被害人於「審判時」確實處於受暴之危險，而被害人也確實感受暴力之精神威脅時，該被害人即家庭暴力防治法第2條第1項所稱受身體或精神上不法侵害之被害人，法院即可斟酌核發保護令以保護被害人。本件相對人於家庭暴力防治法實施後，迄今是否有再度對於再抗告人實施家庭暴力之危險中，使之感受再度受暴之精神威脅，有待進一步詳為調查之必要。原法院遽以法律不溯既往，而為再抗告人不利之判斷，於法自有未合。」

　　余贊同肯定見解，因為民事保護令制度係為保護家庭暴力被害人之人身安全而設，其立法之主要目的，係對於家庭暴力之被害人及其子女，提供暴力發生前之保護措施，並非係為了對於加害人給予暴力發生後之處罰，或給予被害人暴力發生後之補償，而且保護令之核發要件，除有家庭暴力之事實外，尚須有繼續受家庭暴力之危險，只要其中一個要件發生或存在於民事保護令施行後，法院核發保護令即無溯及既往之問題。因此，關於保護令制度實施以前所發生家庭暴力事件之被害人是否得聲請保護令問題，應依在保護令制度施行後，法院為保護令之裁定時被害人是否有繼續受暴力侵害之危險，而做不同之認定。亦即，家庭暴力行為縱使發生於家庭暴力防治法之保護令制度施行以前，如果在法院為裁定時，被害人仍有繼續遭受相對人實施家庭暴力行為之危險，法院即可核發保護令。反之，如家庭暴力行為發生於家庭暴力防治法之保護令制度施行以前，在法院為裁定時，被害人並無繼續遭受相對人實施家庭暴力行為之危險時，法院則依法不能核發保護令。

（三）審理程序

1. 定期審理

　　關於民事保護令須否定期審理問題，各國立法例多依民事保護令種類

而作不同之規定。

(1)外國法制

在美國法制方面，法院受理一造保護令案件後，通常不先定期審理並通知相對人到場，僅於聲請人聲請當日對於聲請人進行一造審理程序（ex parte hearing），並於行一造審理程序後，依聲請人之聲請即核發一造保護令。法院核發一造保護令後，依法通常應於7日或10日內通知兩造進行完全審理程序（a full hearing），行完全審理程序後，不管相對人是否到庭，得核發完全保護令[80]。有些法律規定，法院為保護聲請人起見，在極特殊情形下，對於聲請人得進行電話審理，但應於電話審理前先確認聲請人之身分[81]。如果當事人僅聲請完全保護令而未聲請一造保護令時，法院通常應通知兩造進行審理程序後，決定是否核發完全保護令[82]。

大致而言，美國法院處理暫時保護令之聲請案件時，如聲請人能證明有正當、合理或可能理由（good, reasonable or probable cause）足認其本人或其家人有受相對人虐待或威嚇之現時急迫危險（the immediate and present danger of abuse）[83]，或如不核發暫時保護令將導致無法恢復之傷害（irreparable injury）[84]，法院得不行通知及審理程序，以口頭或書面核發暫時保護令，但應於核發時，通知相對人其得聲請定審理期日並提出答辯，或由法院依職權定審理期日通知兩造到庭。有些法律規定，聲請人或相對人得於審理期日前聲請法院撤銷或變更暫時保護令，法院應盡速通知兩造行審理程序並做成裁定[85]。法院如駁回暫時保護令之聲請時，有些法律規定應說明駁回之理由[86]，有些法律則規定法院應通知聲請人其有權要

---

[80] Voris, Michael J., The Domestic Violence Civil Protection Order and the Role of the Court, 24 Akron Law Reviews 429-430(1990).

[81] 例如：Wash. Rev. Code §26.50.050.

[82] 例如：Ohio Rev. Code §3113.31(D)(3).

[83] 例如：23Pa. Cons. Stat. §6107(b); Ala. Code §30-5-6(b).

[84] 例如：Wash. Rev. Code §26.50.070(1).

[85] 例如：Alaska Stat. §18.66.120(a)(1)I; Nev.Rev. Stat. §33.080(2).

[86] 例如：Wash. Rev. Code §26.50.070(6).

求法院通知兩造定期審理[87]。美國模範家庭暴力法第306條第1項則規定，法院於聲請核發或變更保護令事件中，如認已發生家庭暴力或應變更保護令時，為保護聲請人，於必要時不經通知與審理程序，立即核發或變更一造保護令（ex parte order），或經通知與審理程序後，不論相對人有無到場，核發或變更保護令。此條文之註釋（commentary）記載：「一造保護令只有在法院認定有核發此命令以保護聲請人之必要時，才可不經通知或審理而核發。在家庭暴力情況中，累犯與傷害之危險很高。請參閱第202條、第205條、第207條、第208條、第219條、第220條、第222條、第301條、第302條及第305條之註釋。有跡象顯示，如果要求給予通知並行完全之審理程序後，才能核發法律保護時，縱使不會危害被害人之生命，也會危害其安全。因此，本模範法典要求聲請人在核發或變更一造保護令前，只要以表面證據證明（make a prima facie showing），其有接受保護之資格，以及有必要核發命令以避免將來之暴力即可。」

　　在紐西蘭法制方面，紐西蘭家庭暴力法第13條第1項規定，法院如認為行通知程序可能導致之遲延，將可能會使聲請人或聲請人家庭之子女有受傷害之危險（a risk of harm）或不當困境（undue hardship）時，得依聲請核發未經通知之保護令。同條第2項規定，法院決定是否依聲請准許核發未經通知之保護令時，應審酌但不限於下列事項：(一)聲請人或其家庭之子女或此兩者對於相對人之行為本質及嚴重性之感覺；(二)該行為對於聲請人或其家庭之子女或此兩者之影響。同條第3項規定，依聲請未經通知而核發之保護令是一個暫時命令（temporary order），除本法第76條至第80條另有規定及不久經撤銷外，於核發後屆滿3個月時依法成為終局命令（final order）。同法第77條第1項規定，除法律另有規定、相對人請求法院定期審理或命令快速被撤銷（discharge）外，暫時命令即自核發時起屆滿3個月時成為終局命令。同法第78條規定，法院如認其所核發之暫時命令有正當理由不應未行一造或兩造審理程序即為終局保護令時，得依職權就該命令之全部或一部令定期審理。同法第80條規定，法院於審理期日

----

[87] 例如：美國模範家庭暴力法第314條第4項規定，法院如未通知相對人即駁回保護令或變更保護令之聲請時，應告知聲請人其有權請求法院通知相對人定期審理。

得爲下列各項處置：撤銷暫時命令、使暫時保護令成爲終局保護令（final order）、另定審理期日（暫時保護令之效力延續至該期日）。再者，依同法第78條、第79條及第80條規定，法院如僅就暫時命令之部分條件（即部分救濟範圍）行審理程序時，其餘未定期審理期日部分成爲終局命令，法院於審理期日得就未成爲終局命令之暫時命令部分爲下列處置：維持（confirm）該暫時命令、變更（vary or alter）該暫時命令之條件、撤銷該暫時命令、另定審理期日並使該暫時命令之效力延續至該期日。

(2)我國法制

我國家庭暴力防治法關於定期審理問題，對於通常保護令及暫時保護令及緊急保護令亦有不同之規定。

①通常保護令

家庭暴力防治法第13條第1項規定：「聲請保護令之程式或要件有欠缺者，法院應以裁定駁回之。但其情形可以補正者，應定期間先命補正。」第14條第1項規定：法院於審理終結後，認有家庭暴力之事實且有必要者，應依聲請或依職權核發通常保護令。

因此，法院受理通常保護令事件，應先審核聲請是否合法，如果有程式或欠缺要件情形，應命其補正，如有不能補正或逾期不補正情形，法院可以裁定駁回聲請。

如果聲請已經合法，法院應定期通知兩造到庭行審理程序，當事人雙方如未受審理程序之合法通知，法院不可核發通常保護令。不過，當事人雙方如均經合法通知，縱使當事人有於審理期日不到場之情形，法院亦可核發通常保護令。

②暫時及緊急保護令

家庭暴力防治法第16條第1項規定：「法院核發暫時保護令或緊急保護令，得不經審理程序。」同條第2項規定：「法院爲保護被害人，得於通常保護令審理終結前，依聲請或依職權核發暫時保護令。」

依此規定，法院受理暫時或緊急保護令之聲請後，如果認爲家庭暴力事件較爲急迫，爲保護被害人及其子女起見，可以不定期審理，逕依聲請人之聲請核發暫時或緊急保護令。縱使法院已定期審理，法院也可以在審

理程序終結以前核發暫時或緊急保護令，對於被害人及其子女提供即時保護。

　　此外，法院受理通常保護令之聲請後，在通常保護令審理終結前，為保護被害人，可以依聲請或依職權核發暫時保護令。

　　③視為聲請問題

　　依家庭暴力防治法第16條第5項款規定：「聲請人於聲請通常保護令前聲請暫時保護令或緊急保護令，其經法院准許核發者，視為已有通常保護令之聲請。」依此規定，如當事人僅聲請暫時或緊急保護令而未聲請通常保護令時，法院固得不經審理程序或於審理程序終結前，准許核發暫時或緊急保護令，但核發之後，應視為當事人已為通常保護令之聲請，法院應即通知兩造行審理程序，於審理終結後，核發通常保護令或駁回通常保護令之聲請，以免暫時或緊急保護令之效力永遠存續，因依同條第6項規定，暫時或緊急保護令於法院審理終結核發通常保護令或駁回聲請時失其效力。

　　關於地方法院暫時或緊急保護令核發後，當事人如向高等法院提起抗告時，地方法院究竟應於核發後立即分案審理通常保護令事件，或者應於抗告期間屆滿確定後，分案審理通常保護令事件問題，實務上採取立即分案之處理方式[88]。

　　(3)不公開審理

　　基於保護當事人之考量，各國法律對於民事保護令制度多採不公開審

---

[88] 臺灣高等法院88年庭長法律問題研討會：
　【法律問題】
　暫時保護令核發後是否馬上改分通常保護令事件審理，或者於抗告期間屆滿確定後始分家護案？
　【研討意見】
　甲說：如果暫時家護案件未確定前即分家護案進行審理，准、駁通常保護令，則暫時保護令失其效力，高院如何處理抗告中之暫時保護令？又高院如廢棄暫時保護令之核發，地院之通常保護令案件如何處理？故以緊急保護令確定後始分家護案審理為宜。
　乙說：依家庭暴力防治法第15條第4項規定：「聲請人於聲請通常保護令前聲請暫時保護令，其經法院准許核發者，視為已有通常保護令之聲請」，故應即時分家護案審理。
　【結　論】
　採甲說。
　【高等法院研究意見】
　改採乙說。

理程序。

①外國法制

　　紐西蘭家庭暴力法第83條規定：除法院人員、當事人、訴訟代理人、證人、合格的新聞媒體記者（accredited news media reporters）、依法能為他人辯護或提起訴訟之人、受辯護或為其提起訴訟之人、保護令聲請人或受保護人所指定之人或其他法院所允許之人外，任何人均不得於審理程序中在場；法官於審理程序中，得隨時命證人離開法庭，或將任何到場之人排除於審理程序之外。同法第82條規定：法院得依職權傳喚證人，並使該證人接受法院、雙方當事人及法院指定律師之詰問及再詰問。

②我國法制

　　我國家庭暴力防治法為保密及保護被害人，亦採行不公開審理程序，並於參考性侵害犯罪防治法之規定，明定法院得於審理採取保護被害人之措施。亦即，第13條第5項規定：「保護令事件之審理不公開。」同條第2項規定：「法院得依職權調查證據，必要時得隔別訊問。」同條第3項規定：「前項隔別訊問，必要時得依聲請或依職權在法庭外為之，或採有聲音及影像相互傳送之科技設備或其他適當隔離措施。」同條第4項規定：「被害人得於審理時，聲請其親屬或個案輔導之社工人員、心理師陪同被害人在場，並得陳述意見。」

(4)禁止調解和解

　　和解與調解之目的均在於雙方當事人互相讓步以止息訟爭，不過，雙方當事人必須具有平等的權利（equal power），才能經由調解或和解而達成公平的協議。

　　由於家庭暴力並非僅是身體之虐待，還包含對於被害人生活之長期支配與控制，因此，被害人與加害人之關係並不平等，被害人通常無法在調解或和解過程中有效地主張自己之權利，許多立法例對於家庭暴力事件之和解與調解程序均作有限制或禁止之規定[89]。

　　關於保護令制度是否禁止或限制調解和解，各國規定不盡相同，茲分

- - - - - - - - - - - - -

[89] Loomis, kerry, Domestic Violence and Mediation: A Tragic Combination for Victims in California Family Court, 35 California Western Law Review 364(1999).

述如下。

①外國法制

關於紐西蘭之法律規定，紐西蘭家庭暴力法第86條規定，除同法第18條另有規定外，法院得於任何依該法所進行之訴訟程序中，依所有當事人之協議（consent of all the parties），核發任何該法所定之保護令。

在美國法制方面，賓州虐待保護法第6108條則規定，法院得認可任何協議契約（consent agreement）以終止虐待原告或未成年子女之行為，此種協議契約之救濟範圍與保護令相同。不過，美國模範家庭暴力法第311條規定，法院不得命當事人進行調解或將其移送調解以解決聲請保護令之爭點。麻州之暴力防制（abuse prevention）編第3條亦規定，法院對於案件之任何方面均不得強制當事人進行調解[90]。

②我國法制

在我國家庭暴力防治法方面，因家庭暴力事件之當事人通常無對等之談判能力，且法院得依職權核發，公權力介入色彩濃厚，因此，家庭暴力防治法第13條第7項規定：「保護令事件不得進行調解或和解。」依此規定，保護令事件一律禁止調解或和解，並無例外規定，此與家庭暴力防治法第47條關於其他調解或和解事件有例外規定者，並不相同。

③聽取意見

法院核發保護令時，不論是何種保護令，有時必須聽取社工人員之意見，因此，家庭暴力防治法第13條第6項規定：「法院於審理終結前，得聽取直轄市、縣（市）主管機關或社會福利機構之意見。」依此規定，社工人員得於法院審理中，到庭陳述意見或提出訪視報告，其意見對於法院雖無拘束力，但法院通常將此報告作為核發保護令之重要參考。

(5)速審速結

民事保護令之核發宜速審速結，故家庭暴力防治法第13條第8項規定：「法院受理保護令之聲請後，應即行審理程序，不得以當事人間有其他案件偵查或訴訟繫屬為由，延緩核發保護令。」依此規定，當事人間如

90　高鳳仙，同註6，130至131頁。

有其他案件正進行偵查或有其他訴訟繫屬於法院，法院亦不得據此延緩或停止民事保護令案件之進行，且不得據此延緩核發保護令。

　　(6)安全出庭環境

　　為防止被害人出庭時可能遭受加害人迫害，使被害人受到切實保護起見，家庭暴力防治法第19條第1項規定：「法院應提供被害人或證人安全出庭之環境與措施。」

　　所謂安全出庭之環境與措施，96年修法時於修正理由中明定：「第1項法院應提供被害人或證人安全出庭之環境與措施，包括下列情形，以維護其人身安全並免於心理恐懼：一、針對危機或極度恐懼的受暴者，能提供視訊或單面鏡審理空間；二、規劃有安全危機之受暴者，到庭時使用不同之出入路線；三、准許社工人員陪同受暴婦女出庭。」

　　此外，安全出庭措施尚包括：讓加害人與被害人或證人在不同時間進入或離開法庭、使被害人或證人於不受加害人干擾或侵害之候審室或候審場所等待出庭、由法警或其他人員護送被害人或證人進入或離開法庭等等。

（四）舉證責任

　　關於民事保護令之舉證責任，家庭暴力防治法除於第16條第4項規定，緊急保護令之核發應由聲請人到庭或電話陳述家庭暴力之事實外，並未明文加以規定。

1. 暫時及緊急保護令之舉證責任

　　(1)外國法制

　　在外國法規方面，美國州法律對於暫時或緊急保護令之舉證責任，多要求聲請人能證明有正當、合理或可能理由，足認其本人或其家庭成員有受相對人虐待或威嚇之立即及現時危險（immediate and present danger）[91]。有些州法律規定，法院如認為有正當理由足認已發生家庭暴力且有保護被害人免受暴力侵害之必要時，即可核發暫時保護令[92]。有些

---

[91] 同註85。

[92] 例如：Alaska Stat. § 18.66.110(a).

州法律則要求，聲請人應使法院認為如不核發暫時或緊急保護令將導致無法恢復之傷害（irreparable injury）。其中愛達荷（Idaho）州法律對於「無法回復之損害」採取相當寬鬆的定義，規定「無法回復之損害」包括但不限於下列情況：相對人最近曾以身體之傷害要脅聲請人，或曾對於聲請人實施家庭暴力行為[93]。

美國模範家庭暴力法亦有相關規定，關於緊急保護令，第305條第1項規定：法院依警察到庭或電話陳述，認為基於所陳述近來發生之家庭暴力事件，有合理理由（reasonable grounds）相信聲請人有遭受家庭暴力之立即危險（immediate danger）時，得核發書面或口頭一造緊急保護令（a written or oral emergency order for protection ex parte。關於暫時保護令，該法第306條第1項規定，法院依聲請如認已發生家庭暴力事件，且認有保護被害人之必要時，得不行通知或審理程序，逕行核發一造保護令（an order for protection ex parte）。依此條文之註釋，聲請人對於一造保護令之舉證責任，只要以表面證據證明其有接受保護之資格，以及有必要核發命令以避免將來之暴力即可。

由於法院在准許或駁回暫時保護令之聲請時，通常時間緊急且未行通知兩造及定期審理程序，所以有些法律要求聲請人於聲請時提出宣誓書（affidavit）或宣誓陳述（sworn statement），法院如認宣誓書或宣誓陳述已對於其所主張之虐待行為提供合理的證據，即可核發暫時保護令。例如：加州親屬法第6300條規定，法院如認為宣誓書，或必要時宣誓書及其他依6306條所定之資料，足證有施暴行為時，得經審理程序或不經審理程序，核發命令以防止再發生家庭暴力及確保關係人有一段隔離期間；愛達荷州法律第39-6306條規定，聲請人提出宣誓書聲請保護令時，法院應於14日內開庭審理以決定是否准許其所聲請之救濟。

紐西蘭家庭暴力法第14條規定：法院如認定相對人現在或曾經對於聲請人或聲請人家庭之子女或此兩者實施暴力行為，且有必要核發保護令以保護聲請人或其家庭之子女或此兩者時，得核發保護令（包括終局保護

---

[93] Idaho Code § 39-6308(3).

令與暫時保護令）。同法第84條規定，除在刑事訴訟程序以外，在任何依本法所為訴訟程序中，不論以一審之審理程序或上訴或其他方式為之，法院得接受任何其認為合適之證據，不管該證據在其他法庭中是否可被容許（admissible）。同法第85條規定，除在刑事訴訟程序以外，任何依本法所為訴訟程序之事實問題（question of fact），均應依可能性對比（balance of probabilities）認定之。依上開規定，暫時保護令與終局保護令均適用相同之證據法則，法官可以審酌任何證據，只要聲請人提出之證據較相對人所提出之證據更具有可信性，或依兩造所提出之證據看來，聲請人所主張之事實可能性較大，即可認其所主張之事實為真。

(2)我國法制

關於暫時或緊急保護令之舉證責任，家庭暴力防治法除於第16條第4項規定緊急保護令之核發，應由聲請人到庭或電話陳述家庭暴力之事實外，並未明文加以規定。

「家庭暴力防治法施行細則」第5條規定：「檢察官、警察機關或直轄市、縣（市）主管機關依本法第12條第1項但書規定聲請緊急保護令時，應考量被害人有無遭受相對人虐待、威嚇、傷害或其他身體上、精神上不法侵害之現時危險，或如不核發緊急保護令，將導致無法回復之損害等情形。」

「法院辦理家庭暴力案件應行注意事項」第13條規定如下：「法院受理暫時保護令或緊急保護令之聲請，如聲請人能釋明有正當、合理之理由足認已發生家庭暴力事件，而被害人有繼續受相對人虐待、威嚇、傷害或其他身體上、精神及經濟上不法侵害之危險，或如不暫時核發保護令將導致無法回復之損害者，得不通知相對人或不經審理程序，逕以書面核發暫時保護令或緊急保護令；法官依本法第十六條第二項依職權核發暫時保護令者，亦同。」

依此規定，聲請人聲請暫時或緊急保護令時，不必負「證明」之責任，僅須負「釋明」之責。而釋明之事實係有正當、合理之理由足認有下列事項：①已發生家庭暴力事件；②被害人有繼續受相對人虐待、威嚇、傷害或其他身體上、精神上不法侵害之危險，或如不暫時核發保護令將導

致無法回復之損害者。

最高法院93年台抗字第42號裁定亦認為：「暫時保護令為緊急、暫時之命令，其所要求證明家庭暴力事實之證據，不以經嚴格證明為必要，僅須聲請人釋明有正當理由足認被害人有受相對人（加害人）家庭暴力之急迫危險，法院即得核發一定內容之暫時保護令，以收迅速保護被害人之效。而法院於核發暫時保護令後，應即進行通常保護令事件之審理，就是否確有家庭暴力之事實及有無核發通常保護令之必要，再為調查審酌，俾兼顧相對人（加害人）權益之保障。」

關於「釋明」與「證明」之區別，廣東軍政府公布之民事訴訟律第344條之立法理由如下：「證明在使審判官確信事實上主張為真實，聲敘在使審判官信事實尚主張大概真實，故證明與聲敘，非性質尚之區別，乃分量上之區別。本案關於單純之程序事件，須簡易而迅速者，則用聲敘，以節省費用、勞力及時間。」

北洋政府公布之民事訴訟條例第335條立法理由為：「釋明原案，謂之聲敘，此語係對證明而言。證明者，提出證據方法，使法院得生強固心證之行為，即使其能信為確係如此也。釋明者，提出證據方法，使法院得生薄弱心證之行為，即使其可信為大概如此也。我國苦無相當文字足以達此意義，姑用釋明二字（日本謂之疏明），若聲敘則與原義相去太遠矣。至法院或審判長使訴訟關係明顯之行為，本條例稱為闡明。」

依上開立法理由，所謂「釋明」，日本稱為「疏明」，原翻譯為「聲敘」，再翻譯為「釋明」。「釋明」與「證明」並無性質上之區別，但有分量上之區別，亦即，所謂「證明」，係指提出證據方法，使法院得生強固心證之行為，即使其能信為確信事實上之主張為真實而言。所謂「釋明」，係指提出證據方法，使法院得生薄弱心證之行為，即使其信事實上之主張大概真實而言。對於較為簡易而應迅速處理之事件，則用釋明，以節省費用、勞力及時間。

關於釋明，現行民事訴訟法第284條規定：「釋明事實上之主張者，得用可使法院信其主張為真實之一切證據。但依證據之性質不能即時調查者，不在此限。」最高法院72年台上字第1018號判決將釋明定義如下：

「所謂釋明，係指當事人提出即時可以調查之證據，俾法院信其主張爲眞實之謂。」[94]因此，當事人如果負釋明之責時，必須提出可供即時調查之證據，此種證據祇以使法院得薄弱之心證，使法院信其大概眞實即可，不必經嚴格之調查程序[95]。所謂能即時調查之證據，依最高法院判例，包括：偕同到場之證人[96]、他造當事人提出於受訴法院之書狀[97]等，不包括：尚待傳喚之證人[98]、尚待調取之卷宗[99]、當事人之主張或陳述[100]等。再者，依最高法院判例，當事人如不能提出能即時調查之證據以釋明者，應駁回其聲請[101]。

關於暫時及緊急保護令之舉證責任，余有下列三點看法：

① 暫時及緊急保護令之立法目的，在對於受家庭暴力侵害之危險較爲急迫之被害人提供迅速之保護，所以規定得未經審理程序或在審理程序終結前逕行核發保護令，家庭暴力防治法雖未明文規定聲請人僅負「釋明」而非「證明」之責，惟由暫時及緊急保護令之程序利於迅速，以及暫時保護令之核發不必行審理程序而觀，宜使聲請人僅負釋明而非證明之責。「法院辦理家庭暴力案件應行注意事項」第13條雖規定聲請人僅負釋明之責，不過，余認爲關於聲請人所負之釋明責任，應於家庭暴力防治法中明文規定較爲適當。

② 關於聲請人應舉證釋明之對象，應參酌民事訴訟法第526條第1項

---

[94] 最高法院72年台上字第1018號判決：「當事人之主張或陳述，與釋明有別，所謂釋明，係指當事人提出即時可以調查之證據，俾法院信其主張爲眞實之謂（參照民事訴訟法第284條）。當事人之主張或陳述，並非使法院得心證之證據方法，自非釋明。

[95] 王甲乙、楊建華、鄭健才，同註68，644頁。

[96] 最高法院26年渝抗字第301號判例：以人證爲釋明方法，必偕同到場而後可，若尚待傳喚之證人，既不能即時訊問，自不足供釋明之用。

[97] 最高法院29年抗字第83號判例：他造當事人提出於受訴法院之書狀，並非不能即時調查之證據，自可供釋明之用。

[98] 同註97。

[99] 最高法院30年抗字第86號判例：尚待調取之卷宗，非能即時調查之證據，不得用爲釋明方法。

[100] 同註95。

[101] 最高法院29年抗字第228號判例：聲請假處分，不能就假處分之原因提出能即時調查之證據以釋明之者，自應駁回其聲請。

規定：「請求及假扣押之原因，應釋明之。」依此規定，假扣押債權人應負釋明之責者，包括：A.請求。B.假扣押之原因，故民事保護令聲請人應舉證釋明之對象，應包括：(A)請求；(B)民事保護令之原因。亦即，聲請人應提出能即時調查之證據，釋明暫時保護令之核發內容（即核發範圍或救濟範圍），以及暫時保護令之原因，但法院核發通常保護令之內容可不受聲請人請求之拘束。

③為保護被害人及其子女，暫時保護令之聲請仍可定期審理。故聲請人於聲請時雖未提出能即時調查之證據者，法院仍可通知兩造或一造行審理程序，命當事人提出相關證據，或依家事事件法第13條第1項規定，命當事人到場並加以訊問，以當事人之陳述作為證據資料。此種證據資料之法律性質與效力，與上開英美法上之當事人所為之宣誓陳述（sworn statement）不同，在英美法上，當事人如為虛偽之宣誓陳述，依法應負偽證之刑事責任[102]，在我國法上，當事人如虛偽陳述，並不構成偽證罪。法院如由當事人所提證據或以當事人之陳述為證據資料，已生薄弱心證，而信聲請人之請求及暫時保護令之原因大概為真實時，即可核發暫時保護令。

2. 通常保護令之舉證責任

(1)外國法制

在英美證據法上，對於舉證責任通常採下列三種標準：

①「優勢證據」（preponderance of the evidence）：此為民事事件通常所採取之舉證標準。所謂「優勢證據」，係指優勢可能性而言（preponderance of probabilities），亦即，舉證責任之程度只要達到使事實審法院認為其所主張之事實可能為真（probably so），即存在之可能性大於不存在（more probable than not）或真實之可能性大於虛假（more probably true than false）即可。因此，可能性如果只有50%或50%以下，均不合乎此標準。但可能性只要有些許優勢，亦即，可能性超過50%，即合

---

[102]Gifts, Steven H., 同註15，179頁。

乎此標準[103]。

②「無合理可疑」（beyond a reasonable doubt）：此為刑事事件通常所採取舉證標準。所謂「無合理可疑」，並非要求證據須明確到毫無錯誤可能性存在，而係要求證據必須確定（conclusive）到可以去除一般人心中所有合理的可疑[104]。亦即，舉證責任之程度必須達到使事實審法院認為其所主張之事實幾乎確定為真（almost certainly so），即具有非常高度可能性（very highly probable）。一般認為，「無合理可疑」所要求之可能性為90%以上（包括90%）[105]。

③「明確可信證據」（clear and convincing evidence）：此為民事事件中具有衡平性質（equitable nature）之爭點所採取之舉證標準。例如：當事人如主張其訂約有「錯誤」（mistake）情事而請求改正或重訂（reformation）時，對於其所主張之「錯誤」情事，通常應負明確可信證據之舉證責任[106]。舉證責任之程度必須達到使事實審法院認為其所主張之事實非常可能為真（very probably so），即存在之可能性相當大於不存在（considerably more probable than not），但不必達到幾乎確信無疑之程度。亦即，其舉證程度應超過「優勢證據」，但不必達到「無合理可疑」之程度[107]。

如前所述，依紐西蘭家庭暴力法第14條、第84條及第85條規定，暫時保護令與終局保護令均適用相同之證據法則，法官可以審酌任何證據，對於事實問題之認定係依「可能性對比」法則。此外，在美國法制方面，有些州法律對於民事保護令之舉證責任並未加以明文規定，有些州法律則明定民事保護令之舉證標準為「優勢證據」[108]。例如，賓州虐待保護法規

---

[103] Rothstein,Paul F., Evidence, State and Federal Rules 108,110-111(1988).

[104] Gifts, Steven H., 同註15，401頁至402頁。

[105] Rothstein, Paul F., 同註103，110頁至111頁、113頁。

[106] 參閱Addington v. Texas, 441 U.S. 418, 99 S. Ct. 1804(1979).

[107] Rothstein, Paul F., 同註103，110頁至111頁；Gifts, Steven H., 同註15，75頁。

[108] Voris, Michael J., 同註80，426-428頁；Finn, Peter, Statutory Authority in the Use and Enforcement of Civil Orders Against Domestic Abuse, 23 Family Law Quarterly 49(1989).

定，法院應於保護令聲請10日內開庭審理，聲請人應於審理程序中以「優勢證據」證明其所主張之虐待事實[109]。不論是依「可能性對比」法則或依「優勢證據」法則，只要聲請人提出之證據較相對人所提出之證據更具有可信性，或依兩造所提出之證據看來，聲請人所主張之事實可能性較大，法官即可認聲請人所主張之事實爲眞。

(2)我國法制

我國家庭暴力防治法、家事事件法與「法院辦理家庭暴力案件應行注意事項」，均未有關於通常保護令舉證責任之規定。

余認爲，通常保護令既須通知兩造行審理程序，聲請人原則上應對於其所主張有利於己之事實負舉證責任，而且係負有「證明」而非「釋明」責任。亦即，聲請人應舉證證明之事實包括：相對人曾對被害人實施家庭暴力行爲、被害人有繼續遭受相對人暴力行爲侵害之危險等。此外，聲請人對於其所爲之請求（即通常保護令核發之內容），亦應負舉證責任，但法院核發通常保護令之內容可不受聲請人請求之拘束。至於舉證標準，參酌外國立法例，余認爲應以達到「優勢證據」之證明程度爲宜，亦即，聲請人只要提出證據證明其所爲主張有超過50%之可能性，法院即應爲有利於聲請人之認定。

（五）核發範圍

關於民事保護令之核發範圍（即核發內容或救濟範圍），家庭暴力防治法對於通常保護令、暫時或緊急保護令之規定亦有差異。

1.通常保護令之核發範圍

依家庭暴力防治法第14條第1項規定，法院得核發通常保護令之範圍較廣，包括：禁止施暴令、禁止接觸令、遷出令、遠離令、物品使用權令、暫時監護權令、暫時探視權令、租金或扶養費令、損害賠償令、加害人處遇計畫令、律師費令、禁止查閱資訊令及其他必要命令等13種命令。

2.暫時及緊急保護令之核發範圍

依家庭暴力防治法第16條第3項規定，法院得核發暫時及緊急保護令

---

[109] 23Pa. Cons. Stat. § 6107(a).

之範圍較狹，包括：禁止施暴令、禁止騷擾或聯絡令、遷出令、遠離令、物品使用權令、暫時監護權令、禁止查閱資訊令及其他必要命令等8種命令。

3. 依聲請或依職權核發

不論法院核發何種保護令，法院所核發之內容可不受聲請人聲請之拘束，其可核發當事人所聲請之保護令，亦可不核發當事人所聲請之保護令，且可依職權核發當事人所未聲請之保護令（第14條第1項、第16條第3項）。

（六）裁定書之程式

家庭暴力防治法對於民事保護令裁定書之程式，並無明文規定，依該法第20條第1項規定，保護令之程序應適用家事事件法之有關規定，但家事事件法亦未規定民事保護令裁定書之程式。

最高法院30年抗字第77號判例明載：「法院作成附理由之裁定書，並無主文、理由必須分欄記載之限制，原法院將裁判主旨併入理由之中，亦無不合。」依此判例意旨，裁定書應有裁定主文與裁定理由，但主文與理由是否分欄記載，悉由法院決定。「法院辦理家庭暴力案件應行注意事項」第21條第1項規定：「駁回聲請之裁定，應附理由；當事人對於聲請人之陳述及聲請核發保護令之項目、法官依職權核發之項目及保護令之期間有爭執者，亦同。」目前在實務上，法院核發民事保護令時，多依司法院所作之裁定書格式，將裁定主文及理由分欄記載。

有爭議者，係關於裁定書主文之記載方式。依家庭暴力防治法第14條第1項規定，聲請人得聲請該項所定之一款或數款保護令，法院如認為聲請人所聲請之數款命令中，部分有理由應予准許，部分無理由應予駁回時，是否應於裁定主文記載「其餘聲請駁回」，有不同之見解。

「法院辦理家庭暴力案件應行注意事項」第21條第2項規定：「法院核發保護令之內容與聲請人聲請之內容不符時，無須於主文為駁回該部分聲請之諭知。」依此規定，法官如認為聲請人之聲請部分有理由部分無理由時，不必於裁定主文記載「其餘聲請駁回」。

目前在實務上，第一審法院如認為聲請人之聲請部分有理由部分無理由時，其所為裁定書之主文欄多未記載「其餘聲請駁回」，但裁定理由欄則多記載部分駁回之理由。當聲請人就此駁回請求部分提起抗告時，二審法院如認為抗告有理由此部分請求應予准許時，縱使原裁定主文未為「其餘聲請駁回」之記載，二審法院多將原裁定關於駁回聲請部分廢棄改判，或廢棄發回更審。

余認為民事保護令係攸關人民權利義務之實體裁定，其救濟範圍有相當多態樣，家庭暴力防治法第14條第1項各款所定之命令均可認為係一種獨立之聲請，故聲請人雖係聲請一種民事保護令，但如係提出核發多款命令之要求時，應認為係多種獨立命令之聲請，法院亦應就各款命令之聲請為准許或駁回之裁定，不僅應於裁定理由欄中，就各款命令之聲請敘明其准許或駁回之理由，亦應於裁定主文中，就各款命令為准許或駁回之諭知。如此一來，不僅讓受部分駁回聲請之聲請人，可以明確知道其可就該駁回聲請部分提請抗告，而且當聲請人就部分駁回聲請部分提起抗告，而二審法院認為該抗告有理由時，亦可以免除二審法院關於「原裁定主文未記載部分聲請駁回，二審法院應否部分廢棄原裁定」之疑慮。

（七）核發方式

1. 法院之裁判

法院核發保護令係以裁定方式而非判決方式為之，通常應製作裁定書。

2. 裁定書之發送

(1)外國法制

美國法律多規定，關於家庭暴力案件之一切書狀、傳票，以及法院所核發之命令，均應合法送達相對人。有些法律規定，如無法送達相對人，得為公示送達或其他適當之方式而為送達[110]。有些法律規定，法院送達聲請狀或暫時保護令時，應告知相對人其有權提出答辯、所定審理期日及地點、儘快與律師諮商、不到庭則保護令繼續有效、不到庭則法院可能核發

---

[110]例如：Minn. Stat. §518B.01 Subd.5(8)(c)(f).

更具有長久性之保護令、行一造判決、發拘票爲拘提等[111]。至於命令如未送達時之效力問題，有些法律規定，命令於送達時生效[112]；有些規定，有效之保護令不因無法送達而停止其效力[113]；有些則規定，命令於核發時即對於聲請人有拘束力，對於相對人則於送達時始有拘束力[114]。此外，有些法律規定，警察機關如未接獲保護令或未證實保護令存在，則不得執行保護令[115]。

(2)我國法制

依家庭暴力防治法規定，民事保護令係自「核發時」而非「送達時」起生效（家庭暴力防治法第15條第1項、第16條第6項參照），故宜迅速發送當事人、被害人及有關機關。

法院核發通常及暫時保護令時，依家庭暴力防治法第18條第1項規定，應於核發後24小時內發送當事人、被害人、警察機關及直轄市、縣（市）主管機關。

法院核發緊急保護令時，依家庭暴力防治法第16條第4項規定，法院應於受理聲請後4小時內以書面核發暫時保護令，並得依該項規定以電話傳眞或其他科技設備傳送暫時保護令予警察機關。此外，家庭暴力防治法施行細則第7條規定：「檢察官、警察機關或直轄市、縣（市）主管機關依本法第十二條第一項但書規定，以言詞、電信傳眞或其他科技設備傳送之方式聲請緊急保護令時，應表明前條各款事項，除有特殊情形外，並應以法院之專線爲之。」

3. 保護令之登錄

此外，依家庭暴力防治法第18條第2項規定，直轄市、縣（市）主管機關收受裁定書後，應將法院所核發之保護令登錄，並隨時供法院、警察

---

[111] 例如：Colo. Rev. Stat. §13-14-102(6); Cal. Fam. Code. §6302; Mass. Gen Laws. ch. 209A §4.

[112] 例如：Va. Code. §16.1-253.1(C).

[113] 例如：23 Pa Cons. Stat. §6106(g).

[114] 例如：Ariz. Rev. Stat. §13-3602(k).

[115] 例如：Minn. Stat. §518B.01 Subd.9; Cal. Fam. Code. §6381(b).

機關及其他政府機關查閱。直轄市、縣（市）主管機關如能將各法院所核發之保護令加以登錄並提供法院、警察機關及其他政府機關查閱，則不僅當事人聲請執行保護令時，可以不用隨身攜帶法院所核發書面保護令，而且警察機關及法院在執行令時，亦可以隨時查明保護令是否尚屬有效或已經失效，也可以讓社政機關或其他政府機關，在對於家庭暴力之被害人提供服務時掌握更多有用的資訊。

4. 家庭暴力整體資料之建立

再者，依家庭暴力防治法第5條第1項第7款規定，衛生福利部應辦理事項包括：「統籌建立、管理家庭暴力電子資料庫，供法官、檢察官、警察、醫師、護理人員、心理師、社會工作人員及其他政府機關使用，並對被害人之身分予以保密。」

衛生福利部之前身內政部依家庭暴力防治法第5條第3項規定，於民國91年3月25訂定「家庭暴力資料建立管理及使用辦法」，於96年9月27日修正名稱爲「家庭暴力電子資料庫建立管理及使用辦法」。該辦法第2條第1項規定，家庭暴力電子資料係指下列機關提供之電子資料：1.司法院：民事保護令及有關之裁定、家庭暴力罪及違反保護令罪之判決資料。2.法務部：家庭暴力罪及違反保護令罪之起訴書、不起訴處分書、緩起訴處分書及撤銷緩起訴處分書。3.警察機關：處理家庭暴力案件調查紀錄（通報）表、刑事案件移送書及保護令執行紀錄表。4.直轄市、縣（市）主管機關：受理家庭暴力事件通報表、被害人個案紀錄及加害人處遇紀錄。5.其他經中央主管機關協商相關機關同意提供之家庭暴力被害人或相對人有關之資料。

「法院辦理家庭暴力案件應行注意事項」第3條規定：「法院處理保護令事件及其他涉及家庭暴力之案件，法官或其他經法院授權人員，得透過法務部『單一登錄窗口』對外連結查詢資料中之『家暴及性侵害資訊連結作業』系統，查詢家庭暴力電子資料庫。」

肆　民事保護令之存續期間與延長程序

　　民事保護令不可能永遠有效，故各國法制關於民事保護令多有存續期間（又稱有效期間）之規定，在存續期間屆滿前，各國法制亦多有延長存續期間之規定，使法院可以依個案須要保護之情況而定保護令之適當存續期間。

一、存續期間

　　存續期間可能為定期，也可能係不定期，此因民事保護令之種類而異，亦因各國法制而有不同。

（一）暫時及緊急保護令

　　關於暫時保護令與緊急保護令之關係，我國舊家庭暴力防治法將緊急保護令規定成為暫時保護令之一種，雖然法律未規定其名稱，但學說及實務上常稱之為緊急性暫時保護令，故緊急性暫時保護令與一般性暫時保護令之存續期間完全相同。現行法將緊急保護令從暫時保護令概念中抽離出來，成為一種獨立之保護令，緊急保護令與暫時保護令之存續期間完全相同。

　　外國立法例中有將緊急保護令包含於暫時保護令中者，亦有另作規定者，此種另作規定之緊急保護令，其存續期間通常較暫時保護令為短。

1. 外國法制

　　美國各州法律對於暫時保護令之存續期間規定不一，許多州法律規定法定最長存續期間，例如：有些州法律規定最長為180日[116]、有些州法律規定最長為30日[117]、有些州法律規定最長為7日[118]。有些州法律規定，存續期間至法院通知兩造行審理期日止[119]。

----

[116] 例如：Hawaii Rev. Stat. § 586-5(a).

[117] 例如：Nev. Rev. Stat. § 33.080(1).

[118] 例如：Md. Fam. Law Code § 4-505(c)(1).

[119] 例如：Colo. Rev. Stat. § 13-14-102(9); Iowa Code § 236.4(2).(4); Ky. Rev. Stat. § 403.740(4).

　　美國模範家庭暴力法第305條第5項規定：緊急保護令之存續期間為自核發後72小時失效，第306條第5項則規定：一造保護令至法院另為其他命令時失其效力。因此，美國模範家庭暴力法對於緊急保護令之存續期間係規定為定期，其對於一造保護令之存續期間則規定為不定期。

　　在紐西蘭法制方面，關於暫時保護令之存續期間，紐西蘭家庭暴力法第45條、第77條、第78條及第80條規定較為複雜，可歸納如下：(1)暫時保護令未能於距離自核發後3個月期間屆滿前至少10日以上送達相對人時，法院得時常延長暫時保護令之存續期間以送達暫時命令，歷次延長期間之總和不能超過3個月。歷次延長期間均屆滿時，暫時保護令仍未能送達相對人或相對人未聲請法院行審理程序者，暫時保護令於延長期間屆滿時失其效力；(2)暫時保護令已於距離自核發後3個月期間屆滿前至少10日以上送達相對人，相對人於該3個月期間屆滿時仍未聲請法院行審理程序者，且暫時保護令未經撤銷者，暫時保護令於3個月期間屆滿時因成為終局保護令而失其效力；(3)法院如有正當理由認為暫時保護令不應未經審理程序而依第77條規定成為終局保護令時，縱使違背相對人之意願，亦得依職權行審理程序。法院依職權行審理程序時，得就暫時保護令之一部或全部行審理程序，如僅就暫時保護令之一部行審理程序時，該暫時保護令之其他部分得依第77條規定成為終局命令；(4)法院行審理程序時，得撤銷暫時保護令，或使暫時保護令成為終局保護令（可為變更或不為變更），暫時命令經法院撤銷而失其效力；(5)法院行審理程序後，如有正當理由得延長審理期限另定審理期日，暫時保護令於該審理期日前仍屬有效。在延長審理期日，法院如無特別理由，不得再次延長審理期間另定審理期日。

2. 我國法制

　　關於暫時及緊急保護令之存續期間，家庭暴力防治法第16條第6項規定：「暫時保護令、緊急保護令自核發時起生效，於聲請人撤回通常保護令之聲請、法院審理終結核發通常保護令或駁回聲請時失其效力。」同條第5項規定：「聲請人於聲請通常保護令前聲請暫時保護令或緊急保護令，其經法院准許核發者，視為已有通常保護令之聲請。」

　　依上開規定，暫時及緊急保護令核發後不管有無合法送達，自法院核

發起即發生效力，但法院核發時不須定暫時及緊急保護令之存續期間。再者，因法院核發暫時及緊急保護令者應視爲當事人已有保護令之聲請，故不管當事人是否聲請通常保護令，法院於核發暫時及緊急保護令後，應即行審理程序，決定是否核發通常保護令或駁回聲請，當法院核發通常保護令或駁回通常保護令之聲請時，暫時及緊急保護令即失其效力。

　　因此，我國暫時及緊急保護令之存續期間係不定期，其長短原則上視法院審理通常保護令期間之長短而定，可能短至數日，也可能長達數月。例如：依司法院之「107年度司法業務年報」，家庭暴力防治法之民事保護令自民國88年6月24日施行至民國107年12月近19.5年期間，緊急保護令之平均結案日數概算爲2.08日，暫時保護令之平均結案日數爲20.55日，通常保護令之平均結案日數爲44.52日[120]。因暫時及緊急保護令之存續期間係自核發時起至通常保護令結案（核發或駁回聲請）時止，故暫時及緊急保護令之存續期間與通常保護令之結案日數應爲相同。因此，依此統計資料，暫時及緊急保護令之存續期間自民國88年6月24日至民國107年12月止，平均爲44.52日。

（二）通常保護令

1. 外國法制

　　美國各州法律對於完全保護令之存續期間亦規定不一，大多數州法律規定爲定期，關於最長期間，多數州規定爲1年[121]，有些州規定爲2年[122]，有些州規定長達5年[123]，阿肯色州規定最低期間90日最長期間10年[124]。有些州未規定最長或最短期間，而由法官自由裁量合理期間[125]。美國模範家

---

[120] 司法院網站，首頁>查詢服務>電子書出版品>司法業務年報（107年度）>第五篇少年及家事部分>第三章 家庭暴力防治法事件 附表41-1 地方法院民事保護令聲請事件經過時間。

[121] 參閱American Bar Association Commission on Domestic Violence, Domestic Violence Civil Protection Orders (CPOs) By State (2009) .

[122] 例如：Me. Rev.Stat. tit. 19-A, §4007(2)..

[123] 例如：Ohio Rev. Code § 3113.31(E) (3) (a); Cal.Fam. Code § 6345(a)..

[124] Ark. Code § 9-15-205(b)..

[125] 例如：Hawaii Rev. Stat. §586-5.5(a)..

庭暴力法對於完全保護令之存續期間係規定為不定期，於第306條第5項規定：行通知及審理程序所核發之保護令至法院另為其他命令時失其效力。

在紐西蘭法制方面，關於終局保護令之存續期間亦為不定期，依紐西蘭家庭暴力法第45、46條及第47條規定，終局保護令於法院依聲請撤銷該保護令時失其效力。

2. 我國法制

家庭暴力防治法第15條第1項規定：「通常保護令之有效期間為二年以下，自核發時起生效。」依此規定，通常保護令自核發時起生效，亦即，不管有無合法送達當事人，自法院核發時起即發生效力。再者，通常保護令之存續期間係定期而非不定期，但由法院就具體個案加以判定，最長不得超過2年，亦即，法院核發時可定2年以下之有效期間。

通常保護令通常於存續期間屆滿時失其效力，但在例外情形，通常保護令可能於存續期間屆滿前失其效力。亦即，家庭暴力防治法第15條第4項規定：「通常保護令所定之命令，於期間屆滿前經法院另為裁判確定者，該命令失其效力。」此因通常保護令雖須經審理程序而有實質之確定力，但仍具有非訟事件及暫時保護之性質，故如法院於另案中已就法院所定之命令（如定暫時監護權）另為裁判確定（如就子女監護訴訟另為裁判確定）時，該命令即失其效力。

二、延長程序

關於民事保護令之延長程序，亦因保護令之種類而有不同，各國法制亦有差異。

（一）外國法制

美國許多州法律規定，法院於完全保護令存續期間屆滿前得延長（extend）之，並賦予法院定延長存續期間之自由裁量權。有些州法律則規定延長保護令應具備法定要件，如：應證明有必須保護之正當理由[126]、

---

[126] 例如：Hawaii Rev. Stat. §586-5.5(b).

已違反保護令[127]等。

（二）我國法制

　　由於我國暫時及緊急保護令係屬不定期，並無延長存續期間之必要。至於通常保護令之存續期間係屬定期，故有期間屆滿是否得予以延長之問題，因此，家庭暴力防治法第15條第2、3項規定：「通常保護令失效前，法院得依當事人或被害人之聲請撤銷、變更或延長之。延長保護令之聲請，每次延長期間為二年以下。」「檢察官、警察機關或直轄市、縣（市）主管機關得為前項延長保護令之聲請。」依此規定，法院可以裁定延長通常保護令，但須具備下列要件：1.應依當事人、被害人、檢察官、警察機關或地方主管機關之聲請；2.法院為延長之裁定時通常保護令係有效存在。因此，法院不能依職權延長通常保護令。再者，尚未核發之通常保護令無從加以延長。

　　通常保護令因存續期間屆滿而失效時，因已失效之保護令不可能再復活，故法院不得為延長通常保護令之裁定。而且，相對人於保護令失效後本無違反保護令之可能，但如失效後再由法院裁定延長保護令，則將造成相對人自保護令失效之日起至法院為延長保護令之裁定之日止，可能產生違反保護令之不合理現象。不過，目前實務見解認為，如果聲請人於通常保護令存續期間屆滿前已經提出延長保護令之聲請時，法院仍可於存續期間屆滿後為延長之裁定[128]。

----

[127] 例如：Tenn. Code Ann. § 36-3-605(d).

[128] 臺灣高等法院暨所屬法院100年法律座談會：
　　【法律問題】
　　聲請人於通常保護令有效期間屆滿前向法院聲請延長，惟法院在行審理程序中，該通常保護令存續期間業已屆滿，法院應如何處理？
　　【研討結果】
　　採甲說：法院審理結果，認有延長保護必要時，仍應裁定予以延長。按家庭暴力防治法第15條第1、2項之規定：「通常保護令之有效期間為1年以下，自核發時起生效。」、「通常保護令失效前，法院得依當事人或被害人之聲請撤銷、變更或延長之。延長之期間為1年以下，並以1次為限」。則相對人既持續對聲請人實施不法侵害，聲請人處於受暴之危險，且在通常保護令失效前向法院提出聲請延長，與上述規定並無不符；又如認該保護令已失效無法復活，而駁回延長之聲請時，則當事人之聲請，將因法院通知兩造進行審理程序或裁定之遲延，而不及在失效前延長，當事人可能歸咎法院之審理程序或遲延，有害司法威信，應准予裁定延長，以保護聲請人。

法院延長通常保護令時，家庭暴力防治法並未規定應先通知兩造行審理程序，法院如認為通常保護令即將失效而來不及行審理程序時，可以衡量聲請人所提證據及斟酌各種情狀，為保護被害人及其子女可以不經審理程序而逕為延長通常保護令之裁定。

法院為延長通常保護令之裁定時，應於裁定主文中明定延長之期間，最長不得超過2年。由於法院核發時可定2年以下之有效期間，嗣後可再延長，延長期間為2年以下，且104年修法後，延長並無次數之限制。

伍　民事保護令之變更、撤銷、撤回、抗告與執行程序

民事保護令經法院核發後，開始發生效力，在未失效前，通常可以由法院依法加以變更或撤銷之，當事人通常也可以依法聲請撤回或提出抗告。經由民事保護令之變更、撤銷、撤回等程序，民事保護令之效力可能因而產生變更或消滅之效果。

一、變更、撤銷及撤回程序

關於民事保護令之變更及撤銷程序，因保護令之種類而有不同，亦因各國法制而有差異。

（一）外國法制

美國有些州法律規定，暫時保護令之相對人得於法院所定之審理期日前聲請撤銷（dissolution）或變更（modification）暫時保護令，法院應對此聲請速行通知審理程序並作成裁決[129]。依美國模範家庭暴力法第306條第1項規定，法院認為必要時，得依當事人之聲請，為保護當事人，不經通知及審理程序逕行變更一造保護令，或經通知及行審理程序後，不管相對人是否到庭，變更完全保護令。此外，在美國多數州中，聲請人得依民事訴訟法（civil procedure）等規定向法院聲請撤回（withdraw）或不受理（dismissal）保護令之聲請。不過，有些州法律要求不受理應經所有

---

[129] 例如：Alaska Stat. § 18.66.120. (a)(1); Nev. Rev. Stat. § 33.080(2).

當事人之同意，有些州要求對於尚屬有效之保護令為不受理時應行審理程序，有些州則規定法院如審酌以前之相關審理資料後，得駁回不受理之聲請[130]。

紐西蘭家庭暴力法第46條規定：法院認為適當時，得依聲請人或相對人之聲請，裁定變更（vary）保護令。該法第47條規定：法院認為必要時，得依聲請人或相對人之聲請，裁定撤銷（discharge）保護令。關於暫時保護令之撤銷或變更，上開法條規定，司法常務官（Registrar）應儘速定期審理，除有特別情形外，所定審理期日不得逾聲請後42日。

（二）我國法制

關於通常保護令之撤銷或變更，家庭暴力防治法第15條第2項前段規定：「通常保護令失效前，法院得依當事人或被害人之聲請撤銷、變更或延長之。」依此規定，通常保護令之撤銷或變更須具備下列要件：1.應依當事人及被害人之聲請；2.法院為變更或撤銷之裁定時通常保護令係有效存在。因此，法院不能依職權變更或撤銷通常保護令，而且，通常保護令因存續期間屆滿而消滅時，縱使當事人之聲請係於存續期間屆滿前提出，因已失效之保護令不可能再復活而變更其內容，亦無從加以撤銷，故法院不得為變更或撤銷通常保護令之裁定。至於尚未核發之通常保護令無從加以撤銷或變更之，固不待言。

關於暫時及緊急保護令之變更或撤銷，家庭暴力防治法第16條第7項規定：「暫時保護令、緊急保護令失效前，法院得依當事人或被害人之聲請或依職權撤銷或變更之。」依此規定，暫時及緊急保護令之撤銷或變更須具備下列要件：1.可依當事人及被害人之聲請或依職權為之；2.法院為變更或撤銷之裁定時暫時保護令係有效存在。因此，法院可以依聲請或依職權變更或撤銷暫時保護令，此與通常保護令之變更或撤銷只能依聲請者即有不同。再者，法院如已經核發通常保護令或駁回聲請，暫時保護令依家庭暴力防治法第16條第6項規定而失其效力，法院即不得加以變更或撤銷之。尚未核發之暫時保護令無從加以撤銷或變更之。

---

[130] Hart, Barbara J., 同註9，19頁。

法院變更或撤銷保護令時，家庭暴力防治法並未規定應先通知兩造行審理程序，法院如認為相關事證已經明確或保護令即將失效而來不及行審理程序時，可以衡量聲請人所提證據及斟酌各種情狀，為保護被害人及其子女得不經審理程序而逕為變更或撤銷保護令之裁定。

二、抗告程序

各國法律多允許當事人對於法院所為關於保護令之裁定提起抗告，但抗告程序則有相當差異。

（一）外國法制

紐西蘭家庭暴力法第91條規定：法院如核發命令、拒絕核發命令、為其他終局裁判或案件不受理時，受不利之當事人或第三人，得向高等法院（high court）提起抗告（appeal）。

同法第93條規定：當事人對於高等法院就法律問題（a question of law）所為之裁判，得經上訴法院（Court of Appeal）准許，向上訴法院提起抗告。

同法第95條規定：除核發命令之法院另有裁令外，命令之效力不因依第91條及第93條所為之抗告而停止，命令之執行亦不因該抗告而受任何影響。

（二）我國法制

1. 得否抗告

家庭暴力防治法第20條第2項規定：「關於保護令之裁定，除有特別規定者外，得為抗告；抗告中不停止執行。」關於通常保護令得提起抗告問題，實務上並無爭議，但關於暫時保護令是否得提起抗告問題，實務上則有爭議。

臺灣高等法院89年度暫家護抗字第125號裁定、89年度暫家護抗字第94號裁定均採否定解，認為：(1)非訟事件法（舊法）第23條第1項規定法院為裁定後，認為其裁定不當時，得撤銷或變更之，同條第3項規定，第1

項之裁定，以不得抗告者爲限，依其反面解釋，如屬得由直接上級法院裁定之事件，自不許原法院自行撤銷或變更原裁定。家庭暴力防治法第15條第6項既規定暫時保護令失效前，法院得依當事人及被害人之聲請或依職權撤銷或變更之，依同法第19條第2項準用非訟事件法第23條第3項規定，應認法院准許核發暫時保護令之裁定不得抗告；(2)依家暴法（舊法）第15條前開規定，法院於聲請人聲請通常保護令前核發暫時保護令者，視爲已有通常保護令之聲請；對於已核發之暫時保護令，原法院亦得於通常保護令審理程序終結前予以撤銷或變更，該暫時保護令並因通常保護令之核發或法院駁回通常保護令之聲請而失其效力。可見依立法意旨，該暫時保護令之核發，其適當與否，係由核發之法院於通常保護令審理程序中審究之，自不許當事人另對該暫時保護令提起抗告。

最高法院90年台上字第101號裁定、89年度台抗字第659號裁定均採肯定見解，認爲：家庭暴力防治法（舊法）第19條第1項規定：保護令之裁定，除有特別規定者外，得爲抗告，同條第2項規定：保護令之程序，除本章別有規定外，準用非訟事件法有關規定。家庭暴力防治法第19條第1項既已規定關於保護令之裁定，除有特別規定者外，得爲抗告。而家庭暴力防治法對暫時保護令又無不得抗告之特別規定，對於暫時保護令之裁定自得爲抗告。此外，「臺灣高等法院暨所屬法院89年度法律座談會」及「臺灣高等法院90年度第1次民事庭庭長法律問題研究會」均採取肯定見解[131]。

余贊同肯定說，理由如下：(1)家庭暴力防治法第20條第1項既明文規

---

[131] 臺灣高等法院暨所屬法院89年法律座談會。
　【法律問題】
　被害人妻因受相對人夫之毆打等不法侵害，認有繼續遭受不法侵害之虞，聲請地方法院核發家庭暴力防治法第13條第2項第1款、第2款所規定之暫時保護令。地方法院裁定准許核發該暫時保護令並送達當事人後，相對人夫則對此項保護令在合法期間內提起抗告，原裁定法院對此抗告應如何處置？
　【審查意見】
　按家庭暴力防治法第19條第1項「關於保護令之裁定，除有特別規定者外，得爲抗告」並無特別規定將暫時保護令排除在抗告之外。若解爲不得抗告，則聲請該項暫時保護令被駁回時，當事人將無救濟之途，故採甲說。
　【研討結果】
　照審查意見通過。

定保護令之裁定除有特別規定者外得為抗告，並未有任何關於暫時保護令之裁定不得為抗告之規定，應認暫時保護令依此條文規定提為抗告。關於得否抗告，家庭暴力防治法既有明文規定，依同條第2項規定，自不能再適用非訟事件法規定，而認為暫時保護令之裁定不得抗告；(2)暫時保護令之存續期間依家庭暴力防治法第16條第6項規定係不定期，自核發時起生效，至核發通常保護令或駁回通常保護令之聲請時始失其效力，而通常保護令之審理時間可能長達數月，甚至於有可能超過1年者，則暫時保護令之存續期間可能長達數月，甚至超過1年，影響當事人之權益甚鉅，應許當事人對於此種裁定提起抗告，以維護其權益。

2. 抗告程序

關於抗告之程序，家庭暴力防治法並未明文規定。依家庭暴力防治法第20條第1項規定，保護令之程序，除家庭暴力防治法第二章別有規定外，適用家事事件法有關規定。依此規定，抗告之程序，應依家庭暴力防治法第二章及家事事件法之規定。

依家事事件法第3條第4項第13款規定，民事保護令事件屬於丁類事件，依同法第74條規定，原則上適用該法第4編「家事非訟程序」之規定。同法第97條規定，家事非訟事件，除法律別有規定外，準用非訟事件法之規定。

(1)抗告權人

家事事件法第92條規定：「因裁定而權利受侵害之關係人，得為抗告（第1項）。因裁定而公益受影響時，該事件相關主管機關或檢察官得為抗告（第2項）。依聲請就關係人得處分之事項為裁定者，於聲請被駁回時，僅聲請人得為抗告。」

依上開規定，抗告權人可以歸納如下：

①法院准許聲請人之全部或一部聲請或依職權核發保護令時，加害人均可以提起抗告。

②法院全部或一部駁回聲請人之聲請時，不管法院有無依職權核發聲請人保護令，聲請人均可以提起抗告。例如：聲請人聲請3款保護令，法官全部駁回聲請時，聲請人可以對於駁回之裁定提起抗告，

　　法官如果只准許核發其中1款，駁回其餘2款之聲請時，聲請人也可以對於駁回部分之裁定提起抗告。

③法院為保護令之裁定如使公益受影響，例如：不符未成年子女利益、未能保護被害人之安全等，不論是駁回、准許或依職權為之，相關主管機關或檢察官得為抗告。

(2)抗告法院

　　非訟事件法第43條第1項規定：「抗告應向為裁定之原法院提出抗告狀，或以言詞為之。」同法第44條第1項規定：「抗告，除法律另有規定外，由地方法院以合議裁定之。」家事事件法第92條規定：「對於第一審就家事非訟事件所為裁定之抗告，由少年及家事法院以合議裁定之。」其立法理由為：「參酌非訟事件法第四十四條第一項規定，非訟事件之抗告，除法律另有規定外，由地方法院以合議庭裁定之，其法理亦應適用於少年及家事法院對於家事非訟所為第一審裁定之抗告，以符本法第一條所定迅速處理家事事件之目的，爰設第一項之規定，至於未設少年及家事法院之地區，應由地方法院家事法庭以合議裁定之，自不待言。」

　　因此，在設有少年及家事法院之地區，抗告人應向作成保護令裁定之少年及家事法院提出，由該少年及家事法院為抗告法院，以合議庭裁定之；在未設少年及家事法院之地區，抗告人應向作成保護令裁定之地方法院提出，由該法院為抗告法院，以合議庭裁定之。

　　上開合議庭之裁定，依非訟事件法第44條第2項規定，應附理由。

(3)抗告之期間

　　提起抗告，依家事事件法第93條規定，抗告權人應於裁定送達後10日之不變期間內為之，但送達前之抗告，亦有效力（第1項）。抗告權人均未受送達者，10日不變期間應自聲請人或其他利害關係人受送達後起算（第2項）。受裁定送達之人如有數人，除法律別有規定外，抗告期間之起算以最初受送達者為準（第3項）。

(4)抗告狀

　　依非訟事件法第43條第1項規定，抗告應提出抗告狀，或以言詞為之。因此，抗告並非必須提出抗告狀，也可以用言詞提出抗告。用言詞

提出抗告時，依非訟事件法第43條第2項，準用第29條第2項、第3項之規定，應在法院書記官前爲之，法院書記官應作成筆錄，並於筆錄內簽名。

抗告狀應記載哪些事項，法律沒有明文規定，至少應該表明抗告人爲何人、不服何裁定等事項，否則法院應以抗告不合程式而裁定駁回抗告。抗告狀也應記載抗告理由，抗告法院才能針對抗告理由認定原裁定是否不當。

(5)程序費用

提出抗告時，依舊法規定應繳交抗告費及送達郵資等費用，民國97年修正之家庭暴力防治法第10條第3項規定：「保護令之聲請、撤銷、變更、延長及抗告，均免徵裁判費，並準用民事訴訟法第77條之23第4項規定。」依此規定，對保護令之裁定爲抗告時，免徵抗告費、郵電送達費及法院人員之差旅費。

3. 再抗告

家事事件法第94條第2項規定：「對於前項合議裁定，僅得以其適用法規顯有錯誤爲理由，逕向最高法院提起抗告。」依此規定，對於少年及家事法院或地方法院家事法庭依此條第1項規定所爲之合議裁定，當事人得逕向最高法院提起抗告，但限於以原裁定適用法規顯有錯誤爲理由，始得爲之。

依此規定，再抗告法院爲最高法院。再者，抗告法院以抗告爲不合法而裁定駁回關於保護令之抗告時，對於該駁回裁定不得再爲抗告。抗告法院認爲抗告無理由而駁回抗告，或認爲抗告爲有理由而廢棄或變更原裁定時，當事人對於抗告法院之裁定，必須以該裁定適用法規顯有錯誤爲再抗告之理由，才能再爲抗告。否則，再抗告即不合法，再抗告法院應裁定駁回再抗告。

4. 抗告之效力

家事事件法第82條第1項規定：「裁定，除法律別有規定外，於宣示、公告、送達或以其他適當方法告知於受裁定人時發生效力。但有合法之抗告者，抗告中停止其效力。」依此規定，抗告如具備合法要件，即發

生移審及阻斷裁定確定之效力，但不發生停止執行之效力[132]。

　　然而，為排除家事事件法上開規定之適用，以避免保護令裁定於抗告中停止效力，104年修正之家庭暴力防治法第20條第2項後段明定：「抗告中不停止執行。」因此，依家庭暴力防治法之規定，保護令自法院核發時起就發生效力（第15條第1項、第16條第6項），而且可以聲請法院或警察機關強制執行，再者，縱使提出合法抗告，在抗告中不停止執行。

三、再審程序

　　關於保護令事件之確定裁定，家庭暴力防治法並未規定再審程序。

　　家庭暴力防治法第20條第1項定：「保護令之程序，除本章別有規定外，適用家事事件法有關規定。」依此規定，關於保護令事件之確定裁定，應適用家事事件法第96條規定，得為再審。

　　家事事件法第96條規定如下：

　　「民事訴訟法第五編再審程序之規定，於家事非訟事件之確定本案裁定準用之。但有下列各款情形之一者，不得更以同一事由聲請再審：

　　一、已依抗告、聲請再審、聲請撤銷或變更裁定主張其事由，經以無理由被駁回。

　　二、知其事由而不為抗告；或抗告而不為主張，經以無理由被駁回。」

　　此條之立法理由為：「家事非訟事件之確定本案裁定如程序有重大瑕疵或內容顯有不當，自應事後給予救濟之途徑，以保障關係人之程序權，爰規定準用民事訴訟法第五編再審程序之規定。惟再審之目的在匡正確定裁判之不當，保障關係人之權益，就曾以同一事由為抗告、聲請再審、聲請撤銷或變更裁定，經以無理由被駁回，或知其事由而不為抗告，或抗告而不為主張，經以無理由被駁回，自應予限制，以避免關係人一再聲請再審，致程序被濫用，耗費司法資源，爰設置但書各款規定。」

---

[132] 王甲乙、楊建華、鄭健才，同註69，581頁，497頁，民國74年9月版。

四、執行程序

民事保護令應該被有效執行，否則民事保護令只不過是加害人可以任意忽視而不受刑罰之一張紙（a piece of paper）而已。有一項對於民事保護令相關程序之研究結果認為，執行（enforcement）是民事保護令程序的致命處（Achilles' heel），因為一個沒有執行之保護令，充其量僅能提供不足的保護，在最壞的情形下，則會因製造一個安全的假象，而使被害人之危險增加[133]。

關於民事保護令之執行程序，各國法制有部分不同之規定，也有部分相同之規定，茲分述如下。

（一）美國法制

美國各州關於保護令之執行，多規定由警察依法逮捕違反保護令者，再由法院依法加以定罪並科以刑罰，但各州法律規定並不相同。

1. 依法逮捕

法院核發保護令與暫時保護令之後，有些法律規定，法院應迅速通知聲請人住居所轄區或執行該保護令轄區之警察機關。例如：美國模範家庭暴力法第306條第4項規定，法院應於翌日上班時間內，將保護令正本送達聲請人指定之執法機關，並送達州政府登記處。此外，加州親屬法第6380條第1項規定，法院或其指定人應將保護令核發、變更、延長、終止之資料在1個工作天內，以下列方式之一傳送警察人員：(1)傳送保護令繕本至經司法部授權將保護令登入「加州執法電信系統」（California Law Enforcement Telecommunications System）之警察機關。(2)經司法部許可直接將保護令登入「加州執法電信系統」[134]。

警員在執行保護令與暫時保護令之前，美國有不少法律規定「應」先確認保護令之存在及有效，有些法律規定「得」為確認行為，其確認方式

---

[133] Epstein, Deborah, Effective Intervention in Domestic Violence Cases: Rethinking the Roles of Prosecutors, Judges, and the Court System, 11 Yale Journals of Law and Feminism 12(1999); Finn, Peter & Colson, Sarah, U.S. Dep't of Justice, Civil Protection Orders: Legislation, Current Court Practice and Enforcement 49(1990).

[134] Cal. Fam. Code § 6380(a).

通常係以電話向警察局、郡登記處或核發保護令之機關查證[135]，有些法律則未規定應為或得為確認行為。

關於違反保護令與暫時保護令之逮捕方面，警員如有可能理由（probable cause）認受命令拘束之人已違反命令時，有些法律規定其「應」為無令狀逮捕（warrantless arrest）[136]，有些法律則規定「得」為無令狀逮捕[137]。加州親屬法第6272條則規定，警員應用各種合理的方法（reasonable means）執行緊急保護令；本於善意（good faith）執行保護令之警員不須擔負民事或刑事責任。

有些州法律規定，當相對人違反一造保護令時，除非其已受該保護令之合法送達或已知悉該保護令，否則不得對之為無令狀逮捕[138]。倘若聲請人因當事人於事後已達成和解或其他因素而不願執行保護令時，有些法律明定，保護令之執行力不因當事人之行為而受影響，只能依法院之命令而為變更[139]。

2. 刑事處罰

美國多數州法律規定，違反民事保護令者可以對之為刑事處罰，但究應構成何種罪責，各州法律規定不一，有些州法律規定構成輕罪（misdemeanor）「及」藐視法庭罪（contempt），有州法律規定構成輕罪「或」藐視法庭罪。在藐視法庭罪方面，有些州法律規定構成民事藐視罪（civil contempt），有些州法律則規定構成刑事藐視罪（criminal contempt），有些州法律則規定構成刑事及民事藐視罪[140]。

依據俄勒岡州（Oregon）之法律，故意不服從或抗拒法院之命令，

---

[135] 例如：23 Pa. Cons. Stat. §6113(a); Iowa Code. §236.11; Neb. Rev. Stat. §47-928.

[136] 例如：Iowa Code. §236.11; Neb. Rev. Stat. §42-928.

[137] 例如：23 Pa Cons. Sata. §6113(a).

[138] 例如：Tenn. Code Ann. §36-3-611(b); Colo. Rev. Stat. §14-4-104.

[139] 例如：Cal. Penal Code §13710(b).

[140] Hart, Barbara J., 同註9，20頁。所謂民事藐視罪，係指未能遵守法院為他造當事人之訴訟利益所為之命令而言；所謂刑事藐視罪，係指實施不尊重法院或訴訟程序之行為致妨礙審判者而言。參閱Gifts, Steven H., 同註15，97頁。

構成藐視法庭罪[141]，被告依法可提出「無能力遵守命令」（inability to comply with an order）之抗辯[142]。

在刑罰方面，多數州法律僅規定監禁刑或罰金最高度，在最高度內法官有自由裁量權，最高度多規定為6個月或1年以下有期徒刑，1千美元以下罰金。有些州法律則定有監禁刑之最低度，如：48小時、3日、5日等[143]。

（二）紐西蘭法制

1.依法逮捕

關於警察之逮捕權，紐西蘭家庭暴力法第50條第1項規定：警察人員有正當理由（good cause）足認其為不遵守有效保護令之條件或違反有效保護令之嫌疑犯者，得無令狀逮捕之。

依此規定，警察人員原則上對於違反保護令之嫌疑犯有為無令狀逮捕之權利，但無逮捕之義務，因此，此法係採取無令狀逮捕法制，但非強制逮捕（mandatory arrest）法制。

2.刑事處罰

關於刑事處罰，依同法第49條規定，無正當理由（reasonable excuse）而不遵守保護令之條件或實施違反保護令之行為，構成違反保護令罪，處3年以下徒刑。依同法第49A條規定，無正當理由而不遵守法院依同法第32條第1項、第2項所為之接受計畫（programme）命令者處6個月以下徒刑或科5,000元以下罰金。

（三）我國法制

關於民事保護令之執行機關，舊法原僅規定法院及警察機關兩種，關於執行程序，法院依強制執行法之規定而為執行，但對於警察機關之執行程序及執行方法，並未加以明定，僅於舊法第52條為概括授權之規定如下：「警察機關執行保護令及處理家庭暴力案件辦法，由中央主管機關定

---

[141] Or. Rev. Stat. 33.015(2)(b).

[142] Or. Rev. Stat. 33.055(10).

[143] Hart, Barbara J., 同註9，21頁；例如：Minn. Stat. §518B.01 Subd. 14(b).

之。」

司法院大法官會議釋字第559號解釋認為：舊法未明定警察機關之執行程序及方法雖不牴觸憲法，但保護令既有涉及人身之處置或財產之強制執行，應分別情形以法律或法律具體明確授權之命令，定警察機關之執行程序及執行方法，有關機關應從速修訂相關法律，以符憲法保障人民權利之本旨。在法律未修改前，警察機關執行保護令得準用行政執行法規定之程序而採各種適當之執行方法。

民國96年修法時特增訂民事保護令之執行專節，一方面大幅擴充民事保護令之執行機關，定一方面對於警察機關之執行程序及執行方法，作更詳細之規定。

1. 執行機關

現行法明定民事保護令有數種執行機關，各職司不同之執行項目。

家庭暴力防治法第21條第1項規定如下：

「保護令核發後，當事人及相關機關應確實遵守，並依下列規定辦理：

一、不動產之禁止使用、收益或處分行為及金錢給付之保護令，得為強制執行名義，由被害人依強制執行法聲請法院強制執行，並暫免徵收執行費。

二、於直轄市、縣（市）主管機關所設處所為未成年子女會面交往，及由直轄市、縣（市）主管機關或其所屬人員監督未成年子女會面交往之保護令，由相對人向直轄市、縣（市）主管機關申請執行。

三、完成加害人處遇計畫之保護令，由直轄市、縣（市）主管機關執行之。

四、禁止查閱相關資訊之保護令，由被害人向相關機關申請執行。

五、其他保護令之執行，由警察機關為之。」

再者，家庭暴力防治法第24條規定：「義務人不依保護令交付未成年子女時，權利人得聲請警察機關限期命義務人交付，屆期未交付者，命交付未成年子女之保護令得為強制執行名義，由權利人聲請法院強制執行，

並暫免徵收執行費。」第25條規定：「義務人不依保護令之內容辦理未成年子女之會面交往時，執行機關或權利人得依前條規定辦理，並得向法院聲請變更保護令。」第26條規定：「當事人之一方依第14條第1項第6款規定取得暫時對未成年子女權利義務之行使或負擔者，得持保護令逕向戶政機關申請未成年子女戶籍遷徙登記。」

此外，家庭暴力防治法施行細則第12條規定，被害人申請執行禁止查閱資訊令時，應向戶政事務所、學校或各地區國稅局提出。

依上開規定，保護令之執行機關包括：(1)法院；(2)社政機關；(3)戶政機關；(4)學校；(5)稅捐機關；(6)警察機關。

2. 執行程序

(1)法院

法院之執行項目包括：①金錢給付之命令；②禁止使用、收益或處分不動產之命令；③交付未成年子女之命令。

①金錢給付之命令及禁止使用、收益或處分不動產之命令

所謂金錢給付之保護令，原則上係指家庭暴力防治法14條第1項第8款之租金或扶養費令、第9款之損害賠償令及第11款律師費令而言，但法院核發該項其他款所定之命令如係關於金錢給付者（例如：法院依第13款規定命加害人給付房屋之抵押貸款等），亦可認為是金錢給付之保護令。

金錢給付之命令以及禁止不動產使用、收益或處分之命令，都可以作為執行名義，由權利人直接向法院聲請強制執行。

關於金錢給付之命令，在保護令期間屆滿後，該命令向雖自屆滿時起向後失效，但在保護令有效期間之金錢給付義務，仍然可以作為執行名義，向法院聲請強制執行[144]。

②交付未成年子女之命令

關於交付未成年子女之命令，依家庭暴力防治法第24條及第25條規定，應先由權利人向警察機關聲請執行，由警察機關限期命義務人交付，義務人屆期未交付時，該命令才能作為強制執行名義，向法院聲請強制執

---

[144] 參閱104年11月4日臺灣高等法院暨所屬法院104年法律座談會民執類提案第21號。

行。

再者，義務人不依暫時探視權令辦理探視時，執行機關或權利人得依家庭暴力防治法第25條規定，得向法院聲請變更保護令。

關於交付未成年子女之權利人及義務人之定義，依家庭暴力防治法施行細則第14條規定如下：「本法第二十五條所稱權利人、義務人，定義如下：一、於每次子女會面交往執行前：所稱權利人，指依本法第十四條第一項第七款規定申請執行子女會面交往者；所稱義務人，指由法院依本法第十四條第一項第六款所定暫時對未成年子女行使或負擔權利義務之一方。二、於每次子女會面交往執行後：所稱權利人，指由法院依本法第十四條第一項第六款所定暫時對未成年子女行使或負擔權利義務之一方；所稱義務人，指依本法第十四條第一項第七款規定申請執行子女會面交往者。」

上開規定看來十分複雜，可歸納如下：

A.執行暫時監護權命令：權利人為暫時監護權人（請求交付子女供其監護），義務人為依暫時監護權令負有交付子女義務者（交付子女供暫時監護權人監護）。

B.執行暫時探視權令：權利人在每次執行前為暫時探視權人（請求交付子女供其探視），在每次執行後為暫時監護權人（請求交還子女供其監護）。義務人在每次執行前為暫時監護權人（交付子女供暫時探視權人探視），在每次執行後為暫時探視權人（交還子女供暫時監護權人監護）。

因此，加害人或被害人依法院核發之暫時監護權或暫時探視權令，而有請求對方交付子女之權利時，均可以向法院聲請強制執行。

③暫免徵收執行費

法院執行上述三種命令時，應依強制執行法之有關規定辦理。應注意者，為減少被害人之負擔及迅速執行命令，家庭暴力防治法第21條第1條第1款、第24條規定，均暫免徵收執行費。而依家庭暴力防治法施行細則第13條第3、4項規定，暫免徵收之執行費，執行法院得於強制執行所得金額之範圍內予以優先扣繳受償，未能受償之執行費，執行法院得於執行

完畢後，以裁定確定其數額及應負擔者，並將裁定正本送達債權人及債務人。

(2)社政機關

依家庭暴力防治法第21條第1項第2、3款規定，社政機關之執行項目包括：①在社政機關所設探視場所為探視之命令；②由社政機關或其所屬人員監督探視之命令；③加害人處遇計畫之命令。

①探視之命令

關於社政機關辦理探視命令之執行，係由各地方政府定其執行程序及方式。內政部於民國88年7月8日公布「（縣市全銜）辦理家庭暴力事件未成年子女會面交往與交付處理程序（範例）」，作為各縣市政府制定相關行政命令之參考。該範例主要內容包括：執行單位為當地家庭暴力防治中心、中心之受理及執行程序、申請費用之繳納、監督會面執行方式、監督人員之權限、中心工作人員應注意事項及應遵守保密原則等。

②加害人處遇計畫之命令

關於完成加害人處遇計畫之執行程序，前行政院衛生署依舊依家庭暴力防治法第45條規定於民國88年6月22日公布，並於民國90年及97年修正之「家庭暴力加害人處遇計畫規範」，依此規範之執行程序主要包括：地方主管機關應遴聘受過家庭暴力防治相關訓練之人員組成相對人評估小組，於接獲法院通知請其提出相對人有無接受處遇計畫必要及其建議之書面意見後，於3日內將相關資料送交評估人員，並於評估之日起7日內將處遇計畫建議書送交法院。地方主管機關接獲法院之加害人處遇計畫令時，應即安排適當之執行機關（構）及開始接受治療或輔導之期日。地方主管機關接獲執行機關（構）關於加害人處遇計畫變更期間或內容之建議意見時，應即通知當事人及被害人向法院聲請撤銷、變更或延長通常保護令。地方主管機關接獲執行機關（構）通知加害人有不接受處遇計畫、接受時數不足或不遵守處遇計畫內容情事，且明顯於保護令裁定期限內無法完成處遇計畫，或有恐嚇、施暴等行為時，應即通知警察機關或地方法院檢察署。執行機構應於加害人處遇計畫完成後10日內填報「家庭暴力加害人完成處遇計畫書」，通報地方主管機關。地方主管機關應就處遇計畫執行機

關（構）所提「家庭暴力加害人完成處遇計畫書」之執行成果進行綜合評估，並得定期輔導訪查。

③「行政機關執行保護令及處理家庭暴力案件辦法」之規定

此外，內政部依家庭暴力防治法第64條規定於民國88年6月22日訂定並於民國96年9月28日修正之「依行政機關執行保護令及處理家庭暴力案件辦法」第10條規定，社政機關接獲保護令執行之申請時，其非該保護令之執行機關者，應告知申請人本法第21條第1項之執行機關。依第11條規定，社政機關執行保護令，對保護令所列禁止行為及遵守事項，應命當事人確實遵行。依第12條規定，社政機關執行保護令，對於被害人或子女住居所，應依法院之命令、被害人或申請人之要求，於相關文書及執行過程予以保密。依第19條規定，義務人不依保護令之內容辦理未成年子女之會面交往時，社政機關應告知權利人得向法院聲請變更保護令。

(3)戶政機關

戶政機關之執行項目為：①辦理戶籍遷徙登記；②禁止相對人查閱戶籍資訊。

①辦理戶籍遷徙登記

依家庭暴力防治法第26條規定，依保護令取得暫時監護權之人，得持保護令，逕向戶政機關申請未成年子女戶籍遷徙登記。

②禁止查閱戶籍資訊

依家庭暴力防治法施行細則第12條規定，取得禁止查閱戶籍資訊令之人，得向任一戶政事務所申請執行，禁止相對人查閱被害人及受其暫時監護未成年子女戶籍相關資訊。

③「行政機關執行保護令及處理家庭暴力案件辦法」之規定

依「行政機關執行保護令及處理家庭暴力案件辦法」第13條規定：保護令之聲請人（被害人為未成年人、身心障礙者或因故難以委任代理人者）或被害人，得持保護令及身分證明文件，向任一戶政事務所申請禁止、變更禁止或撤銷禁止相對人閱覽或交付被害人及受其暫時監護之未成年子女戶籍資料。依第10條規定，戶政機關接獲保護令執行之申請時，其非該保護令之執行機關者，應告知申請人本法第21條第1項之執行機關。

依第11條規定，戶政機關執行保護令，對保護令所列禁止行為及遵守事項，應命當事人確實遵行。依第12條規定，戶政機關執行保護令，對於被害人或子女住居所，應依法院之命令、被害人或申請人之要求，於相關文書及執行過程予以保密。

(4)學校

學校之執行項目為：禁止相對人查閱學籍資訊。

①家庭暴力防治法施行細則之規定

依家庭暴力防治法施行細則第13條規定，取得禁止查閱學籍資訊令之人，得向被害人及受其暫時監護之未成年子女學籍所在學校申請執行，禁止相對人查閱被害人及受其暫時監護未成年子女學籍相關資訊之保護令。

②「行政機關執行保護令及處理家庭暴力案件辦法」之規定

依「行政機關執行保護令及處理家庭暴力案件辦法」第14條規定：保護令之聲請人（被害人為未成年人、身心障礙者或因故難以委任代理人者）或被害人，得持保護令及身分證明文件，向被害人及未成年子女學籍所在學校，申請禁止、變更禁止或註銷禁止相對人查閱其學籍相關資訊。依第10條規定，學校接獲保護令執行之申請時，其非該保護令之執行機關者，應告知申請人本法第21條第1項之執行機關。依第11條規定，學校執行保護令，對保護令所列禁止行為及遵守事項，應命當事人確實遵行。依第12條規定，學校執行保護令，對於被害人或子女住居所，應依法院之命令、被害人或申請人之要求，於相關文書及執行過程予以保密。

(5)稅捐機關

稅捐機關之執行項目為：禁止相對人查閱稅捐資訊。

①家庭暴力防治法施行細則之規定

依家庭暴力防治法施行細則第12條規定，取得禁止查閱所得資訊令之人，得向各地區國稅局，申請執行禁止相對人查閱被害人及受其暫時監護未成年子女所得來源相關資訊之保護令。

②「行政機關執行保護令及處理家庭暴力案件辦法」之規定

依「行政機關執行保護令及處理家庭暴力案件辦法」第15條規定：保護令之聲請人（被害人為未成年人、身心障礙者或因故難以委任代理人

者）或被害人，得持保護令及身分證明文件，向各地區國稅局，申請禁止、變更禁止或註銷禁止查閱其所得來源相關資訊。依第10條規定，稅捐機關接獲保護令執行之申請時，其非該保護令之執行機關者，應告知申請人本法第21條第1項之執行機關。依第11條規定，稅捐機關執行保護令，對保護令所列禁止行為及遵守事項，應命當事人確實遵行。依第12條規定，稅捐機關執行保護令，對於被害人或子女住居所，應依法院之命令、被害人或申請人之要求，於相關文書及執行過程予以保密。

(6)警察機關

依家庭暴力防治法第21條第1項第5款規定，除該項第1款至第4款以外之命令均由警察機關執行。同條第2項規定，社政機關於必要時得請警察機關協助其執行暫時監護權令及加害人處遇計畫令。

因此，警察機關的執行項目包括：①禁止施暴令；②禁止接觸令；③遷出令；④遠離令；⑤物品使用權令；⑥暫時監護權令；⑦暫時探視權令；⑧加害人處遇計畫令；⑨其他必要命令。

為使警察機關確實執行保護令起見，舊家庭暴力防治法第52條規定：「警察機關執行保護令及處理家庭暴力案件辦法，由中央主管機關定之。」依此規定，內政部於中華民國88年6月22日訂定「警察機關執行保護令及處理家庭暴力案件辦法」。嗣家庭暴力防治法於96年修正時，將上開52條修正為64條，規定「行政機關執行保護令及處理家庭暴力案件辦法，由中央主管機關定之。」內政部遂於民國96年9月28日將「警察機關執行保護令及處理家庭暴力案件辦法」修正名稱為「行政機關執行保護令及處理家庭暴力案件辦法」，並修正全文。

①禁止施暴令、禁止接觸令、遷出令、遠離令及加害人處遇計畫令

A.依法逮捕拘提

違反禁止施暴令、禁止接觸令、遷出令、遠離令及加害人處遇計畫令者，除可能因觸犯刑法而構成家庭暴力防治法第2條第1項第2款所定義之家庭暴力罪外，另構成家庭暴力防治法第61條之違反保護令罪，處3年以下有期徒刑、拘役或科或併科新臺幣10萬元以下罰金。

依家庭暴力防治法第29條規定：警察人員發現家庭暴力罪之現行犯

時，應逕行逮捕之，並依刑事訴訟法第92條規定解送檢察官；司法警察官或司法警察偵查犯罪，認被告或犯罪嫌疑人犯家庭暴力罪或違反保護令罪嫌疑重大，且有繼續侵害家庭成員生命、身體或自由之危險，而情況急迫不及報請檢察官者，得逕行拘提之，拘提後應即報請檢察官簽發拘票，如檢察官不簽發拘票時，應即將被拘提人釋放。

依上開規定，警察機關對於違反禁止施暴令者，可依下列3種方式處理：(A)如為現行犯，「應」加以逕行逮捕並移送地檢署偵辦，不須補發拘票；(B)嫌疑重大且有繼續侵害危險，並有情況急迫不及報請檢察官情形者，「得」逕行拘提並移送偵辦，再報請檢察官補發拘票；(C)對於不符合逕行逮捕或拘提要件者，可報請檢察官簽發拘票而加以拘提並移送偵辦，或不加以拘提而將案件移送偵辦。

警察人員依上開條文對於現行犯負有逮捕義務，係採取外國法制之「強制逮捕政策」（mandatory arrest policy）及「無令狀逮捕政策」（warrant less arrest policy）。對於嫌疑重大且有繼續侵害危險並有情況急迫不及報請檢察官情形者，並未完全採取「強制逮捕政策」及「無令狀逮捕政策」，但警察人員既然可以未取得拘票之情形下，逕行拘提被告或犯罪嫌疑人，再事後報請補發拘票，顯然已取得較依刑事訴訟法規定更大之逕行拘提權限。

B.確保被害人安全占有住居所

關於遷出令之執行，依家庭暴力防治法第22條第1項規定，警察機關應依保護令，保護被害人至被害人或相對人之住居所，確保其安全占有住居所。此外，「行政機關執行保護令及處理家庭暴力案件辦法」第16條規定：「警察機關依保護令命相對人遷出被害人之住居所時，應確認相對人完成遷出之行為，確保被害人安全占有住居所。」

②物品使用權令

關於物品使用權令之執行，依家庭暴力防治法第22條規定警察機關應依保護令保護被害人至被害人或相對人之住居所，確保其安全占有汽車、機車或其他個人生活上、職業上或教育上必需品；相對人不依保護令交付時，警察機關得依被害人之請求，進入住宅、建築物或其他標的物所在處

所解除相對人之占有或扣留取交被害人。

依家庭暴力防治法第23條規定，相對人應一併交付必需品有關之證照、書據、印章或其他憑證而未交付時，警察機關得將之取交被害人。無法取交憑證時，屬被害人所有者，被害人得向相關主管機關申請變更、註銷或補行發給；屬相對人所有而為行政機關製發者，被害人得請求原核發機關發給保護令有效期間之代用憑證。

再者，「行政機關執行保護令及處理家庭暴力案件辦法」第17條規定，警察機關進入處所解除相對人之占有或扣留取交被害人時，必要時得會同村里長為之，相對人拒不交付者，得強制取交被害人，但不得逾越必要之程度，交付物品應製作清單並記錄執行過程。

③暫時監護權令、暫時探視權令

依家庭暴力防治法第24條、第25規定，義務人不依保護令交付未成年子女，權利人得聲請警察機關限期命義務人交付；義務人不依保護令之內容辦理未成年子女之會面交往時，執行機關或權利人並得向法院聲請變更保護令。

再者，「行政機關執行保護令及處理家庭暴力案件辦法」第18條、第19條規定，警察機關執行交付未成年子女時，得審酌權利人及義務人之意見，決定交付時間、地點及方式。執行遇有困難無法完成交付者，警察機關應依權利人之聲請，限期命義務人交付，屆期未交付者，應發給權利人限期履行而未果之證明文件，並告知得以保護令為強制執行名義，向法院聲請強制執行。義務人不依保護令之內容辦理未成年子女之會面交往時，且告知權利人得向法院聲請變更保護令。

④其他必要命令

其他必要命令如果不屬於金錢給付性質（如禁止當事人之一方帶未成年子女出國等），應由警察機關執行，其執行方式應依必要命令之內容而定。由於家庭暴力防治法對於警察機關執行其他命令並未明定其執行程序及方法，依司法院大法官會議釋字第559號解釋意旨，警察機關執行其他必要命令，得準用行政執行法規定之程序，而採各種適當之執行方法。

此外，依「依行政機關執行保護令及處理家庭暴力案件辦法」第10條

規定，警察機關接獲保護令執行之申請時，其非該保護令之執行機關者，應告知申請人本法第21條第1項之執行機關。依第11條規定，警察機關執行保護令，對保護令所列禁止行為及遵守事項，應命當事人確實遵行。依第12條規定，警察機關執行保護令，對於被害人或子女住居所，應依法院之命令、被害人或申請人之要求，於相關文書及執行過程予以保密。依第19條規定，義務人不依保護令之內容辦理未成年子女之會面交往時，警察機關應告知權利人得向法院聲請變更保護令。

3. 聲明異議

關於執行保護令之聲明異議，家庭暴力防治法第27條規定如下：

「當事人或利害關係人對於執行保護令之方法、應遵行之程序或其他侵害利益之情事，得於執行程序終結前，向執行機關聲明異議。

前項聲明異議，執行機關認其有理由者，應即停止執行並撤銷或更正已為之執行行為；認其無理由者，應於十日內加具意見，送原核發保護令之法院裁定之。

對於前項法院之裁定，不得抗告。」

依此規定，法院及行政機關執行保護令時，不僅保護令之聲請人及相對人可以聲明異議，利害關係人均可以聲明異議。所謂利害關係人，係指聲請人及相對人以外將因執行致其法律上之權益受侵害之人。例如：並非保護令之當事人，但對於被害人住居所或汽機車享有所有權之人，因警察執行遷出令或物品使用權令而使其對於該住居所或汽機車之占有使用權受到侵害等。如果僅具有道義、感情、經濟、名譽或其他事實上之利害關係則非本條之利害關係人。

聲明異議時，應具體指摘執行機關之執行保護令方法、應遵守之程序有何違法或不當，或有其他侵害利益之情事，且應於執行程序終結前向執行機關提出，執行程序一旦終結，即不能聲明異議。

執行機關受理聲明異議案件後，如果認為有理由，應立即停止執行保護令，並應撤銷或更正已為之執行行為。如果認為聲明無理由，應於10日內加具意見，經聲明異議案件移送原核發保護令之法院處理。法院對於聲明異議無理由，應裁定駁回聲明異議，如認為有理由，則應裁定撤銷已為

之執行行為。當事人對於法院所為之裁定，不論該裁定認為聲明異議有無理由，均不能提出抗告。

4. 刑事處罰

家庭暴力防治法第61條規定如下：

「違反法院依第十四條第一項、第十六條第三項所為之下列裁定者，為本法所稱違反保護令罪，處三年以下有期徒刑、拘役或科或併科新臺幣十萬元以下罰金：

一、禁止實施家庭暴力。

三、禁止騷擾、接觸、跟蹤、通話、通信或其他非必要之聯絡行為。

三、遷出住居所。

四、遠離住居所、工作場所、學校或其他特定場所。

五、完成加害人處遇計畫。」

依此規定，違反保護令並非全部構成違反保護令罪，只有違反上開5種關於保護令之裁定，始應負擔責任。違反保護令罪之最高刑度為3年有期徒刑，其最高罰金金額為新臺幣10萬元。

應注意者，依家庭暴力防治法第15條第1項及第16條第6項規定，通常、暫時及緊急保護令，均自核發時起生效。因此，保護令在法院核發後，送達當事人前，已經生效。如果相對人在送達前已經知道法院核發保護令之內容，而故意違反，仍應成立違反保護令，如果不知道保護令之內容，則無犯罪之故意，不成立違反保護令罪。依實務見解，法院核發暫時保護令禁止相對人實施身體或精神上不法侵害行為後，再核發通常保護令禁止相對人實施身體或精神上不法侵害行為，暫時保護令雖然因核發通常保護令而失效，但通常保護令於核發時已經生效，且通常保護令與暫時保護令之內容均相同，相對人縱使尚未收受通常保護令，但其曾經收受暫時保護令，主觀上已有不得再實施身體或精神上不法侵害行為之認識，在法院核發通常保護令時，其主觀上法律效果之認定亦未變更，雖然通常保護令尚未送達，仍應認為其係基於違反保護令之犯意，對被害人為身體及精神上不法侵害行為，成立違反通常保護令之犯罪[145]。

---

[145] 參閱104年11月4日臺灣高等法院暨所屬法院104年法律座談會刑事類提案第21號。

　　此外，違反保護令者除依法應受刑事處罰外，可能依法應負擔民事責任。例如：法院核發禁止實施家庭暴力行為之保護令後，相對人違反該命令仍繼續對被害人實施暴力行為時，如因而使被害人受有身心傷害或財物損害，被害人可依據侵權行為等法律關係對於加害人請求損害賠償。

陸　民事保護令制度之施行現況

　　關於保護令制度之施行現況與施行困境，是許多人關注的焦點，由於目前尚無人針對保護令制度之施行成效作整體深入調查評估，只能經由政府機關之統計資料、學術或實務研討會會議資料，以及書籍報章雜誌等文獻資料加以分析歸納，才能呈現實情。

一、相關統計資料

　　關於民事保護令制度之施行現況，可以經由中央或地方政府有關機關所作成之統計資料，得知概況。由於政府機關之統計資料種類繁多，茲將較重要之統計資料分析歸納如下。

（一）民事保護令事件及家庭暴力事件之統計資料

1. 司法院統計資料

　　依據司法院編印之「107年度司法業務年報」，相關統計資料如下：

　　(1)民事保護令事件

　　自民國88年6月24日民事保護令制度開始施行至107年12月約19.5年間，臺灣各地方法院辦理民事保護令案件之情形如下：

　　①受理件數

　　共計390,101件，其中新北地方法院56,630件最多、臺中地方法院53,665件次之、桃園地方法院35,307件再次之。

　　②終結件數

　　共計387,878件，其中准許核發保護令計240,878件（約占62.10%），駁回聲請計48,118件（約占12.41%），當事人撤回聲請計89,852件（約占23.17%）。

③法院核發內容

准許核發款項共計610,195件，核發最多者為禁止施暴令240,165項（約占39.36%），其次為禁止接觸令220,463項（約占36.13%）、遠離令61,653項（約占10.10%）。

④法院辦案速度

各地方法院民事保護令終結事件中，平均一件所需日數為36.59日。其中所需日數5日以下者45,623件（約占11.76%），逾3月以上者25,010件（約占6.45%）。

(2)家暴刑事案件

98年至107年高等法院違反家庭暴力防治法刑事案件（包含家庭暴力罪及違反保護令罪）的終結件數計6,170件，被告總人數6,772人，其中18人被處死刑，80人被處無期徒刑，3,589人被處有期徒刑，1,410人被處拘役，104人被處罰金，13人受免刑宣告，1,105人獲判無罪，免訴5人，不受理112人[146]。

2. 衛生福利部統計資料

依「衛生福利部保護服務司」所作之「家庭暴力事件通報單位數分析」，民國107年政府各單位接獲通報計138,637件，其中最多為警政單位71,311件，其次為醫院36,569件，再其次為113專線16,091件[147]。

依該司所作之「家庭暴力被害人性別統計」，民國107年通報被害人共96,693人，其中最多為女性66,354人，男性也高達28,963人，不詳性別者1,376人[148]。

（二）離婚事件之統計資料

依據司法院編印之「107年度司法業務年報」，自民國98年起至民國107年止共10年間，臺灣各地方法院辦理離婚案件之情形如下：

---

[146] 司法院網站，首頁>查詢服務>電子書出版品>司法業務年報（107年度）>第五篇少年及家事部分>第三章 家庭暴力防治事件。

[147] 衛生福利部保護服務司>統計資訊>家庭暴力防治>家庭暴力事件通報案件統計107年。

[148] 衛生福利部保護服務司>統計資訊>家庭暴力防治>97年至107年家庭暴力事件被害人性別及案件類型。

終結離婚事件共計40,894件，其中以民國98年之5,619件為最多，民國107年之3,270件為最少。

分析其離婚原因，以重大事由難以維持婚姻者占68.46%最多，惡意遺棄者占25.73%為其次，受他方虐待者占4.03%列第三。

由以上資料可知，自98年起至107年止離婚事件逐年下降的趨勢，離婚原因以難以維持婚姻之重大事由為最多，所占的比例高達68.46%[149]。

二、施行成效

民事保護令制度施行迄今經得到社會大眾的普遍重視，並有不少具體成效，茲依據上開統計資料及其他相關資料，將民事保護令制度之施行成效分述如下。

（一）司法方面

司法機關負有核發保護令及執行保護令之重責大任，在民事保護制度令中扮演極為重要之角色，其執法成效成為各方矚目之焦點，茲將司法方面之成效擇要加以論述如下。

1. 司法機關扮演積極介入角色

在家庭暴力防治法施行前，法院對於家庭暴力案件只能扮演消極被動之角色，唯有在當事人提起民事或刑事訴訟時，才能依當事人之請求或檢察官所起訴之犯罪事實加以裁判，而當事人最常提起之民事訴訟係請求離婚案件，最常提起之刑事訴訟係傷害罪案件。

在家庭暴力防治法施行後，司法院於民國88年6月17日號發布「法院辦理家庭暴力案件應行注意事項」，於民國88年6月10日訂定「緊急性暫時保護令聲請及聯繫作業程序」，並作成各種民事保護令之聲請狀及裁定書例稿，供當事人聲請保護令及法官辦理民事保護令事件參考之用，且於各地方法院設置電話專線，定期發布緊急性暫時保護令之保密代碼，使檢察官、警察機關及社政機關得為被害人聲請暫時性保護令，又為法官、書

---

[149] 司法院網站，首頁>查詢服務>電子書出版品>司法業務年報（107年度）>第五篇少年及家事部分>附表17 地方法院終結離婚事件離婚原因一按年別分。

記官等不定期舉辦有關家庭暴力防治法之研究講習會，法務部司法官訓練所亦於法官、書記官職前訓練中，安排關於家庭暴力防治之防治課程，使法官、書記官等辦理民事保護令案件相關人員，能嫻熟家庭暴力防治相關法令[150]。

司法院之統計資料顯示，自民國88年開始實施民事保護令制度至民國107年止共19.5年間，地方法院共受理39萬餘件民事保護令事件，共終結38萬餘件，足見每年法院受理及終結之民事保護令件數均高達1萬件以上。法院准許核發款項高達61萬餘項，核發最多者依序為禁止施暴令、禁止接觸令、遠離令[151]。由此統計資料可見，各地方法院辦理民事保護令之聲請事件時，終結件數比例相當高，核發比例亦相當高，核發之保護令救濟範圍，多係為保護受虐者，免受施暴者繼續為精神上及身體上之不法侵害。在此意義之下，可以說各地方法院多能依法核發民事保護令以保護被害人，由消極被動之傳統處理方式漸漸轉為積極主動之現代處理方式。

因此，司法機關藉由民事保護令制度及其他司法制度之實務運作，對於家庭暴力之防治已漸漸扮演積極介入角色，使被害人得到更多保護。

2. 民事保護令是家庭暴力被害人最常使用法律救濟途徑

大致而言，民事保護令具有下列優點：非訟程序簡便容易取得、在緊急狀況或非上班時間均可以得到即時救濟、救濟範圍多樣可以選擇所需、可以與其他訴訟程序配合應用、聲請人所負之舉證責任遠較刑事訴訟為輕等註[152]。因此，民事保護令在世界各國通常廣為家庭暴力之被害人使用。

上開司法院之統計資料顯示，自民國88年開始實施民事保護令制度至民國107年止共19.5年時間，法院共受理39萬餘件民事保護令事件，共終結38萬餘件，但法院在民國98年至民國107年共10年期間，終結家暴刑事案件（包含家庭暴力罪及違反保護令罪）僅近6千餘件。再者，自民國98年至民國107年共10年間地方法院共終結4萬餘件離婚事件，其中有一半以上

---

[150] 司法院，司法院落實家庭暴力法之回顧與展望，收於內政部家庭暴力防治委員會民國89年6月23日編印之保護令制度實施一週年檢討會資料，28頁、31至32頁。

[151] 司法院，同註146。

[152] Toplife，同註66，1047-1049頁。

之離婚原因並非基於家庭暴力。由以上資料可以看出，民事保護令制度實施後，已取代傳統之提起離婚等民事訴訟或傷害等刑事訴訟之法律救濟方式，而成爲家庭暴力被害人最常使用法律救濟途徑。

（二）警政方面

警察機關在民事保護制度令中，肩負聲請保護令與執行保護令之重任，其角色之重要並不亞於司法機關，茲將警政方面之成效擇要論述如下。

1. 警察機關採取積極主動處理案件方式

在家庭暴力防治法施行前，我國警察對於家庭暴力案件之處理，係採取傳統消極處理方式。由於我國刑法對於傷害、毀損、妨害自由、妨害名譽等罪多明定須告訴乃論，修正前之刑法對於性侵害犯罪亦規定爲告訴乃論，實務上對於婚姻強暴又採取不構成犯罪之見解，因此，警察在處理家庭暴力事件時，通常先問當事人是否要提出告訴，如果不願提出告訴，即報結案，有些僅註記於員警工作簿上備案，有些在少數需要緊急保護之場合，提供留宿或轉介之服務。如果當事人要提出告訴時，警察才會採取蒐集證物、製作筆錄、移送地檢署等措施，在需要緊急保護之情形，亦提供留宿或轉介服務。整體而言，警察之傳統處理態度十分消極被動，如果不告訴則不蒐證，即使提出告訴，其所採取之蒐證方法，主要是請被害人至醫院或診所取得驗傷單，其所製作之筆錄，並未有特定之格式，通常十分簡單[153]。

家庭暴力防治法施行後，內政部依舊家庭暴力防治法第52條規定，於88年6月22日訂定「警察機關執行保護令及處理家庭暴力案件辦法」，嗣於96年9月29日將此辦法修正名稱及全文爲「行政機關執行保護令及處理家庭暴力案件辦法」。「警察機關執行保護令及處理家庭暴力案件辦法」第2條規定：「在各直轄市、縣（市）警察局、警察分局應指定專責人員承辦家庭暴力防治業務。」依此規定，自民國90年6月15日起，全國各警察分局應指定一名警員擔任家庭暴力防治官，除專責辦理保護令聲請、資

---

[153] 高鳳仙，同註6，234頁。

料整理建制外，其職權尚包括：訪視被害人做外展工作、負責教育宣導、協助轉介諮商輔導單位、協助告訴事項，並聯繫各有關的社政、警政、醫療單位等。家庭暴力防治官成為家庭暴力防治體系的第一線，發現家庭暴力罪或違反保護令之行為時，可直接逮捕加害人現行犯，依家庭暴力防治法第50條第1項規定，應通報各縣市家庭暴力防治中心，違反通報規定者，依家庭暴力防治法第62條第1項規定，防治官可被科處6千元以上，3萬元以下罰鍰。

再者，依家庭暴力防治法第21條第1項規定，保護令之執行除特定命令應由法院、社政機關、戶政機關、學校或稅捐機關執行外，均由警察機關執行之。同條第2項規定，社政機關於必要時得請警察機關協助其執行暫時監護權令及加害人處遇計畫令。

同法第48條規定：「警察人員處理家庭暴力案件，必要時應採取下列方法保護被害人及防止家庭暴力之發生：一、於法院核發緊急保護令前，在被害人住居所守護、或採取其他保護被害人、或其家庭成員之必要安全措施。二、保護被害人及其子女至庇護所或醫療機構。三、告知被害人其得行使之權利、救濟途徑及服務措施。」依同法第29條規定，警察人員負有依法逮捕現行犯之義務，並有依法逕行拘提被告或犯罪嫌疑人之權利。此外，「警察機關執行保護令及處理家庭暴力案件辦法」第13條規定：「警察機關接獲法院核發之保護令，除本法（即舊家庭暴力防治法）第20條第1項但書外，應派員執行；必要時得通知被害人協助。」依「依行政機關執行保護令及處理家庭暴力案件辦法」第11條規定，警察機關執行保護令，對保護令所列禁止行為及遵守事項，應命當事人確實遵行。因此，警察機關負有依法積極主動被害人及執行保護令之義務。

依內政部所提出之「各市、縣（市）警察局處理家庭暴力案件月統計表」，自民國88年6月至89年5月，保護令制度實施近1年間，各直轄市、縣（市）政府警察局執行民事保護令件數共3,157件，受理違反保護令案件數共計286件，逮捕家庭暴力罪嫌疑犯計128人，逮捕違反保護令嫌疑犯計196人[154]。依內政部警政署之「警察機關處理家庭暴力案件統計表」，民

---

[154] 內政部家庭暴力防治委員會，同註12，14頁附件二。

國107年各直轄市、縣（市）政府警察局受理家庭暴力案件數共計73,477件，以警察機關名義代被害人聲請保護令共計16,616件，執行民事保護令件數共15,723件，違反保護令罪件數共計2,785件，逮捕家庭暴力罪現行犯計288人，逮捕違反保護令現行犯計1,199人[155]。

綜上所述，警察機關經由民事保護令之實務運作，對於家庭暴力案件之處理，已揚棄傳統之消極不介入處理策略，改採積極主動處理方式。

2. 警察人員成為被害人之第一線保護者

在家庭暴力防治法施行前，社工人員常居於最前線保護被害人之地位，警察人員充其量只有在刑事案件中負責調查、蒐證及移送地檢署之工作，偶爾扮演陪同社工人員至報案現場處理之角色。

依家庭暴力防治法第10條第2項及第12條第2項規定，警察機關與社政機關（即法條所定之直轄市、縣（市）主管機關）均有權為被害人聲請民事保護令。依「家庭暴力防治法施行後法院辦理家暴案件之統計分析」，自民國88年6月24日起至民國89年5月底止將近1年期間，通常及暫時保護令大多由被害人聲請，比率為72.37%，其次25.23%為警察機關提出，兩者比率合計為97.60%。緊急保護令多由警察機關提出聲請，其比率高達94.27%[156]。而依上開「107年度司法業務年報」，自民國88年6月24日民事保護令制度開始施行至107年底約19.5年間，各地方法院共終結387,878件民事保護令事件，其中被害人聲請344,561件（約占88.83%），警察機關聲請33,389件（約占8.6%），社政機關僅聲請3,736件（約占0.96%）[157]。依此統計資料，警察機關為被害人聲請民事保護令之件數，遠超過社政機關為被害人聲請保護令之件數。

上開資料顯示，自家庭暴力防治法施行後，家庭暴力之被害人向警察機關求助之情形激增，警察機關依法為被害人聲請保護令及執行保護令之

---

[155] 內政部警政署網站＞資訊公開＞出版品目錄＞107年警政工作年報第98頁：內政部警政署網站＞資訊公開＞警政統計＞警政統計通報＞108年1-6月警察機關受理家庭暴力案件情形，表2。

[156] 參見莊麗珍，家庭暴力防治法施行後法院辦理家暴案件之統計分析，89年司法統計專題分析彙編，4-54至4-58頁，司法院統計室民國90年5月編印。

[157] 司法院網站，首頁＞查詢服務＞電子書出版品＞司法業務年報（107年度）＞第五篇少年及家事部分＞附表38地方法院民事保護令聲請事件收結情形。

情形極為普遍，警察人員已漸漸成為被害人之第一線保護者，在緊急情況更是如此。

（三）社政方面

家庭暴力防治法對於社政機關在民事保護令制度中之角色扮演似乎著墨不多，在第2章民事保護令中，僅於第10、11條規定社政機關得為民事保護令之聲請人；於第13條規定法院於保護令事件審理終結前，得聽取社政機關或社會福利機構之意見、被害人得聲請社工人員陪同到庭；於第21條規定社政機關為特定命令之執行機關，該章對於警察機關及法院之規定遠較社政機關為多。事實上，如從家庭暴力防治法之整體規定而觀，社政機關在民事保護令制度中亦扮演極為關鍵之重要角色，茲將社政方面之重要成效分述如下。

1.成立專責單位

家庭暴力防治法施行後，中央政府與地方政府之社政機關均紛紛成立專責單位，中央政府設立家庭暴力防治委員會，地方政府設立家庭暴力防治中心，以處理民事保護令等家庭暴力有關業務。

(1)中央政府

①外國法制

在美國法制方面，許多州很早就有家庭暴力委員會（domestic violence council）之設置，許多委員會由各州之州長、首席檢察官（attorney general）或法院之行政官與家庭暴力庇護聯盟（domestic violence shelter coalition）合作而設立[158]，將家庭暴力被害人之服務機關或機構結合在一起。例如：德州之San Angelo市為增進家庭暴力及性侵害被害人之服務效能而成立家庭暴力委員會，在設立後不到一年內，該委員會已對於警察人員之訓練課程及家庭暴力之相關會議提供贊助，並且為警察人員謀得照相機，使其能將被害人之受害情形及犯罪現場拍照存證，對於此類案件之偵

---

[158] Buel, Sarah M., 同註22，115頁。 Fiscal Year 1997 Commerce Justice Appropriations: Hearing Before the House Committee on Appropriations, Subcommittee on Commerce, Justice, State, and the Judiciary and Related Agencies, 104th Cong. 1290, 1304-05(Apr. 18, 1996).

查起訴以及降低自殺率，產生莫大助益[159]。俄勒岡州於西元1994年成立全州性之俄勒岡家庭暴力防治委員會（Oregon Domestic Violence Council），委員係由各種與家庭暴力有關領域之專業人士所擔任，在州長之領導下，委員會致力於協調整合處理家庭暴力之各機關團體，制定家庭暴力事件之處理手冊，並發展全州性之計畫以確保被害人安全資源，委員會對於俄勒岡州之防治家庭暴力工作，已經產生巨大的影響[160]。

此外，美國模範家庭暴力法第501條亦規定：設立州家庭暴力諮詢委員會（state advisory council on domestic and family violence）以下列方式增進對於家庭暴力及其影響之認識與瞭解，並減少家庭暴力事件之發生：A.提高服務家庭暴力被害人之公私立機構對於家庭暴力之辨識及介入效能；B.提供大眾教育；C.促進提供家庭暴力被害人保護計畫（programs for victims of domestic and family violence）及加害人介入計畫（intervention programs for perpetrators）之公私立機構間之聯繫；D.提供公私立機構發展全州之處理程序及社區教育；E.發展關於家庭暴力之廣泛的整體資料蒐集計畫，供法官、檢察官、執法人員、醫護人員及其他政府機關相互參酌，並保密家庭暴力被害人之身分；F.促進地方家庭暴力委員會之設立，並扶助已設立之地方家庭暴力委員會[161]。

②已裁撤之內政部家庭暴力防治委員會

我國家庭暴力防治法仿美國法制，於舊法第5條及第4條規定：內政部「應」設立家庭暴力防治委員會，作為家庭暴力防治法之主管機關，其職掌範圍包括研擬全國性之家庭暴力防治法規及政策，以及協調、督導及考核全國各有關機關家庭暴力防治事項之執行等。

依此規定，內政部先以中華民國88年4月9日內政部台（88）內社字第

---

[159] Buel, Sarah M., 同前註，116頁。 Becknell, Bob, SanAngelo Has Been Homicide-Free Since June 1996, San Angelo Standard Times, Jan. 4, 1998; Dial, Marla, Coalition of Agencies Band to Smooth Way for Victim Assistance, San Angelo Standard Times, May 22, 1997.

[160] Carson, Jr., Wallace P., Domestic Violence: The Ultimate Oxymoron, 33 Willamette Law Reviews 770(1997); Oregon Domestic Violence Council, Oregon Protocol Handbook: A Collaborative Approach to Domestic Violence 3(1996).

[161] National Council of Juvenile and Family Court Judges, 同註11，39頁。

8888969號令訂定「內政部家庭暴力防治委員會組織規程」，旋於民國88年4月23日成立「內政部家庭暴力防治委員會」，以結合司法、法務、社政、警政、衛生等相關機關共同推動家庭暴力防治工作。

民國88年6月24日民事保護令制度施行後，內政部家庭暴力防治委員會於民國88年8月3日召開「家庭暴力防治法實務研討會」，以瞭解、協調及解決第一線處理人員執行家庭暴力案件之困境。嗣委員會要求中央及地方政府成立跨部會（單位）之聯繫工作會報，於民事保護令實施初期（1年內）至少每3個月開會一次，將各地方政府所遭遇之執行面及協調面問題提報中央聯繫工作會報，以研討解決方案[162]。此外，委員會擬定「督導地方政府推動家庭暴力防治工作計畫」，分3階段實施，第2階段自民國89年7月19日起至民國89年9月2日，分別於臺北市、臺中縣、臺南市及花蓮縣召開「推動家庭暴力防治工作經驗交流分區座談會」，讓司法、檢察、警政、醫療與社政單位五大部門透過討論、溝通與對話，進一步建立共識，並蒐集各部門在推動家庭暴力防治法之困境與修法意見[163]。會中各部門對於民事保護令制度討論相當熱烈，提供不少意見與建議，有助於民事保護令制度之施行。

嗣後內政部於民國91年7月24日將「內政部家庭暴力防治委員會」與「內政部性侵害防治委員會」合併，成為「內政部家庭暴力及性侵害防治委員會」，以辦理協調政府各部門辦理性侵害犯罪及家庭暴力防治業務，及輔導各地方政府成立家庭暴力暨性侵害防治中心等業務。

民國96年修正之家庭暴力防治法第4條，將家庭暴力防治法之主管機關由家庭暴力防治委員會改為內政部，第5條將原屬於家庭暴力防治委員會的職掌範圍改為由內政部辦理，於第2項規定：「中央主管機關辦理前項事項，應遴聘（派）學者專家、民間團體及相關機關代表提供諮詢，其中學者專家、民間團體代表之人數，不得少於總數二分之一；且其女性代表人數不得少於總數二分之一。」依此規定，內政部家庭暴力防治委員會

---

[162] 內政部家庭暴力防治委員會，同註12，4頁。

[163] 內政部家庭暴力防治委員會，推動家庭暴力防治工作經驗交流分區座談會會議資料及實錄，1頁，89年11月編印。

性質上究竟係屬於諮詢性之任務編組，或係屬於內政部之內部單位，並不十分明確。

雖然家暴法明定，內政部應成立家庭暴力防治委員會，但行政院在完成家暴法之修法程序前，卻以公告將內政部家庭暴力防治委員會自102年7月23日起裁撤。

③衛生福利部保護服務司

102年7月23日「衛生福利部」成立，依102年7月19日行政院院台規字第1020141353號公告，家暴法第4條所列屬「內政部」之權責事項，自102年7月23日起，改由「衛生福利部」管轄。遲至104年始修正家庭暴力防治法第4條，將中央主管機關由內政部改為衛生福利部。

衛生福利部成立後，並未在該部成立家庭暴力防治委員會，僅下設「保護服務司」以辦理家庭暴力、性侵害、性騷擾防治與老人、身心障礙者、兒少保護及兒少性交易防制政策規劃、法規研訂與被害人保護服務方案、教育宣導及研究發展之規劃、推動及督導事項，業務範圍涵蓋原內政部家庭暴力及性侵害防治委員會、社會司及兒童局之保護性業務。

因此，已裁撤之內政部家庭暴力及性侵害防治委員會之業務，原則上由衛生福利部下設之專責單位保護服務司接掌。

④衛生福利部家庭暴力及性侵害防治推動小組

衛生福利部訂定「衛生福利部家庭暴力及性侵害防治推動小組設置要點」，自102年7月23日生效。該要點第1點規定：「衛生福利部（以下簡稱本部）為研擬、協調、督導、研究、諮詢及推動家庭暴力、性侵害及其他性別暴力防治事項，特設家庭暴力及性侵害防治推動小組（以下簡稱本小組）。第2條規定：「本小組任務如下：一、家庭暴力及性侵害防治政策之研擬、協調、督導、研究、諮詢及推動事項。二、家庭暴力及性侵害防治業務發展、保護工作之整合規劃事項。三、其他性別暴力防治相關事項。」

因此，衛生福利部為研擬、協調、督導、研究、諮詢及推動家庭暴力、性侵害及其他性別暴力防治事項，成立衛生福利部家庭暴力及性侵害防治推動小組，其主任委員由衛生福利部部長兼任，其餘委員由跨院部會

之機關代表、民間團體及專家擔任，委員及工作人員均為無給職，性質上係任務編組。

(2)地方政府

①家庭暴力防治委員會

家庭暴力防治法舊條文第7條規定：各地方政府「得」設立家庭暴力防治委員會，並列舉其職掌範圍包括研擬地方性家庭暴力防治法規及政策，以及協調、督導及考核地方政府有關機關家庭暴力防治事項之執行等。民國96年之修法條文第7條將「得」設立改為「應」設立，並將其性質定位為諮詢性之任務編組，明定委員會之業務為「協調、研究、審議、諮詢、督導、考核及推動家庭暴力防治工作」，其組織及會議事項由地方主管機關定之。

事實上，「臺北市政府家庭暴力防治委員會」比「內政部家庭暴力防治委員會」更早成立，可以說是全國最早成立之家庭暴力防治委員會，亦即，在家庭暴力防治法尚未經立法院三讀通過時，臺北市政府即於民國87年2月21日制定「臺北市家庭暴力防治委員會設置要點草案」，其後經過幾次修正，目前「臺北市政府之家庭暴力防治委員會」已與「性侵害防治委員會」合併，稱為「臺北市家庭暨性侵害防治委員會」。

許多地方政府已陸陸續續設置家庭暴力防治委員會，這些委員會多與性侵害防治委員會合併，也有與性侵害及性騷擾委員會合併者，例如臺中縣政府於民國95年2月間成立「臺中縣家庭暴力性侵害及性騷擾防治委員會」。

②家庭暴力防治中心

依家庭暴力防治法第8條規定，各級地方政府應各設立家庭暴力防治中心，並結合警政、教育、衛生、社政、民政、戶政、勞工、新聞等機關、單位業務及人力，並協調司法相關機關，辦理該條第1項所定之各款措施。家庭暴力防治中心得與性侵害防治中心合併設立，並應配置社工、警察、衛生及其他相關專業人員；其組織規程由地方主管機關定之。

家庭暴力防治法施行後，臺北市、高雄市及臺閩地區23個縣市政府已相繼設立家庭暴力防治中心，提供被害人上開條文所定之各項服務，並辦

理家庭暴力防治相關事宜。各級地方政府鑑於組織精簡原則，均將家庭暴力防治中心與原先設立之性侵害防治中心組織架構整併，以統整之人力、經費推動家庭暴力防治工作[164]。

依據內政部家庭暴力防治委員會之統計資料，自民國88年7月起至民國89年5月止，各級地方政府家庭暴力防治中心所受理之通報件數共計20,312件，諮詢件數共計63,944件，開案件數共計13,659件[165]，求助個案為數甚鉅。雖然自民國88年6月至民國89年5月止之各級地方法院民事保護令終結事件計7,733件中，社政機關為聲請人者僅62件，為數不多[166]。民國101年1月至12月政府各單位接獲通報計134,250件，其中由防治中心通報者僅561件，由113專線通報者24,243件，均低於警政單位52,711件及醫院38,603件[167]。但家庭暴力防治中心及其他社政單位所提供之諮詢、法律扶助及轉介等各項服務，對於民事保護令事件制度之施行也有相當重要的正面影響。

2. 建置整體資料庫

家庭暴力防治法第5條第1項第7款規定：內政部應「統籌建立、管理家庭暴力電子資料庫，供法官、檢察官、警察、醫師、護理人員、心理師、社會工作人員及其他政府機關使用，並對被害人之身分予以保密。」同條條第3項規定：「第一項第七款規定電子資料庫之建立、管理及使用辦法，由中央主管機關定之。」

此條規定係參考美國模範家庭暴力法第501條第2項第5款之規定，此第5款之立法理由為：委員會應與政府各有關機關會商，發展廣泛及協調之資料蒐集計畫（a comprehensive and coordinated plan of data collection），將中央及地方政府各相關機關之下列資料予以蒐集：關於家庭暴力之發生（incidence）、情況（circumstances）及結果

---

[164] 內政部家庭暴力防治委員會，同註12，3頁。

[165] 同前註，13頁附件一。

[166] 同前註，15頁附件三。

[167] 衛生福利部保護服務司，統計資訊，101年度家庭暴力事件通報統計，家庭暴力通報單位數分析。http://www.mohw.gov.tw。

（consequences），因為欠缺此種資料，將很難正確地評估介入之效能，也很難找出各制度間或各制度內之障礙。資料之蒐集、分析及報導應以不洩漏被害人身分之方式為之[168]。

此外，家庭暴力防治法第18條第1項規定：「保護令除緊急保護令外，應於核發後24小時內發送當事人、被害人、警察機關及直轄市、縣（市）主管機關。」同條第2項規定：「直轄市、縣（市）主管機關應登錄法院所核發之保護令，並供司法及其他執行保護令之機關查閱。」

依上開法律規定，法院核發保護令時，應於核發後24小時內發送地方政府主管機關，地方政府主管機關應將保護令登錄，隨時供法院、警察機關及其他政府機關查閱。內政部應統籌家庭暴力之整體資料，建立整體資料庫，此資料衡情應包括各法院所核發之保護令，供法官、檢察官、警察人員、醫護人員、社工人員及其他政府機關使用。

內政部家庭暴力防治委員會已經建立全國家庭暴力資料庫。事實上，整體資料庫之建立極為重要，可以使法官、檢察官、警察、醫療人員、社政人員及其他政府機關，在處理民事保護令事件及其他與家庭暴力有關之民刑事訴訟或非訟事件時，隨時取得家庭暴力事件之相關資訊，作為辦理案件之重要參考或審酌資料。更重要的是，藉由整體資料庫之建立，法院及其他民事保護令之執行機關，在辦理執行保護令事件時，可以隨時隨地迅速地透過該資料庫查閱下列資料：保護令之核發時間、核發內容存續期間是否已經屆滿、保護令裁定是否經原法院撤銷或變更、是否經上級法院廢棄、聲請人是否撤回保護令之聲請等，以免執行已經失效或無效之保護令，對於執行相對人之權益造成損害。

3. 設立探視處所

法院核發通常保護令時，依家庭暴力防治法第14條第1項第7款規定，可以定暫時探視權，依同法第45條第1項第1款及第2款規定，可以命於特定場所交付子女，及命由第三人或機關團體監督探視。此外，同法第46條第1項規定：「直轄市、縣（市）主管機關應設未成年子女會面交往處所

---

[168] National Council of Juvenile and Family Court Judges, 同註11，39-40頁。

或委託其他機關（構）、團體辦理。」同條第2項規定：「前項處所，應有受過家庭暴力安全及防制訓練之人員；其設置、監督會面交往與交付子女之執行及收費規定，由直轄市、縣（市）主管機關定之。」

宜蘭縣政府依舊家庭暴力防治法第38條（現行法第46條）規定，率先於民國89年6月1日發布「宜蘭縣家庭暴力加害人與其未成年子女會面交往處所設置辦法」。其他地方政府亦相繼訂定相關行政法規，例如：臺北市政府於89年7月31日發布「臺北市家庭暴力事件未成年子女會面處所設置辦法」，於89年9月29日發布「臺北市監督家庭暴力事件未成年子女會面交往與交付子女處理規則」，規定監督探視及交付子女之程序；苗栗縣政府於89年4月18日發布「苗栗縣政府家庭暴力事件未成年子女會面交往處所設置辦法」等。依內政部之統計資料，至民國89年6月止，已有宜蘭等7個縣市政府成立探視處所，未成立者則責成提供現有之相關處所，如：家庭暴力防治中心、兒童福利服務中心等作為探視之用[169]。現今各地方政府均已設立探視處所。

探視中心或探視處所之設立，使法院於核發暫時探視權令時，可以命於探視處所依特定程序交付子女，使加害人與被害人不必見面即可完成交付子女之程序，縱使係由加害人及被害人當面交付子女，在探視處所為之比較可以確保被害人之安全，也比較能防止發生搶奪子女之情形。此外，法院也可以命加害人於探視處所內由監督人監督探視，一方面使監督探視在適當場所進行，另一方面較可以確保監督人、被害人及其子女之安全。

（四）醫療方面

醫療機關在家庭暴力防治法之民事保護令制度有關規定中雖然著墨不多，但在加害人處遇計畫中扮演主導角色，其重要性可想而知。關於醫療方面之主要成效在於訂定加害人處遇計畫規範，使加害人處遇計畫令得以依法核發與執行。

家庭暴力防治法第54條規定，中央衛生主管機關應訂定家庭暴力加害人處遇計畫規範，其內容包括：1.處遇計畫之評估標準；2.司法機關、

---

[169] 內政部家庭暴力防治委員會，同註12，5頁、17至18頁附件四。

家庭暴力被害人保護計畫之執行機關（構）、加害人處遇計畫之執行機關（構）間之聯繫及評估制度；3.執行機關（構）之資格。

依此規定，行政院衛生署於中華民國88年6月22日以（88）衛署醫字第88036235號公告訂定發布「家庭暴力加害人處遇計畫規範」，全文共12點；嗣於中華民國90年2月1日修正發布全文24點，於97年6月6日修正發布全文19點。

依加害人處遇計畫規範規定，處遇計畫執行機關（構）應具下列資格之一：1.經中央衛生主管機關醫院評鑑合格並設有精神科門診或精神科病房者。2.經中央衛生主管機關精神科醫院評鑑合格者。3.經中央衛生主管機關指定之藥癮戒治醫療機構。4.經直轄市、縣（市）政府指定之相關機關（構）或團體（第2條）。

依加害人處遇計畫規範規定，法院於民事保護令事件審理終結前，為決定是否依家庭暴力防治法第14條第1項第10款規定核發通常保護令命加害人完成加害人處遇計畫，得檢送聲請書狀影本及其他相關資料，請地方主管機關提出相對人有無接受處遇計畫必要及其建議之書面意見（第5點）。地方主管機關應檢視相關資料，指定相對人評估小組成員二人以上，以面談、電話訪談或書面資料評估等方式，作成上開書面意見（第7點）。評估小組成員應具備下列資格之一：1.精神科專科醫師。2.心理師。3.社會工作人員、少年調查官、少年保護官或觀護人（第6點）。評估人員應依相對人之身心狀況及參考相關危險評估量表，視其有無精神狀態表現異常、酗酒、濫用藥物、人格違常或行為偏差等及其與家庭暴力有無因果關係，並依其家庭暴力行為之嚴重度及再犯危險性等，評估相對人應否接受處遇計畫，並作成處遇計畫建議書（第8點）。地方主管機關應於接獲法院通知後，於3日內將相關資料送交評估人員，並於評估之日起7日內將處遇計畫建議書送交法院（第9點）。

依加害人處遇計畫規範規定，法院核發通常保護令命加害人完成加害人處遇計畫後，該加害人處遇計畫令之執行程序如下：1.地方主管機關接獲法院命相對人接受加害人處遇計畫之裁定後，應即安排適當之處遇計畫執行機關（構）及開始接受治療或輔導之期日，並通知加害人及其代理

人、處遇計畫執行機關（構）、被害人及其代理人或執行保護管束之地方法院檢察署（第10點第1項）。2.加害人接獲地方主管機關通知後，應依指定期日至處遇計畫執行機關（構）報到，並依法院裁定內容完成處遇計畫。加害人未依指定期日報到者，處遇計畫執行機關（構）應於一週內通知加害人至少2次，其仍未報到者，應填報「家庭暴力加害人到達／未到達執行機構通報書」，立即通報地方主管機關（第10點第2項）。3.執行機關（構）認加害人處遇計畫有延長、縮短其期間或變更內容之必要時，應敘明理由及建議意見，填妥「家庭暴力加害人特殊狀況通報書」，通報地方主管機關。直轄市、縣（市）主管機關接獲上開通報，應即通知當事人及被害人，當事人或被害人得依家庭暴力防治法第15條第2項規定向法院聲請撤銷、變更或延長通常保護令（第11點）。4.地方主管機關接獲處遇計畫執行機關（構）通知加害人有不接受處遇計畫、接受時數不足或不遵守處遇計畫內容情事，且明顯於保護令裁定期限內，明顯無法完成處遇計畫，或有恐嚇、施暴等行為時，應即通知警察機關或地方法院檢察署（第12點）。處遇計畫執行機關（構）應於加害人完成處遇計畫10日內，填報「家庭暴力加害人完成處遇計畫書」，通報地方主管機關（第13點）。

由於加害人處遇計畫規範之訂定，將加害人處遇計畫之執行機構、鑑定程序及執行程序均明文加以規定，一方面使法院核發通常保護令時，可以參酌地方主管機關之處遇計畫建議書，作出准許或不准許核加害人處遇計畫令之妥適裁定，另一方面在法院准許核發後，加害人處遇計畫令可以依法執行。

（五）其他方面

除司法、警政、社政及醫療等單位各有其上開具體成效外，尚有較為重要之成效如下所述。

1. 有利家庭重建

由於家庭暴力防治法讓法官有權利將加害人趕出家門，有不少人擔心是否可能因而激化家庭對立。

依據司法院編印之「107年度司法業務年報」，自民國98至民國107年

10年間，地方法院終結離婚事件共計40,894件，自民國99年至102年間每年均為4千餘件，103年降至3千餘件，以後逐年下降，至107年降至3,270件[170]。上開統計資料顯示，民事保護令制度之實施並未激化家庭對立。司法院之分析亦指出，離婚事件因個人權利意識高漲而有逐年增加的趨勢，並未指出與民事保護令制度或家庭暴力防治法之實施有何關聯[171]。

　　由於目前迄無任何資料可以看出保護令制度可能激化家庭對立或造成家庭衝突，所有關於民事保護令制度會激化家庭對立之論點，可以說是主觀臆測或妄加論斷，並無可信之調查或統計資料可為憑據。事實上，許多被害人其實並不願意讓加害人接受刑事處罰，因為害怕加害人會給予報復，加害人如果有犯罪紀錄可能失去工作而無法負擔家計，多數被害人所在意的是終止暴力行為而非處罰加害人[172]。家庭暴力防治法之民事保護令制度為家庭暴力之被害人，開啟另一種可以選擇之救濟途徑，使被害人可以選擇採取讓加害人暫時離家之溫和手段以終止暴力行為，避免採取提起離婚、傷害罪告訴或自訴等激烈手段，而且在暫時隔離期間，民事保護令制度還有讓加害人接受治療或輔導之功能，有些加害人之施虐習性因而改變，家庭暴力問題得到根本解決，不會因暴力日益嚴重而釀成家人互相殺害之悲劇。因此，民事保護令制度不但不會造成家庭對立，有時還改善加害人之施暴習性，徹底解決家庭衝突，讓瀕臨破裂或已經破裂的家庭，重新建造為脫離暴力陰影之和樂家庭。

2. 形成防治網絡

　　在家庭暴力防治法施行以前，司法、社政、警政、醫療等機關可以說是各自為政，彼此不常聯繫互動。

　　家庭暴力防治法施行後，透過民事保護令制度之運作，警察機關依法為被害人聲請及執行保護令，法院依法核發及執行保護令，社政機關已依法設立家庭暴力防治委員會、家庭暴力防治中心、探視場所及建置整體

----

[170] 司法院網站，首頁>查詢服務>電子書出版品>司法業務年報（107年度）>第五篇少年及家事部分>第二章 家事事件 附表17 地方法院終結離婚事件原因－按年別分。

[171] 同前註，第五篇少年及家事部分>第二章 家事事件第961頁。

[172] Finn, Peter, 同註108，44頁。

資料庫，醫療機關制定加害人處遇計畫規範，使加害人進入計畫中接受治療或輔導。因此，司法、警察、社政及醫療機關在保護令制度中，各盡其責，彼此搭配聯繫，使防治網絡漸漸形成，一方面保護被害人及其子女之安全，另一方面讓加害人接受治療輔導，對於家庭暴力問題採取更為主動積極及徹底防治的處理方式。

三、施行困境

民事保護令制度施行迄今雖有不少具體成效，但也有許多施行困境，並招致各方批判。茲依據上開統計資料及其他相關資料，將民事保護令制度之施行困境分述如下。

（一）司法方面

法院係民事保護令之核發機關，其在核發保護令時已招致不少批評，其中較為重要者，係關於保護令之核發速度與核發內容。

1. 裁定與送達保護令之速度過於緩慢

依司法院之「107年司法業務年報」統計資料，臺灣各地方法院民國88年6月至民國107年12月止之民事保護令之終結件數共計387,878件，終結事件中平均1件所需日數為36.59日。其中通常保護令所需日數為44.52日，暫時保護令所需日數為20.55日，緊急保護令所需日數為2.08日[173]。

依家庭暴力防治法第16條第4項規定，緊急保護令應於4小時內核發，但實際上緊急保護令自民國88年9月起至民國107年止之平均結案日數卻高達約2日，顯然不合法律規定。

關於暫時保護令及通常保護令，家庭暴力防治法並未明定其核發期限，依司法院於民國89年11月8日修正「各級法院辦案期限實施要點」第2條第11款規定（此款規定於101年8月27日刪除），民事通常保護令事件自收案之日起逾3個月（99年2月1日修正為逾4個月）尚未審結，民事暫時保護令自收案之日起逾2個月尚未審結，始由院長負責督促迅速辦理，並

---

[173] 司法院網站，首頁>查詢服務>電子書出版品>司法業務年報（107年度）>第五篇少年及家事部分>第三章 家庭暴力防治法事件 附表41-1 地方法院民事保護令聲請事件經過時間。

按月填具遲延案件月報表層報司法院。依司法院於101年5月31日發布於6月1日施行之「少年及家事法院審理期限規則」第3條第1項第6款規定，民事通常保護令及其抗告事件逾4個月，民事暫時保護令及其抗告事件逾2個月，民事緊急保護令之抗告事件逾2個月，尚未終結者，除由院長負責督促迅速辦理外，並按月填具遲延案件月報表，層報司法院。自民國88年9月起至民國107年止之通常保護令平均結案日數為40餘日，暫時保護令之日數為近20日，雖然並未逾上開辦案期限之規定，但30萬餘件終結案件中，超過3個月未結案件仍高達約1萬餘件，超過6個月未結者也有1千餘件。而且，各地方法院民國88年6月至民國107年12月止終結事件中平均1件所需日數雖為36.59日，但臺南地院卻高達46.18日，臺北、士林、桃園、苗栗、彰化等地院及高雄少家法院均超過40日[174]，所以仍然不符社會期望。批評者認為，平均一件保護令要耗費近40日才能審理終結，還不一定能夠核發，再加上完成保護令之送達程序所須時間，保護令恐怕只能成為「遲來的正義」，功能難以發揮。[175]

民事保護令事件係屬非訟事件，其主要功能係對於家庭暴力之被害人及其子女提供即時的暫時性保護，在緊急情況下，應掌握時效，儘速核發與送達，在非緊急情況下，也應依法儘速處理。有些外國法院係在24小時內核發保護令，例如：俄亥俄州法律規定，聲請人聲請一造保護令時，法院應於聲請當日開一造審理庭，如於該審理庭中認為已證明有正當理由時，得核發暫時保護令[176]，與這些法院相比較，我國法院核發保護令之速度實在過於緩慢。法院核發與送達保護令之速度有不合法律規定或不符社會期望之現象，其原因大致包括：法官案件負荷量過重、某些法官對於家庭暴力存有迷思、家庭暴力案件之證據較難取得[177]、法官對於暫時保護令

---

[174] 司法院網站，首頁>查詢服務>電子書出版品>司法業務年報（107年度）>第五篇少年及家事部分>第三章 家庭暴力防治法事件 附表40-1 地方法院民事保護令聲請事件經過時間。

[175] 李仰欽，家庭暴力防治法民事保護令之現況討論，全國律師11月號，民國89年11月，10頁。

[176] Ohio Rev. Code §3113.31(D)(i).

[177] 柯麗萍，保護令真的保護了遭受到虐待的婦女嗎？律師雜誌5月號，第248期，民國89年5月，65至66頁。

事件卻以通常保護令條件審理[178]、家庭暴力防治法對於民事保護令事件之相關規定不夠明確、法院分案及報結等行政作業過於繁瑣緩慢等等。考其原因，有些屬於承辦法官主觀看法問題是否正確及專業訓練是否足夠問題，有些屬於司法行政問題，有些則是屬於法律修正問題。這些問題通常都不能於短期內加以解決，而且也不容易克服困難，應列為長期努力的目標。

2. 裁定主文滋生問題

依上開「107年度司法業務年報」，自民國88年6月24日至民國107年底約19.5年間，臺灣各地方法院准許核發保護令件數約占終結件數62.10%，約占裁定終結件數83.35%[179]。上開數據顯示，核發比例似乎相當高。

不過，此種核發比率之計算其實並不精確，原因是各地方法院對於民事保護令為裁定時，依司法院所頒布之「法院辦理家庭暴力案件應行注意事項」第21條第2項規定：「法院核發保護令之內容與聲請人聲請之內容不符時，無須於主文為駁回該部分聲請之諭知」，法院之裁定主文中並不會為部分駁回之諭知。因此，縱使當事人聲請家庭暴力防治法第14條第1項所定13款保護令全部或其中數款時，如法院僅准許核發其中1款保護令，或對於所聲請之保護令均不准許而逕自核發當事人所謂聲請之保護令時，法院均不會於裁定主文中為部分駁回之諭知，所以在統計數字上即算為全部准許而非部分准許，核發比率因而有虛胖或灌水現象產生。

關於民事保護令之裁定主文是否應為部分駁回之諭知問題，有不同見解，採否定說認為：法院依家庭暴力防治法第14條第1項規定，既可依職權核發民事保護令，所以民事保護令之聲請，不論當事人聲請多少款保護令，僅能看成是一種請求，故法院只要有依聲請或依職權核發一款以上保護令情事，均不必於主文內為部分駁回之諭知。採肯定說者認為：家庭暴

----

[178] 財團法人民間司法改革基金會，家庭暴力防治法實施週年司法程序調查報告，司法改革雜誌第28期，民國89年8月，32頁。

[179] 司法院網站，首頁>查詢服務>電子書出版品>司法業務年報（107年度）>第五篇少年及家事部分>第三章 家庭暴力防治法事件第972頁。

力防治法第14條第1項規定所定之各款命令，法院雖可依職權核發，但仍應看成是多種請求而非一種請求，所以當事人聲請之各款保護令，法院如有部分不准許情事，或有全部不准許而依職權核發當事人所未聲請之保護令時，即應於裁定主文內為當事人聲請部分駁回或全部駁回之諭知。

筆者贊同肯定說，理由如下：(1)家庭暴力防治法第14條第1項所載之各款命令，不僅款項繁多，而且性質各異，有些屬於金錢給付請求，有些屬於行為或不行為之請求，有些屬於財產性質，有些則非財產性質，實在不宜單純看成是一種請求；(2)執否定說者認為：將各款命令看成是一種請求，可以讓法院所核發之同一事件之民事保護令達到同時生效之效果。然而，民事保護令依家庭暴力防治法第15條第1項及第16條第6項規定，係自核發時開始生效，聲請人所為聲請經原法院部分准許時，該准許部分係自原法院核發裁定時開始生效，聲請人如就原裁定不准許部分提出抗告，抗告法院依抗告人之聲請或依職權再核發原法院所未核發之命令時，該命令自抗告法院核發時開始生效，仍會產生同一事件之民事保護令有不同時生效之情形產生。故採否定說者並無法達成同一事件之各款命令應同時生效之目的；(3)在實務運作上，並非所有得依職權而為之請求，均屬不得為部分駁回諭知者。例如：依民法第252條規定，法院得依聲請或依職權核減違約金，當事人聲請核減違約金時，法院如認為其請求核減之金額太高而僅應部分准許時，仍應於判決主文中為部分駁回之諭知；(4)法院於裁定理由中有聲請人所聲請之各款命令部分或全部不應准許之記載，於裁定主中卻無任何關於駁回聲請之記載，裁定主文與理由易生矛盾或不符之問題；(5)裁定主文中無聲請駁回之記載，從統計數字看來，會產生上述准許比率虛胖或灌水現象，也可能讓聲請人誤以為其所為聲請業經法院全部准許，而不得就法院所未准許部分之聲請提出抗告，如因而錯失抗告機會，對於聲請人之權益產生相當不利之影響。

3. 法院核發標準不一

若以核發件數除以核發及駁回總件數計算，依司法院之「107年度司法業務年報」統計資料，自民國88年6月至民國107年12月，各地方法院民事保護令之核發率仍是高低不一，以澎湖地院91.39%（核發1,349件，駁

回127件）爲最高，桃園地院71.41%（核發17,903件，駁回7,167件）爲最低[180]，二者相差約20%。因此，外界對於法院核發民事保護令遂有法院核發標準不一，不同法官對於家庭暴力案件所採取之心證並不一致，令人無所適從的批評[181]。

　　由上開統計資料看出，各地方法院之民事保護令核發率最高與最低差距約20%，不可謂不大。法院判決之所以如此歧異之原因，除與案件繁簡程度不一有關外，通常與法官對於民事保護令事件之證據要求程度、家庭暴力問題之認知、民事保護令制度之立法目的、被害人人身安全之重視程度、加害人人權之重視程度等，均有相當大的關係。除此之外，家庭暴力防治法對於各種民事保護令之審理程序，及舉證標準並未加以明確規定，使法官有許多解釋法律之空間，而引發不少爭議，諸如：民事保護令事件是否有法律不溯及既往原則之適用？民事保護令之核發是否應以「有繼續發生家庭暴力之危險」爲要件？通常保護令事件與暫時保護令事件是否應有不同之審理程序？暫時保護令之聲請人是否僅負「釋明」責任而通常保護令之聲請人則應負「證明」責任？等問題，均曾引起法官與律師或社工人員間相當不同之見解。

　　法官依據法律對於具體個案爲獨立之審判，本於審理案件所得之心證作出彼此歧異的判決，再由上級法院就上訴或抗告案件，對於原判決或原裁定作成維持或廢棄之裁判，本爲法之所許，這也是法官獨立審判的可貴之處，而且也可藉此看出審級制度存在的價值。不過，法院之裁判如果過於歧異，仍會讓人有無所適從之感，應儘量加以避免。要解決此一問題，除了加強法官家庭暴力防治之在職訓練、舉辦研討會或座談會凝聚共識外，家庭暴力防治法之修正也是必須採取的途徑。

---

[180] 司法院網站，首頁>查詢服務>電子書出版品>司法業務年報（107年度）>第五篇少年及家事部分>第三章 家庭暴力防治法事件 附表38 地方法院民事保護令聲請事件收結情形。

[181] 李伃欽，同註175，9頁；財團法人民間司法改革基金會，同註178，33頁；賴芳玉，律師協助聲請保護令問題之研討，收於內政部家庭暴力防治委員會民國89年6月23日編印之保護令制度實施一週年檢討會資料，42頁。

（二）警政方面

警察機關係保護令之聲請與執行機關，但不論在保護令之聲請或保護令之執行上，警察機關均遭受許多批評。

1. 聲請民事保護令之比率偏低及下滑

依上開「家庭暴力防治法施行後法院辦理家暴案件之統計分析」，自民國88年6月24日至民國89年5月底止，臺灣各地方法院所辦理之民事保護令事件，緊急保護令雖多由警察機關提出聲請，其比率高達94.27%，但通常及暫時保護令則大多由被害人聲請，比率高達72.37%，由警察機關提出聲請者僅占25.23%。依司法院之「107年度司法業務年報」統計資料，自民國88年6月至民國107年12月，各地方法院所辦理之民事保護令事件（包括三種保護令在內）大多由被害人聲請，比率高達88.83%，警察機關聲請之比率僅占8.6%，且以緊急保護令為主，其餘聲請案件，被害人縱然向警察機關求助，警察機關亦多協助被害人以自己名義聲請[182]。

關於警察人員為被害人請保護令比率偏低及下滑的原因很多，大致包括：警察人員法律知識不足，不知如何依家庭暴力防治法聲請保護令[183]、警察人員認為家庭暴力不是犯罪問題，而不重視家庭暴力案件、警察機關之「績效制度」使員警處理家庭暴力事件之意願降低[184]、警察人員工作繁重不願經常到法院出庭應訊或通知補正資料等[185]。

有研究資料顯示，臺北市員警對於家庭暴力案件之處理方式是：不管是員警至現場處理案件，或是婦女自行前來警局要求保護，倘若員警認為婦女所面臨之狀況和證據顯示並無急迫危險，則會協助婦女填具聲請保護令所需書面資料，請她們自行到法院聲請暫時保護令或通常保護令。至於員警認為不屬於急迫危險情況，而傾向不考慮為被害人聲請緊急保護令

---

[182] 司法院，同註180。

[183] 陳麗玲，家庭暴力防治法施行後問題探討，新竹律師會刊，第4卷第4期，88年10月，26頁。

[184] 廖美鈴，「推動家庭暴力防治工作經驗交流分區座談會」專題報告，收於內政部家庭暴力防治委員會編印之「推動家庭暴力防治工作經驗交流分區座談會議資料及實錄」，89年11月4日，134至135頁。

[185] 洪遠亮，民事保護令部分審理經驗報告，收於同前註書，99至100頁；財團法人民間司法改革基金會，同註178，32頁。

者，包括：偶發性且較不嚴重之暴力、酒醒便不會繼續施暴、被害人決定離家暫避或接受庇護、加害人已離開現場、精神虐待或恐嚇威脅、施暴動機爲當事人雙方的輕微爭執、被害人身上沒有明顯外傷又無其他人證及物證、未引起進一步危險的行動限制、當事人雙方僅係無婚姻關係之同居男女等[186]。依此研究資料，員警原則上不爲家庭暴力之被害人聲請通常保護令及暫時保護令，僅在急迫情形才會考慮爲被害人聲請緊急保護令，此多少可以解釋爲什麼通常保護令及暫時保護令絕大多數由被害人提出聲請，而非由警察機關爲聲請。

　　警察機關聲請民事保護令之比率偏低及下滑，將使警察站在第一線保護被害人之成效大打折扣，對於被害人及其子女之可能造成相當嚴重之損傷。

2. 執行保護令問題叢生

　　關於警察依法執行保護令方面，如前所述，依內政部所提出之「各市、縣（市）警察局處理家庭暴力案件月統計表」，自民國88年6月至民國89年5月，保護令制度實施近1年間，各直轄市、縣（市）政府警察局執行民事保護令件數共3,157件，受理違反保護令案件數共計286件，逮捕家庭暴力罪嫌疑犯計128人，逮捕違反保護令嫌疑犯計196人。依內政部警政署之107年警政工作年報及警政統計通報資料顯示，民國107年各直轄市、縣（市）政府警察局受理家庭暴力案件數共計73,477件，以警察機關名義代被害人聲請保護令共計15,723件，執行民事保護令件數共26,514件，違反保護令罪件數共計2,785件，逮捕家庭暴力罪現行犯計288人，逮捕違反保護令現行犯計1,199人。

　　依此資料，警察似乎已能依法肩負執行保護令之責。不過，在實際執行方面，警察仍然面臨不少問題，茲將較爲重要者分述如下：

(1)管轄規定不周延

　　家庭暴力防治法就警察機關執行保護令之管轄權加以明定，故警察執行保護令之管轄問題，依家庭暴力防治法第64條規定，應由中央主管機關

---

[186] 王秋嵐，警察與社工員對緊急性暫時保護令聲請作業實況之初探——以臺北市爲例，東吳大學社會工作學系碩士班碩士論文，89年7月，38頁、49至53頁。

訂定「行政機關執行保護令及處理家庭暴力案件辦法」加以規範。

內政部所訂定之「行政機關執行保護令及處理家庭暴力案件辦法」第3條第2項規定：「警察機關處理家庭暴力案件之管轄，以發生地警察機關為主，被害人住居所地或相對人住居所地之警察機關協助處理。」依此規定，警察機關處理家庭暴力事件時，係以事件發生地之警察機關為主要管轄機關，當事人住居所地之警察機關僅負有協助處理之責。

此外，「法院辦理家庭暴力案件應行注意事項」第28條第1項規定：「保護令應於核發後二十四小時發送當事人、被害人、發生地警察機關及直轄市、縣（市）主管機關；法院於四小時內核發之緊急保護令，並應先以電信傳真或其他科技設備傳送至發生地警察機關。」依此規定，法院核發保護令後，應發送於發生地之警察機關，似乎亦以發生地之警察機關為保護令之管轄機關。

關於執行保護令之管轄機關，如果僅由發生地之警察機關為管轄機關，可能會造成執行上許多不便，尤其是當雙方當事人及其子女均已離開發生地，執行標的物（如汽機車及個人必需品等）亦不在發生地時，更可能造成執行上之困擾。但如果管轄警察機關非常廣泛時，也可能因為執行標的物及當事人住居所地均不在轄區內，而造成執行上之不便或困擾。

反觀法院之強制執行，係依強制執行法第7條規定：「強制執行應由執行之標的物所在地，或應為執行行為地之法院管轄。應執行之標的物所在地或應為執行行為不明者，由債權人之住、居所、公務所、事務所、營業所所在地之法院管轄。同一強制執行，數法院有管轄權者，債權人得向其中一法院聲請。受理強制執行事件之法院，須在他法院管轄區內為執行行為時，應囑託該他法院為之。」此規定原則上係以執行標的物所在地或應為執行行為地之法院為管轄法院，例外情形才以債權人之住居所、公務所、事務所、營業所所在地之法院為管轄法院。並對於管轄權之競合、囑託執行等，均加以明定。

警察機關執行保護令時，關於管轄機關、管轄範圍、管轄權之競合、執行機關間之協調及通報程序等，均應於相關法令中更明確加以規範，以杜絕爭議。

(2)是否應依職權主動執行產生疑義

家庭暴力防治法對於警察機關之執行保護令，並未規定應依職權主動執行，僅於該法第21條第1項第5款規定：「其他保護令之執行，由警察機關為之。」此條文並未明定應由警察機關「依聲請」為之，在實務運作上即產生下列問題：警察機關可不可以依職權執行保護令？警察機關應不應該依職權執行保護令？

「行政機關執行保護令及處理家庭暴力案件辦法」第4條規定：「行政機關受理家庭暴力案件，應即派員處理。非管轄案件，受理後應即通報管轄機關處理。」但家庭暴力防治法、家庭暴力防治法施行細則及「行政機關執行保護令及處理家庭暴力案件辦法」均未有關於當事人應向警察機關聲請執行及如何聲請執行之規定，故警察機關接獲法院核發之保護令後，是否應不待當事人聲請，應依職權主動派員執行保護令，即有疑問。

警察機關依職權主動執行保護令之主要優點為：

①讓警察人員站在第一線主動執行保護令，可以使被害人退居第二線而免受加害人之責怪或再度加害。

②當被害人因遭受恐嚇脅迫或因其他原因而不敢或不能聲請保護令時，警察人員仍可執行保護令以確實保護被害人及其子女之安全。

③警察人員於接獲保護令後主動向加害人宣示保護令之內容並命其確實履行，一方面對於加害人產生嚇阻作用，也可能產生向加害人送達保護令，或使加害人知悉保護令裁定內容之法律效果，另一方面對於被害人產生得到警方保護與聯繫之效果。

不過，警察依職權主動執行保護令亦產生下列困境：

①加害人如已依保護令自動履行，警察人員仍依上開規定依職權主動到場執行，可能發生浪費人力物力之情形。

②加害人、子女、個人必需品等執行標的如不知去向，被害人亦不願或無法查報時，警察機關將無法依職權主動執行保護令，此時警察機關究竟應如何繼續追蹤執行標的，或於何種情形結案始可符合應依職權主動執行之法定義務，成為難解之問題。

③被害人如明示不願執行保護令，同意讓加害人不遷出或不遠離其住

居所時，將造成執行上極大之困境。警察機關如強行將加害人驅離被害人之住居所，被害人仍隨時可能迎接加害人回家，使警察機關之執行行為徒勞無功或疲於奔命。警察機關如將加害人以違反保護令罪現行犯加以逮捕，在法律上將產生得被害人同意之行為是否已阻卻違法，而不構成違反保護令罪之問題。警察機關如因被害人之同意而不執行保護令時，則將面對是否違背其依法應依職權執行保護令之問題。此時警察機關可謂面臨可謂左右為難，動輒得咎之窘境。

(3)執行程序不完備

依家庭暴力防治法第21條第1項規定，非屬該項第1至4款之保護令，均由警察機關執行之，因此，警察機關執行保護令之範圍相當廣，有屬於不行為義務之執行者，例如：第14條第1項第1款之禁止施暴令、第2款之禁止接觸令、第7款後段之禁止探視令等，亦有屬於行為義務之執行者，例如：第14條第1項第3款之遷出令、第4款前段之遠離令、第5款之交付物品令、第6款後段之交付子女令等。

警察機關執行保護令，究竟應適用何種執行程序，誠有疑義。關於民事強制執行事務，依強制執行法第1項規定，由地方法院及其分院所設之民事執行處辦理之，因此，警察機關執行民事保護令，除法律有特別規定外，並無強制執行法之適用。家庭暴力防治法並無關於警察機關執行民事保護令應適用強制執行法之規定。

所謂行政執行，依行政執行法第2條規定，係指「公法上金錢給付義務、行為或不行為義務之強制執行及即時強制」而言，而所謂行為或不行為義務，依同法第27條規定，係指「依法令或本於法令之行政處分，負有行為或不行為義務」者而言。警察機關係屬行政機關，其執行保護令是否可解釋為係對於「依法令負有行為或不行為義務」，即有爭議，如採肯定見解，則可適用行政執行法所定之執行程序，如採否定見解，則無適用之餘地。

民國96年修正前之家庭暴力防治法，對於警察機關執行保護令得適用之程序及方法並未加規定，且對於行政機關訂定警察執行保護令辦法之內

容僅概括而無具體明確之授權，所以司法院大法官釋字第559號解釋認為有關機關應從速修訂相關法律，以符憲法保障人民權利之本旨。在法律未修改前，該解釋認為「警察機關執行保護令得準用行政執行法規定之程序而採各種適當之執行方法」，依此解釋意旨，警察機關執行民事保護令係「準用」而非「適用」行政執行法。

民國96年修正之家庭暴力防治法已增訂民事保護令之「執行」專節，並於該專節中對於警察執行保護令之程序及方法做許多規定，可以讓警察執行保護令更有明確之法源依據，也更符合憲法保障人權之精神。然而，該專節僅有8個條文，顯然無法涵蓋所有警察執行保護令之程序及方法，目前警察執行保護令之相關法令仍然極不完備。

例如：關於警察執行禁止施暴令、禁止接觸令、遠離令之程序及方法，家庭暴力防治法並未加以明定，「行政機關執行保護令及處理家庭暴力案件辦法」除於第11條規定「行政機關執行保護令，對保護令所列禁止行為及遵守事項，應命當事人確實遵行」外，亦未規定其他執行方法或執行程序。因此，警察似乎只負有向相對人口頭宣示保護令內容之義務，即可結案，至於是否遵守上開保護令之內容，可以不問，此種執行方法將使民事保護令難以發揮執行效力。事實上，對於不遵守禁止施暴令、禁止接觸令、遷出令、遠離令、加害人處遇計畫令者，警察機關應依法加以拘提逮捕，此為重要之執行方法，卻未在上開專節作任何規定。

再者，依家庭暴力防治法第27條規定，當事人或利害關係人如果認為警察執行保護令之程序及方法不當或違法，而向執行機關聲明異議後，執行機關如認為聲明異議無理由，則應送原核發保護令之法院裁定。然而，原核發保護令之法院究竟應依何種法律處理聲明異議事件，應如何將與法院不相隸屬之警察機關所為執行方法或執行程序予以撤銷或更正，原核發法院如裁定撤銷、變更或停止執行程序，警察機關應如何處理等，家庭暴力防治法均未明文加以規定。

此外，關於專節未規定部分，家庭暴力防治法並未規定可以「準用」行政執行法或強制執行法之規定，警察機關執行民事保護令是否可以依上開大法官會議解釋「準用」行政執行法之規定，即有疑問。

（三）社政方面

社政機關在民事保護令制度中扮演極為關鍵之重要角色，已如前述，不過，社政機關在民事保護令之施行方面，亦遭受許多批評。

1. 中央及地方專責單位功能欠缺

在中央專責單位方面，依民國96年修正前之家庭暴力防治法第4條規定，內政部家庭暴力防治委員會係家庭暴力防治法之中央主管機關。依該法第6條規定，家庭暴力防治委員會以內政部長為主任委員，民間團體代表、學者及專家之比例不得少於委員總數二分之一，委員會應配置專人分組處理有關業務，其組織規程由中央主管機關定之。

內政部家庭暴力防治委員會依舊法既是家庭暴力防治法之主管機關，並應配置專人分組處理有關業務，則依法應為常設機關。惟內政部家庭暴力防治委員會自民國88年4月23日設立迄民國96年3月28日修法條文公布時止，並非常設機關，僅為內政部之內部單位，屬任務編組性質，嗣又與具有任務編組性質之性侵害防治委員會合併，不僅其組織於法不合，委員會應有之功能更是無法發揮。民國96年修正家庭暴力防治法時，乾脆修正第4條規定將此法之主管機關改為內政部，並且將「家庭暴力防治委員會」之名稱刪除，僅於第5條規定內政部為辦理家庭暴力防治事項，應遴聘或遴派民間團體及相關機關代表提供諮詢，使「家庭暴力防治委員會」降級為不折不扣之諮詢委員會。主管機關雖改為更高層級之內政部，但家庭暴力防治業務仍由隸屬於社會司之「家庭暴力防治委員會」承辦，在該委員會之人員編制及預算依然短缺之情況下，中央專責單位所能發揮之功能仍受極大限制。

102年7月23日衛生福利部成立後，行政院並未完成家暴法之修法程序，即以公告將家暴法第4條所列屬「內政部」之權責事項自102年7月23日起改由「衛生福利部」管轄。因此，內政部家庭暴力防治委員會自102年7月23日衛生福利部成立時起即被裁撤，且遲至104年始修正家庭暴力防治法第4條，將中央主管機關由內政部改為衛生福利部。

衛生福利部成立後，下設保護服務司，接掌已裁撤之內政部家庭暴力

及性侵害防治委員會之業務，但未成立家庭暴力防治委員會。該部另成立家庭暴力及性侵害防治推動小組，以研擬、協調、督導、研究、諮詢及推動家庭暴力、性侵害及其他性別暴力防治事項，小組之主任委員由衛生福利部部長兼任，其餘委員由跨院部會之機關代表、民間團體及專家擔任，委員及工作人員均爲無給職，性質上係任務編組。

在地方專責單位方面，依民國96年修正前之家庭暴力防治法第8條規定：各級地方政府應各設立家庭暴力防治中心，並結合警政、教育、衛生、社政、戶政、司法等相關單位，辦理該條第1項所列各項措施，以保護被害人之權益並防止家庭暴力事件之發生；家庭暴力防治中心得單獨設立或與性侵害防治中心合併設立，並應配置社工、警察、醫療及其他相關專業人員；其組織規程由地方主管機關定之。

各級地方政府所設立之家庭暴力防治中心依舊法規既應結合相關單位以辦理家庭暴力之防治有關業務，並應配置社工、警察、醫療及其他相關專業人員，則依法亦應爲常設機關。惟目前各級地方政府所設之家庭暴力防治中心，許多仍屬任務編組性質，功能多半不彰，與法律規定大相逕庭。

中央與地方專責單位之與法律規定不符，不僅是違法問題，更足以證明中央政府與地方政府對於家庭暴力防治問題之不重視，嚴重影響中央與地方處理家庭暴力防治業務社政人員之士氣。而無法成爲常設機關或降級爲任務編組之諮詢委員會則無獨立之人事與預算，更讓專責單位之功能難以發揮，對於社政單位依法應於民事保護令事件中所扮演之角色有相當不利之影響。

依司法院之統計資料，自民國88年6月起至民國107年12月止，地方主管機關爲被害人聲請保護令之件數僅3,736件，約占聲請人0.96%，其餘大都由被害人聲請或由警察機關聲請[187]。此資料顯示社政機關對於家庭暴力防治與被害人之保護，其第一線保護功能已大幅消退。

---

[187] 司法院，同註180。

2. 經費及人員短缺

家庭暴力防治法施行後，求助之個案數日益增加，問題類型也趨於多元化，中央與地方社政單位之家庭暴力防治防治各項業務，需要充足之經費與社政人員才能推展。不過，一方面由於政府之財政窘困，另一方面由於政府之不重視，長久以來，中央及地方社政單位均呈現經費與人員嚴重短缺之現象。

近年來，由於許多兒童虐待等重大家庭暴力及性侵害事件發生，再加上臺灣防暴聯盟等民間團體積極展開拜會遊說行政部門等工作，內政部遂於95年間依行政院函示就整體社工人力進行總體評估，調查計算各地方政府社工人力尚不足805名，並研擬「補助直轄市、縣（市）政府增聘家庭暴力及性侵害防治社工人力計畫」，估算96至97年度先行增聘190名家庭暴力及性侵害防治社工人員，至98年度後所需社工人力則併入整體社工人力需求通盤檢討[188]。嗣行政院於99年9月14日核定、101年10月26日修正核定內政部之「充實地方政府社工人力配置及進用計畫」（核定本），預定至105年，各縣市社工人員總數再增置1,462人，使公部門之社工人員總數達3,052人；並預定於114年，將3,052人中之1,828人予以納入正式編制，其餘1,224人以約聘人員進用[189]。

雖然政府已經日漸重視家政社機關人力及經費不足問題，並開始採取補救措施，但仍難以解決嚴重的人力及經費短缺問題，防暴資源不足問題如無法改善，衛生福利部將無法及時擬定家庭暴力防治有關各項政策方針及切實督導各級地方社政機關落實各項家庭暴力防治業務，各級地方政府之社政單位也難以對於家庭暴力之被害人提供法律所定之各項扶助。

104年修法時雖修正第6條規定，將「得」設改為「應」設「家庭暴力及性侵害防治基金」，且明定基金來源，但基金成立後是否可以解決或改善人員及經費不足問題，仍有很大疑問。

---

[188] 衛福部保護服務司>補助作業>推展社會福利補助>補助直轄市、縣（市）政府增聘家庭暴力及性侵害防治社工人力計畫專區。

[189] 衛福部社會救助及社工司>社會工作>政策法規>充實地方政府社工人力配置及進用計畫附表3。

（四）醫療方面

加害人處遇計畫之運作，前行政院衛生署訂定發布「家庭暴力加害人處遇計畫規範」只是一個開端，尚須多項措施加以配合，才能順利進行。

依據家庭暴力加害人處遇計畫規範，加害人處遇計畫係由地方主管機關負責統籌法院、地檢署、警察機關、執行機構及加害人等相關單位及人員之聯繫工作，以掌握家庭暴力加害人處遇計畫之執行情形。至於處遇計畫之輔導模式，除精神醫療系統外，凡經直轄市、縣市政府指定之民間機構、團體及專業人員，均得共同參與被害人之輔導工作。

然而，加害人處遇計畫之施行目前遭遇不少困境，成效不彰，主要之原因如下所述：

1. 醫療院所參與意願不足

依加害人處遇計畫規範第2條規定，處遇計畫執行機構應具下列資格之一：(1)經中央衛生主管機關醫院評鑑合格並設有精神科門診或精神科病房者；(2)經中央衛生主管機關精神科醫院評鑑合格者；(3)經中央衛生主管機關指定之藥癮戒治醫療機構；(4)經直轄市、縣（市）政府指定之相關機關（構）或團體。依此規定，執行機構係以醫療院所為主，需要許多精神醫師與心理師高度參與。

有研究資料顯示，有意願參與加害人處遇計畫之醫療院所不多，許多醫院的態度並不熱絡。因為醫院民營化與健保制度之實施，造成醫院普遍以收支平衡作為思考經營策略之標準，而心理治療與輔導工作幾無利潤可言，且健保制度係論件計酬，壓縮醫生進行心理治療之時間與品質。因此，醫療院所並不鼓勵此類治療輔導，醫師亦缺乏接受此領域培育或訓練之意願，而造成專業人才之缺乏，及醫療院所參與意願不足之現象[190]，使加害人處遇計畫之品質難以提升，其成效自然大打折扣。

目前大部分縣市均有一家以上之責任醫院負責執行加害人處遇計畫，資源開發及行政作業多仰賴地方政府衛生局[191]，但關於採取何種處遇方

---

[190] 鄧純芳，藍鬍子現身——揭開加害人面具的婚姻暴力加害人處遇計畫，國立臺灣大學碩士論文，69頁，89年6月版。

[191] 柯麗萍、王珮玲、張錦麗，家庭暴力：理論政策與實務，161頁，民國94年1月版。

式、何人應負擔處遇費用等等，仍是各自為政，分歧不一[192]。關於處遇計畫所需經費與專業人員，也嚴重短缺。

2. 法院核發意願低落

依司法院之統計資料，自民國88年6月至107年12月止，各地方法院所准許核發之民事保護令共計610,195項，其中加害人處遇計畫令卻非常少，僅36,498項，約占5.98%[193]。

關於緩刑條件之加害人處遇計畫令核發件數，依司法院公布之統計資料，自99年起至108年止，地方法院命被告於緩刑付保護管束期間應接受「加害人處遇計畫」，約10年期間共僅發出174項，每年項數多為個位數，並無人數統計資料[194]。監察院之98年「監獄、看守所收容人處遇、超收、教化問題之檢討」專案調查研究[195]曾針對此件數問題進行調查，司法院少年家事廳98年8月24日廳少家字第0980018737號函復監察院調查處之統計資料如下：自88年11～12月起至98年1～6月止，地方法院命被告於緩刑付保護管束期間應接受「加害人處遇計畫」，約10年間之終結件數僅共計26件，被告人數僅27人，每年件數或人數均為零或個位數。

關於假釋條件之加害人處遇計畫令核發件數，司法院並無公布之統計資料。上開監察院之專案調查研究針對此件數問題進行調查時，司法院、內政部及法務部均未能提供任何受刑人於假釋期間應接受加害人處遇計畫之統計資料，其件數及人數均可認為零。

3. 加害人不願接受治療輔導

在法院已核發加害人處遇計畫令之案件中，許多加害人不願意依法院所核發之命令接受並完成治療輔導。有研究資料顯示，在民國88年6月至民國89年4月底前，法院核發加害人處遇計畫令共109件中，臺北市有14

---

[192] 成蒂，婚姻暴力加害人處遇與司法體系之連結，應用心理研究第32期，民國95年冬，112頁。

[193] 司法院，同註170。

[194] 司法院網站＞業務綜覽＞司法統計＞性別統計專區＞保護令性別統計＞地方法院違反家庭暴力防治法案件－按被告於緩刑付保護管束期間內應遵守事項分。

[195] 此專案研究計畫由監察委員林鉅鋃、趙昌平、吳豐山、余騰芳及筆者共5人主持，調查官董樂群、調查專員李俊儒、調查員梁錦文協查，筆者為召集人。

件，至民國89年6月底以前，只有7人向國軍北投醫院報到，國軍北投醫院成了臺北市唯一已開始處理加害人處遇計畫之醫院。臺北市立療養院曾接到一個個案，但加害人並未出現。花蓮慈濟醫院接獲家暴中心通知有6人將前往就醫，但只有3人報到，僅1人接受治療[196]。近來之研究資料顯示，約有六成機構之加害人報到率達75%以上，57.1%的機構處遇之加害人流失率在25%以下，有八成的機構可達50%以上之完成率。處遇計畫之個案困境包括：否認與防衛態度、無法繳交治療費、出席狀況差、不遵守治療規定與沉默不說話等。工作人員之困境包括：人力不足、意願不高、增加工作負擔與訓練不足等[197]。

　　再者，家庭暴力防治法第14條第3項規定：「第一項第十款之加害人處遇計畫，法院得逕命相對人接受認知教育輔導、親職教育輔導及其他輔導，並得命相對人接受有無必要施以其他處遇計畫之鑑定；直轄市、縣（市）主管機關得於法院裁定前，對處遇計畫之實施方式提出建議。」依此規定，法官為使加害人接受認知教育輔導、親職教育輔導及其他輔導以外之其他處遇計畫，可以命加害人先完成鑑定程序，將鑑定結果作為核發加害人處遇計畫令之參考。然而，加害人如果不願接受鑑定，家庭暴力防治法並無任何處罰規定。而且，此令既非屬於金錢給付之保護令，依法應由警察機關執行之，但警察機關如依此命令強制加害人接受鑑定，非常容易引起侵犯加害人人權之爭議，因為目前法院對於民事事件之鑑定，通常並無強制當事人接受鑑定之權力，而民事保護令係屬民事非訟事件，故警察機關不宜以強制方法執行此種命令，此種命令如無執行力，則可能無法達到解決加害人不願接受鑑定問題之效果。因此，加害人之鑑定程序目前仍是困難重重。

4. 處遇計畫成效不彰

　　多數加害人之暴力行為並非屬「精神病理學」，家庭暴力之加害人其實有許多類型，有些人只會毆打家人，較無心理病理上之問題，有些人有

---

[196] 鄧純芳，同註190，58至62頁。

[197] 林世棋、陳筱萍、孫鳳卿、周煌智，家庭暴力加害人處遇計畫執行現況，臺灣精神醫學第21卷第3期，民國96年9月，208至217頁。

人格異常現象，或具有反社會人格，對於非家人也實施暴力行為。至於加害人施暴之原因也有很多種，包括：兒童虐待、目睹家庭暴力、父母過度管教、同儕之偏差行為、人格異常、精神疾病、吸毒、酗酒等等，不一而足[198]。

為使加害人處遇計畫有良好之成效，首先應普遍深入瞭解各類加害人之差異性，再對於不同種類之加害人提供不同類型之治療輔導方案，對於個別之加害人亦應作危險評估，法官再依據評估報告命加害人完成適當之處遇計畫[199]，衛生主管機關對於各個處遇計畫亦應定期評估其效能，使加害人能藉處遇計畫而消除其施暴習性。

目前我國缺乏對於家庭暴力加害人類型之深入研究，迄今尚未發展適合各種不同加害人之治療輔導方案，至於個別加害人之危險評估亦無固定之程序及格式，對於各個處遇計畫之效能評估更是付諸闕如。因此，加害人處遇計畫迄未發展成熟，成效不彰。

（五）其他方面

除司法、警政、社政及醫療等單位各有其上開施行困境成效外，尚有較為重要之困境如下所述。

1. 專業人員訓練不足

家庭暴力防治法第59條規定，下列機關應辦理在職教育：(1)社會行政主管機關應辦理社工人員、保母人員、保育人員及其他相關社會行政人員防治家庭暴力之在職教育；(2)警政主管機關應辦理警察人員防治家庭暴力之在職教育；(3)司法院及法務部應辦理相關司法人員防治家庭暴力之在職教育；(4)衛生主管機關應辦理或督促相關醫療團體辦理醫護人員防治家庭暴力之在職教育；(5)教育主管機關應辦理學校之輔導人員、行政人員、教師及學生防治家庭暴力之在職教育及學校教育。

雖然社政、警政、司法、衛生及教育機關多已辦理相關人員之家庭暴力防治在職教育及學校教育，但一方面由於經費缺乏，另一方面由於主管

---

[198] 林明傑，美加婚姻暴力犯之治療方案與技術暨其危險評估之探討，社區發展季刊第90期，18至20頁，民國89年6月。

[199] 同前註，17頁、20至23頁。

機關不夠重視，相關在職教育或學校教育並未持續及普遍進行，而造成各領域均有專業人員訓練不足之情況，城鄉差距問題亦相當嚴重。

依據一項於民國89年2月16日至3月11日間對於臺北市執行家庭暴力犯罪防治政策人員（受訪單位：包括行政院新聞局、內政部家庭暴力防治委員會、臺大醫院、臺北市女警隊、臺北市敦化南路派出所、臺北市新聞處、臺北地方法院、臺北市14個分局家暴官、臺北市家庭暴力防治中心、臺北市私立新民小學、現代婦女基金會）所為問卷調查資料顯示：有68.5%受訪者認為各執行單位家庭暴力防治之在職教育不夠落實，只有9.3%受訪者持相反看法；有59.2%受訪者贊同執行人員專業知識不足之看法，只有8.7%受訪者持相反意見；有60.9%受訪者認為執法人員欠缺處理經驗，只有6.0%受訪者持相反意見；有71.6%受訪者認為家庭暴力防治之教育宣導不夠，只有7.1%受訪者持相反意見[200]。

臺北市號稱全國首善之區，其經費與人事編制上享有極大優勢，在職訓練或其他教育訓練所需之師資與資料亦遠較其他縣市豐富，理應有較好之表現。然而，上開問卷結果顯示，各界對於臺北市家庭暴力防治有關專業人員之在職訓練、專業知識、處理經驗、教育宣導等，負面評價大於正面評價，處處有待努力。在臺北市之情況如此不佳，其他縣市之情況可能更形惡劣，而專業人員如未能擁有充分之經驗與知識，將是落實家庭暴力防治法之最大障礙。

2. 國人觀念有待改變

家庭暴力防治法之制定，雖然使公權力有介入家庭之法源依據，政府相關部門亦開始相互聯繫以建立整體防治網絡，但因國人對於家庭暴力仍然存有許多迷思，傳統之勸和不勸離、法不入家門、家庭暴力是家務事不是犯罪行為、只要被害人長久容忍，暴力會自然消失等觀念非常不容易去除，造成家庭暴力防治法極大的施行困境。

依據上開於民國89年2月16日至3月11日間對於臺北市執行家庭暴力犯罪防治政策人員所為問卷調查資料顯示：有57.1%受訪者認為遭受家庭暴

---

[200] 張文釋，我國家庭暴力犯罪防治政策執行之研究——以臺北市為例，中央警察大學行政警察研究所碩士論文，118頁、129至130頁、134頁，民國民國89年6月印行。

力之民眾的報案意願不高，只有12.5%受訪者持相反意見；有71.2%受訪者認為被害人平時就缺乏家庭暴力防治之觀念，只有5.9%受訪者持相反看法；有51.9%受訪者認為醫療人員對於被害人不夠尊重，只有15.2%受訪者持相反意見；有51.3%受訪者認為警方對於被害人之報案態度不佳，只有22.4%不認同此種看法；有63.5%受訪者認為警方對於家庭暴力事件的主動介入性不夠，只有11.9%持相反看法；有54.4%受訪者認為中央主管當局與首長對於家庭暴力的防治工作不夠支持，只有7.0%持相反看法；有49.5%受訪者認為傳播媒體不重視家庭暴力案件之報導，只有16.9%持不同看法[201]。

上開問卷資料顯示，民事保護令開始實施不久，在首善之區臺北市內，上至中央主管當局與首長、相關執法人員，下至傳播媒體、一般民眾以及被害人，對於家庭暴力防治觀念仍然相當缺乏，態度偏向消極與不重視，常有不願採取勇敢面對以及積極處理策略之情事發生。在人文薈萃之臺北市都會區情況尚且如此，在觀念更為保守、地理位置更為偏僻之其他縣市，情況只會更糟。

內政部家庭暴力及性侵害防治委員會委託蓋洛普徵信股份有限公司自民國93年12月18日至民國93年12月20日之「家庭暴力及性侵害防治宣導效果」民調顯示：82%受訪者認為家庭暴力不只是家務事，需要公權力介入解決；96%受訪者認為施暴者應該為自己的暴力行為負責；74%受訪者同意家暴事件中該受譴責的是加害人，不是被害人[202]。

此項民意調查顯示，近年來國人對於家庭暴力的迷思逐漸突破，所以大都認為家庭暴力不是家務事，認同公權力介入之觀念，也多知道被害人不該受譴責，但仍有將近20%民眾認為家庭暴力是家務事，公權力不宜介入，而且有四分之一民眾認為被害人該受譴責。

如何全面導正國人正確之家庭暴力防治觀念，是一項攸關家庭暴力防治工作成敗之重要課題，應列為長期努力的目標。

----

[201] 同前註，132至133頁、136頁、138至139頁。

[202] 行政院研究發展考核委員會，「家庭暴力及性侵害防治宣導效果」民調（內政部家庭暴力及性侵害防治委員會委託蓋洛普徵信股份有限公司，93.12.18～12.20），http://www.rdec. gov.tw。

第四章　家庭暴力防治法之刑事保護令解析

壹　前　言

　　關於保護令，英文通常稱爲protection order或protective order。保護令雖然以不同型態存在於英美法系國家多年，但美國直到西元1970年代家庭暴力改革運動興起後，才制定家庭暴力相關成文法，奠定現代保護令之根基[1]。

　　美國聯邦政府於西元1994年制定「婦女受暴法」（Violence Against Women Act），對於保護令採取非常廣泛之定義，任何民事或刑事法院爲防止施暴、威脅、騷擾、聯絡、接近等行爲而核發之暫時或終局命令，以及爲保護家庭暴力、性侵害、約會暴力、受跟蹤之被害人而依法核發保護令、限制令、禁制令所涵蓋之扶養費、子女監護或會面交往、損害賠償或其他救濟等，均屬之[2]。

　　因此，舉凡民事庭所核發之保護令、限制令或禁制令，以及刑事庭所核發之釋放條件（conditions of release）、緩刑條件（conditions of probation）及假釋條件（conditions of parole）等，均爲一種保護令[3]。在學說上，檢察官或刑事庭法官所核發之釋放條件、緩刑條件及假釋條件均可以稱爲「刑事保護令」（criminal protection order），與民事庭法官所核發之「民事保護令」（Civil Protection Order）有所區別。

　　保護令制度在大陸法系國家之法制中則相當罕見。臺灣於民國67年制定家庭暴力防治法，第2章爲「民事保護令」專章。此外，第3章「刑事程

---

[1] David Michael Jaros, Unfettered Discretion: Criminal Orders of Protection and Their Impact on Parent Defendants,85 Indiana Law Journal 1445(2010).

[2] 18 U.S.C. § 2266 (5).

[3] National Center on Protection Orders and Full Faith & Credit, Battered Women's Justice Project, Full Faith and Credit for Protection Orders, at 3. http://www.vaw.umn.edu/documents/fullfaithcreditadvocatesguide/fullfaithcreditadvo catesguidepdf.pdf.

序」中明定釋放條件、緩刑條件及假釋條件，學說上稱為刑事保護令。在實務運作上，民事保護令已被眾所周知，廣為應用，相較之下，刑事保護令可謂功能不彰，許多人不知道有刑事保護令之存在。

本文擬簡介臺灣刑事保護令之規定內容，與民事保護令比較異同，分析其適用情況，探討法律之規範及執行缺失，並提出改善建議，期使刑事保護令發揮防治家庭暴力及保護被害人之功能。

貳 規範內容概述

依家庭暴力防治法規定，刑事保護令可分為釋放條件、緩刑條件及假釋條件三種，關於各種保護令之聲請或請求者、核發者、核發條件、救濟內容、違反效果等，茲分述如下。

一、釋放條件

依家暴法第31條第1項規定，檢察官或法院訊問家庭暴力罪或違反保護令罪之被告後，認無羈押之必要，而命具保、責付、限制住居或釋放者，得附特定條件命被告遵守。依家暴法第33條準用第31條第1項規定，法院對於羈押中之家庭暴力罪或違反保護令罪被告，裁定停止羈押，而命具保、責付、限制住居或釋放時，得附特定條件命被告遵守。此種命令可稱為釋放條件（有人稱為附條件釋放）。

（一）核發者

對於非停止羈押之被告：法院及檢察官（家暴法§31 I）。
對於停止羈押之被告：法院（家暴法§33 I）。

（二）核發對象

家庭暴力罪之被告、違反保護令罪之被告（家暴法§31 I、§33 I）。

（三）核發要件

對於非停止羈押之被告：1.被告涉犯家庭暴力罪或違反保護令罪。

2.法院或檢察官已依法訊問被告。3.法院或檢察官認無必要加以羈押。4.法院或檢察官命具保、責付、限制住居或釋放（家暴法§31 I）。

對於停止羈押之被告：1.被告涉犯家庭暴力罪或違反保護令罪。2.法院認應停止羈押。3.法院命具保、責付、限制住居或釋放（家暴法§33 I準用§31 I）。

檢察官核發釋放條件時，應斟酌被告繼續威脅被害人人身安全之危險性（檢察機關辦理家庭暴力案件注意事項§9 I）。

（四）條件內容

1.禁止對被害人、目睹家庭暴力兒童及少年或其特定家庭成員實施家庭暴力。2.禁止對被害人、目睹家庭暴力兒童及少年或其特定家庭成員為騷擾、接觸、跟蹤、通話、通信或其他非必要之聯絡行為。3.遷出被害人、目睹家庭暴力兒童及少年或其特定家庭成員之住居所。4.命相對人遠離被害人、目睹家庭暴力兒童及少年或其特定家庭成員之住居所、學校、工作場所或其他經常出入之特定場所特定距離。5.其他保護被害人、目睹家庭暴力兒童及少年或其特定家庭成員安全之事項（家暴法§31 I、§33 I）。

檢察官核發釋放條件之內容應具體明確（檢察機關辦理家庭暴力案件注意事項§9 II）。

（五）有效期間

自具保、責付、限制住居或釋放時起至刑事訴訟終結時止，最長不得逾1年（家暴法§31 II、§33 I）。

所謂「刑事訴訟終結時」，係指不起訴或緩起訴處分確定時，或法院判決確定時而言（家暴法施行細則§17）。

（六）撤銷或變更

檢察官或法院得依當事人之聲請或依職權，撤銷或變更釋放條件（家暴法§31 III、§33 I）。

（七）執行

檢察官或法院核發釋放條件，得通知社政機關（即直轄市、縣（市）主管機關）或警察機關執行之（家暴法§40）。

對於檢察官所附之釋放條件，檢察官得發函檢附該命令，通知社政機關或警察機關執行之（檢察機關辦理家庭暴力案件注意事項§20）。

（八）違反效果

對於非停止羈押之被告：1.檢察官或法院得撤銷原處分，另為適當之處分。2.得沒入其保證金。3.如違反「禁止實施家庭暴力」條件嫌疑重大，且有事實足認有反覆實施家庭暴力行為之虞而有羈押之必要時，檢察官於偵查中得聲請法院羈押，法院得於審判中命羈押（家暴法§32 II）。

對於停止羈押之被告：法院認有羈押必要時，得命再執行羈押（家暴法§33 II）。

（九）核發方式及送達、通知義務

1. 核發方式

核發釋放條件之方式，檢察官應為書面處分，法院應為書面裁定。

2. 送達義務

法院或檢察官核發後，應將書面處分或裁定送達被告、被害人及被害人住居所所在地之警察機關（家暴法§34）。

檢察官所附條件經撤銷或變更時，亦應以書面為之，並應送達被告及被害人（檢察機關辦理家庭暴力案件注意事項§11後段）。

3. 通知義務

為使家庭暴力被害人知悉加害人於刑事司法程序中獲釋放之訊息，即時採取相關防護措施以保障人身安全，家庭暴力防治法第34條之1第1項及第2項規定：「法院或檢察署有下列情形之一，應即時通知被害人所在地之警察機關及家庭暴力防治中心：一、家庭暴力罪或違反保護令罪之被告解送法院或檢察署經檢察官或法官訊問後，認無羈押之必要，而命具保、責付、限制住居或釋放者。二、羈押中之被告，經法院撤銷或停止羈押

者。」「警察機關及家庭暴力防治中心於接獲通知後，應立即通知被害人或其家庭成員。」

　　爲確保被害人之人身安全，使其有充裕之時間執行安全計畫，同條第3項規定通知之時間與方式爲：「前二項通知應於被告釋放前通知，且得以言詞、電信傳眞或其他科技設備傳送之方式通知。但被害人或其家庭成員所在不明或通知顯有困難者，不在此限。」

（十）警察之報告及逮捕義務

　　警察人員發現被告違反釋放條件時，應即報告檢察官或法院（家暴法§35）。報告原則上應以書面爲之，並檢具事證及其他相關資料。在例外情形，如情況急迫，報告得以言詞、電信傳眞或其他科技設備傳送方式爲之（家暴法施行細則第19條）。

　　警察人員對於現行犯應依法逮捕，對於犯罪嫌疑重大且情況急迫者，得逕行拘提（家暴法§35準用§29）。

二、緩刑條件

　　刑事庭法官如果判決被告成立家庭暴力罪或違反保護令罪，依刑法第74條第1項規定宣告緩刑時，依家暴法第38條規定，被告在緩刑期內應付保護管束，法官除顯無必要外，應該命被告在付緩刑保護管束期間內遵守特定事項，此種命令可稱爲緩刑條件（有人稱爲附條件緩刑）。

（一）請求人

　　法官核發釋放條件及假釋條件均以「裁定」爲之，但核發緩刑條件則以宣告緩刑「判決」爲之，故對於釋放條件及假釋條件是用「聲請」，對於緩刑條件則用「請求」。

　　檢察官對犯家庭暴力罪及違反保護令罪案件實行公訴時，得請求法院於爲緩刑宣告時核發緩刑條件（檢察機關辦理家庭暴力案件注意事項§18-1）。

（二）核發者

法院依檢察官請求或依職權核發（家暴法§38）。

（三）核發對象

犯家庭暴力罪或違反保護令罪而受緩刑宣告者（家暴法§38）。

（四）核發要件

1.被告判決成立家庭暴力罪或違反保護令罪；2.被告受緩刑宣告，在緩刑期內應付保護管束（家暴法§38Ⅰ、Ⅱ）；3.除顯無必要者外，法院有核發之義務。

（五）條件內容（遵守事項）

1.禁止實施家庭暴力。2.禁止對被害人、目睹家庭暴力兒童及少年或其特定家庭成員為騷擾、接觸、跟蹤、通話、通信或其他非必要之聯絡行為。3.遷出被害人、目睹家庭暴力兒童及少年或其特定家庭成員之住居所。4.命相對人遠離下列場所特定距離：被害人、目睹家庭暴力兒童及少年或其特定家庭成員之住居所、學校、工作場所或其他經常出入之特定場所。5.完成加害人處遇計畫。6.其他保護被害人、目睹家庭暴力兒童及少年或其特定家庭成員安全之事項（家暴法§38Ⅱ）。

法院命被告完成加害人處遇計畫前，得命相對人接受有無必要施以處遇計畫之鑑定（家暴法§38Ⅲ準用§14Ⅲ）。

（六）有效期間

被告付緩刑保護管束期間（家暴法§38Ⅱ）。

（七）執行

1. 檢察官指揮執行

保安處分執行法第64條規定：「保護管束，應按其情形交由受保護管束人所在地或所在地以外之警察機關、自治團體、慈善團體、本人最近親屬、家屬或其他適當之人執行之（第1項）。法務部得於地方法院檢察處置觀護人，專司由檢察官指揮執行之保護管束事務（第2項）。」因此，

被告緩刑期內付保護管束事務係由檢察官指揮執行，檢察官得指揮執行之對象包括觀護人、警察機關及其他適當之人。

2. 通知義務

法院為緩刑宣告時，應即通知被害人及其住居所所在地之警察機關（家暴法§38Ⅵ）。

3. 通知執行

法院得通知社政機關或警察機關執行（家暴法§40）。

檢察官得發函檢附該判決，通知社政機關或警察機關執行（檢察機關辦理家庭暴力案件注意事項§20）。

（八）違反效果

1. 警察之報告義務

警察人員發現受保護管束人違反緩刑條件時，應檢具事證，報告受保護管束人戶籍地或住居所地之地方法院檢察署檢察官（家暴法施行細則§21）。

2. 檢察官之聲請義務

保安處分執行法第74條之2第1項規定，受保護管束人在保護管束期間內，應服從檢察官及執行保護管束者之命令，不得對被害人、告訴人或告發人尋釁及其他應遵守事項。違反此項規定者，依同法第74條之3第1項規定情節重大者，檢察官得聲請撤銷保護管束或緩刑之宣告。

檢察機關辦理家庭暴力案件注意事項第21條則規定，受保護管束人違反緩刑條件且情節重大時，檢察官應即檢具事證，向法院聲請裁定撤銷其緩刑之宣告。

3. 法院之撤銷權限

受保護管束人違反緩刑條件情節重大者，法院得撤銷緩刑宣告（家暴法§38Ⅴ）。

法院不得依職權撤銷，應由受保護管束人所在地或其最後住所地之地方法院檢察署檢察官提出聲請（刑訴法§476，法院辦理家庭暴力案件應行注意事項§38Ⅱ）。

三、假釋條件

家庭暴力罪或違反保護令罪之受刑人如符合刑法第77條所定假釋要件，由監獄報請法務部許可假釋出獄時，依刑法第93條第2項規定，假釋出獄者在假釋期間應付保護管束。檢察官依刑事訴訟法第481條及刑法第93條第2項規定，向法院聲請裁定於假釋中應付保護管束時，可以向法院聲請命受刑人於假釋期間應遵守家暴法第38條第2項所定之各款事項。法院裁定假釋中付保護管束時，依家暴法第39條準用第38條規定，除顯無必要外，應該依檢察官之聲請或依職權，命受刑人在付假釋保護管束期間應遵守該法第38條第2項所定之各款事項，此種命令可稱為假釋條件（有人稱為附條件假釋）。

（一）聲請人

有權聲請者為檢察官（刑法§93Ⅱ、刑事訴訟法§481Ⅰ）

家庭暴力案件之受刑人假釋出獄前，檢察官聲請法院付保護管束時，得於聲請書內載明擬聲請法院命被告於假釋付保護管束期間遵守之事項（檢察機關辦理家庭暴力案件注意事項§19）。

（二）核發者

法院依檢察官聲請或依職權核發（家暴法§39準用§38Ⅱ、刑事訴訟法§481Ⅰ）。

（三）核發對象

家庭暴力罪或違反保護令罪之受刑人經假釋出獄者（家暴法§39準用§38）。

（四）核發要件

1.受刑人經判決成立家庭暴力罪或違反保護令罪。2.受刑人經假釋出獄，在假釋中付保護管束（家暴法§39準用§38ⅠⅡ、刑法§93Ⅱ）。3.除顯無必要者外，法院有核發之義務。

（五）條件內容

1.禁止實施家庭暴力。2.禁止對被害人、目睹家庭暴力兒童及少年或其特定家庭成員爲騷擾、接觸、跟蹤、通話、通信或其他非必要之聯絡行爲。3.遷出被害人、目睹家庭暴力兒童及少年或其特定家庭成員之住居所。4.命相對人遠離下列場所特定距離：被害人、目睹家庭暴力兒童及少年或其特定家庭成員之住居所、學校、工作場所或其他經常出入之特定場所。5.完成加害人處遇計畫。6.其他保護被害人、目睹家庭暴力兒童及少年或其特定家庭成員安全之事項（家暴法§39準用§38Ⅱ）。

法院命受刑人完成加害人處遇計畫前，得命相對人接受有無必要施以處遇計畫之鑑定（家暴法§39準用§38Ⅲ、§14Ⅲ）。

（六）有效期間

被告付假釋保護管束期間（家暴法§39準用§38Ⅱ）。

（七）執行

1. 檢察官指揮執行

保安處分執行法第64條規定，受刑人假釋中之保護管束事務係由檢察官指揮執行，檢察官得指揮執行之對象包括觀護人、警察機關及其他適當之人。

2. 通知義務

法院爲假釋裁定時，應即通知被害人及其住居所所在地之警察機關（家暴法§39準用§38Ⅵ）。

3. 通知執行

法院核發假釋條件，得通知社政機關或警察機關執行之（家暴法§40）。

對於法院所核發之假釋條件，檢察官得發函檢附該裁定，通知社政機關或警察機關執行之（檢察機關辦理家庭暴力案件注意事項§20）。

（八）違反效果

1. 典獄長之聲請權限

保安處分執行法第74條之2第1項規定，受保護管束人在保護管束期間內，應服從檢察官及執行保護管束者之命令，不得對被害人、告訴人或告發人尋釁及其他應遵守事項。違反此項規定者，依同法第74條之3第2項規定，情節重大者，典獄長得報請撤銷假釋。

2. 檢察官之通知義務

檢察機關辦理家庭暴力案件注意事項第21條則規定，受保護管束人違反假釋條件且情節重大時，檢察官應即檢具事證，通知原執行監獄，報請撤銷假釋。

3. 法院之撤銷權限

受保護管束人違反假釋條件情節重大者，法院得撤銷假釋（家暴法§39準用§38V、保安處分執行法§74-2、§74-3）。

參 與民事保護令之規範異同

刑事保護令與民事保護令雖均爲保護令，但其法律規範有相同之點，也有相異之處，二者之大略比較如下表。

	刑事保護令			民事保護令	
種類	釋放條件、 緩刑條件、 假釋條件			緊急保護令、暫時保護令、通常保護令	
聲請人或請求人	釋放	緩刑	假釋	緊急	暫時及通常
	當事人	檢察官	檢察官	檢察官、警察機關、社政機關	被害人、檢察官、警察機關、社政機關
依職權核發	可			不可	
核發者	釋放	緩刑、假釋		民事庭或家事庭法官	
	檢察官、刑事庭法官	刑事庭法官			

	刑事保護令			民事保護令	
核發對象	釋放	緩刑	假釋	家庭暴力之加害人	
	家庭暴力罪或違反保護令罪之被告	犯家庭暴力罪或違反保護令罪而受緩刑宣告者	家庭暴力罪或違反保護令罪之受刑人經假釋出獄者		
核發內容	釋放	緩刑及假釋		緊急及暫時	通常
	禁止施暴、禁止騷擾、遷出、遠離、其他保護命令等5種	左列5種及加害人處遇計畫，共6種		禁止施暴、禁止騷擾、遷出、遠離、物品使用權、暫時親權、禁止查閱、其他保護命令等8種	左列8種及暫時會面交往、租金及扶養費、損害賠償、律師費、加害人處遇計畫等13種
有效期間	釋放	緩刑	假釋	緊急及暫時	通常
	自核發時起，至刑事訴訟終結時止，最長不得逾1年	付緩刑保護管束期間	付假釋保護管束期間	自核發時起，至被撤銷或變更、核發通常保護令、撤回或駁回通常保護令聲請時止	自核發時起，至法院所定有效期間結束時止（2年以下，得延長不限次數）
執行	由檢察官指揮觀護人、社政機關、警察機關執行			由警察機關、法院、社政機關及資訊相關機關執行	
違反效果	釋放	緩刑	假釋	構成違反保護令罪、依法逮捕拘提、強制取交物品、變更註銷或補發憑證、聲請法院強制執行、變更保護令等	
	撤銷原處分另爲適當處分、沒入保證金、命羈押或再執行羈押	得撤銷緩刑宣告	得撤銷假釋		

肆　優劣分析

　　關於刑事保護令之優點與缺點，尤其是與民事保護令相比較，大致如下。

一、優點

（一）可依職權迅速核發

民事保護令必須經由當事人之聲請，民事庭法官始能核發；刑事保護令則可不必經由當事人之聲請程序，由檢察官或刑庭法官逕行迅速核發。

（二）執行程序簡單直接

民事保護令之執行，係依核發內容而分由警察機關、法院、社政機關及資訊相關機關加以執行，且通常必須經由當事人之聲請程序；刑事保護令之執行，不必經由當事人之聲請，檢察官或法院得通知社政機關（通常指社政機關）或警察機關執行，檢察官亦可指揮觀護人、警察機關、社政機關或其他適當之人執行，其執行程序較為簡單直接。

（三）法律效果較為強大

違反民事保護令並非全部構成違反保護令罪，縱使構成違反保護令罪，還須經冗長的偵查與審判程序才能定罪，縱使被定罪也可能輕判而無須入獄。家暴加害人違反刑事保護令時，可能造成很快被羈押、撤銷緩刑宣告、撤銷假釋而鋃鐺入獄的嚴重後果，刑事保護令之效力看來似乎較民事保護令強大許多。

二、缺點

（一）附隨於刑事審判或執行案件

民事保護令係屬獨立的非訟事件，不論當事人有無其他訴訟繫屬法院，被害人、檢察官、社政機關或警察機關均可聲請對家庭暴力之加害人核發民事保護令，以保護家庭暴力之被害人及其家庭成員。

反之，刑事保護令附隨於刑事審判或執行案件中，並非獨立的訴訟或非訟事件，相對人必須為家庭暴力罪或違反保護令罪之刑事案件被告或受刑人，檢察官或法院始能對之於偵查或審判中、宣告緩刑或裁定假釋付保

護管束時，核發刑事保護令。因此，當事人如無家庭暴力罪或違反保護令罪之刑事案件繫屬法院，或刑事訴訟已經終結或執行完畢，則無法核發刑事保護令。

（二）被害人欠缺主動請求或聲請權

　　民事保護令必須由被害人、檢察官、社政機關或警察機關提出聲請，法院不能依職權核發，除緊急保護令外，被害人可以掌握是否主動聲請之權。在實務運作上，民事保護令絕大部分係由被害人提出聲請，以民國107年為例，各地方法院民事保護令聲請事件新收件數25,954件，其中93.65%係被害人提出聲請，警察機關聲請占2.26%[4]。

　　反之，刑事保護令可由檢察官或法院依請求、依聲請或依職權核發，被害人僅能聲請核發釋放條件，至於緩刑條件之請求權及假釋條件之聲請權在於檢察官而非被害人，故被害人難以掌握主動請求或聲請之權。

　　司法院並無刑事保護令聲請人之相關統計資料，被害人聲請件數想必相當稀少。

（三）核發內容過於簡陋

　　民事保護令之核發內容較為豐富，對於被害人之保護較為周全。緊急及暫時保護令有禁止施暴、禁止騷擾、遷出、遠離、物品使用權、暫時親權、禁止查閱、其他等8種，通常保護令有禁止施暴、禁止騷擾、遷出、遠離、物品使用權、暫時親權、暫時會面交往、租金及扶養費、損害賠償、律師費、加害人處遇計畫、禁止查閱、其他等13種。

　　反之，刑事保護令之核發內容較為簡陋，對於被害人之保護較不周全。釋放條件僅有禁止施暴、禁止騷擾、遷出、遠離、其他等5種，緩刑及假釋條件僅有禁止施暴、禁止騷擾、遷出、遠離、加害人處遇計畫、其他等6種。

　　刑事保護令核發內容較少，僅限於人身安全之保護及加害人之處遇，無法解決子女親權及會面交往權、物品使用權、扶養費等等問題，使許多

---

[4]　司法院網站，首頁>查詢服務>電子書出版品>司法業務年報（107年度）>第五篇少年及家事部分>第三章 家庭暴力防治法事件第978頁。

不願失去子女或經濟困難的被害人，望而卻步。

（四）違反釋放條件難命預防性羈押

依家暴法第32條及第33條規定，被告違反釋放條件時，檢察官或法院可依法撤銷原處分另為適當之處分、沒入保證金、聲請羈押、命羈押、命再執行羈押，其中以命羈押或再執行羈押之效力最為強大，最具嚇阻作用。然而，依現行法律規定，法官對於違反釋放條件之被告，卻難以命預防性羈押。

1. 違反禁止施暴令以外之釋放條件不能依家暴法第32條第2項規定羈押

依96年所定家暴法第32條第2項規定，法院命預防性羈押之要件包括：(1)違反第31條第1項第1款「禁止實施家庭暴力」之釋放條件。(2)犯罪嫌疑重大。(3)有事實足認有反覆實施家庭暴力行為之虞而有羈押之必要。(4)依刑事訴訟法第101條之1規定。因此，依舊法規定，必須限於違反「禁止實施家庭暴力」之釋放條件及符合刑事訴訟法第101條之1規定，始得為預防性羈押。

104年修法時，雖將第32條第2項規定之「依刑事訴訟法第101條之1規定」文字刪除，但預防性羈押仍限於違反「禁止實施家庭暴力」之釋放條件，因此，被告如違反第31條第1項第2至5款釋放條件時，依法無法羈押，亦即，被告違反禁止跟蹤、禁止連絡、遠離特定場所、特定距離等命令時，完全無法依修法條文第32條第2項規定加以羈押。

2. 違反禁止施暴令以外之釋放條件很難依刑事訴訟法第101條之1規定羈押

依刑事訴訟法第101條之1第1項規定，預防性羈押之要件如下：(1)被告經法官訊問。(2)法官認為犯下列之罪嫌疑重大：放火罪、準放火罪、強制性交罪、強制猥褻罪、加重強制猥褻罪、乘機性交猥褻罪、與幼年男女性交或猥褻罪、傷害罪、妨害自由罪、強制罪、恐嚇危害安全罪、竊盜罪、搶奪罪、詐欺罪、恐嚇取財罪。(3)有事實足認為有反覆實施同一犯罪之虞。(4)有羈押之必要。

被告如果違反禁止施暴令以外之釋放條件，能符合該條所定羈押條件者，仍屬少數，理由如下：(1)違反釋放條件，必須認為係犯刑事訴訟

法第101條之1第1項所列之傷害、妨害自由、強制、恐嚇、放火、性侵害等罪，而且有事實足認為有反覆實施同一犯罪之虞，法院才能命羈押，如認為行為尚未構成上開犯罪，或雖認為已經構成上開犯罪，但無反覆實施「同一犯罪」之虞，或無羈押必要時，則不能命羈押。(2)違反禁止施暴以外之其他命令（禁止聯絡、遷出、遠離及其他命令），難被認為係犯刑事訴訟法第101條之1第1項所列之罪，無法命羈押。例如：法官核發釋放條件命被告禁止騷擾被害人，被告違反命令騷擾被害人，如果法官認為其騷擾行為尚未構成恐嚇、傷害、妨害自由或強制等罪，則不能命羈押。(3)縱使被認為係犯刑事訴訟法第101條之1第1項所列之罪，仍難命羈押，例如：法官縱使認為騷擾行為已經構成恐嚇罪，將來可能不會再實施恐嚇罪，但可能實施恐嚇罪以外之施暴行為，仍不能命羈押。更有甚者，法官縱使認為騷擾行為已經構成恐嚇罪，而且將來可能會再犯恐嚇罪，但無羈押必要時，也可以不命羈押。

（五）適用情況不佳

民事保護令自施行迄今已廣被適用，司法院之統計資料顯示，自民國88年6月保護令制度開始施行時起至民國107年12月止共約19.5年時間，地方法院共終結民事保護令387,878件，核發民事保護令共240,878件，其中民國107年，地方法院共終結民事保護令25,936件，核發民事保護令15,881件[5]。反之，刑事保護令施行迄今卻適用情況不佳，司法院之統計資料顯示，民國107年地方法院所核發之緩刑條件僅206件[6]，至於釋放條件及假釋條件，司法院及法務部均未公布任何統計資料，想必核發件數較緩刑條件更為稀少。

伍　改進建議

刑事保護令在法律規範及實際執行上均出現缺失，造成適用件數少，功能不彰。為提升其品質及適用率，提出幾點改進建議如下。

---

[5]　同前註，第975頁。

[6]　同前註，第977頁。

一、增訂核發內容

如前所述，釋放條件之核發內容僅有禁止施暴、禁止騷擾、遷出、遠離、其他保護命令等5種，緩刑條件及假釋條件僅有禁止施暴、禁止騷擾、遷出、遠離、加害人處遇計畫、其他保護命令等6種，不僅比通常保護令之13種命令少很多，也比暫時保護令及緊急保護令之8種命令少。刑事保護令之核發內容較為簡陋，對於被害人之保護較不周全。

為增加刑事保護令之核發內容，讓檢察官及法官有更多選擇機會，可以參考美國模範家庭暴力法（Model Code on Domestic and Family Violence）之規定，修法增加刑事保護令所列舉之核發內容，在釋放、緩刑及假釋條件中均增加「禁止持有或使用槍械或其他特定武器」、「禁止持有或使用酒精或其他管制物質」[7]，在緩刑及假釋條件中增加「命給付被害人賠償金」[8]。

二、放寬預防性羈押要件

外國立法例中，並無違反釋放條件者必須符合預防性羈押要件才可命羈押之規定。筆者所起草之家暴法第32條第2項原規定，被告如違反釋放條件，犯罪嫌疑重大，且有事實足認有反覆實施家庭暴力行為之虞而有羈押之必要者，檢察官即可聲請法院羈押，法院即可命羈押。惟在96年朝野協商時，司法機關卻加上必須違反檢察官或法院依32條第1項第1款所定應遵守之條件，及「得依刑事訴訟法第一百零一條之一之規定」等文字，造成被告違反釋放條件時，必須符合違反第31條第1項第1款「禁止實施家庭暴力」之釋放條件，以及符合刑事訴訟法第一百零一條之一關於預防性羈押之規定，法院才可命羈押之荒謬結果。104年修法時雖將「得依刑事訴訟法第一百零一條之一之規定」等文字刪除，但仍限於違反「禁止實施家庭暴力」之釋放條件，始得命預防性羈押，因此，違反釋放條件者難命預

---

[7] Model Code on Domestic and Family Violence §§ 208(2)(d), 208(2)(e), 219(2)(d), 219(2)(e), 220(1)(d), 220(1)(e).

[8] Model Code on Domestic and Family Violence §§ 219(2)(h), 220(1)(h).

防性羈押,釋放條件之功能難以發揮。

　　為讓釋放條件可以發揮其保護被害人之功能,應修改家暴法第32條第2項規定,將「第1款」文字刪除,被告如違反釋放條件,只要犯罪嫌疑重大,且有事實足認有反覆實施家庭暴力行為之虞而有羈押之必要者,檢察官即可聲請法院羈押,法院即可命羈押。

三、加強在職訓練

　　如前所述,民事庭法官每年發出1萬餘件民事保護令,刑事庭法官每年所核發之緩刑條件,幾乎每年都不超過100件,至於檢察官及刑事庭法官所核發之釋放條件及假釋條件則未有公布任何統計資料,想必核發件數更為稀少。因此,相較於民事庭法官願意積極核發民事保護令,檢察官及刑事庭法官對於請求、聲請或核發刑事保護令之意願,顯然非常低落。

　　關於釋放條件,檢察官及刑事庭法官均有權核發;關於緩刑條件及假釋條件,檢察官有權請求或聲請,刑事庭法官均有權核發。檢察官及刑事庭法官之所以不願意請求、聲請或核發刑事保護令之原因,目前並無調查資料可供參考,推測可能的原因包括:傳統被告人權的考量、對於被害人人權的忽視、不熟悉刑事保護令的法規及實務運作、工作繁重不願再增加工作量等等。

　　刑事審判體系不願介入保護家暴被害人已有長久歷史,中外皆然。由於警察不願逮捕加害人,檢察官不願提起刑事訴訟,法官不願介入家庭事件,希望當事人自行解決問題,導致許多被害人受到難以彌補的傷害,美國因而在西元1970年代興起家庭暴力改革運動。家庭暴力的倡議者(advocates)知道,如果刑事審判體系無法對家庭暴力有正確的認知及回應,保護令根本無法發揮其功效,故採取大眾教育、提起集體訴訟、推動立法等綜合策略,以對抗刑事審判體系的消極不作為[9]。因此,各州紛紛陸續制定強制逮捕(mandatory arrest)、無令狀逮捕(warrantless arrest)、禁止撤回起訴(no-drop)、刑事保護令等法規或政策,使警察

----

[9]　David Michael Jaros,同註1,1451至1453頁。

人員、檢察官及刑事庭法官有更多介入家庭暴力事件之權限，以更積極的態度保護被害人。

我國於民國67年制定家庭暴力防治法時，同時引進民事保護令及刑事保護令等制度。由於國人的期許、婦女團體的督促、司法院辦理法官在職訓練等，民事庭或家事庭法官多能積極核發民事保護令以保護家暴被害人。然而，刑事保護令卻被檢察官、刑事庭法官長期忽視，似乎所有保護家庭暴力被害人的責任都落在民事庭或家事庭法官肩上。

檢察官或法官對於將違反刑事保護令者可以命羈押、撤銷緩刑或假釋，使其入獄監禁，故刑事保護令對於防治家庭暴力及保護被害人有民事保護令所無法具備的強大功能，絕非民事保護令所能取代。因此，法務部及司法院應積極辦理檢察官、刑事庭法官在職訓練，鼓勵督促其請求、聲請或核發刑事保護令，使刑事保護令發揮其應有的功能。

四、建立統計資料

關於民事保護令之統計資料，除司法院每年編印之「司法業務年報案件分析」外，司法院網站上還有司法統計及性別統計資料，提供有關於地方法院民事保護令聲請事件收結情形之年報及月報等詳細資料[10]。但關於刑事保護令之統計資料，司法院高等法院及地方法院關於緩刑條件之統計資料，至於釋放條件及假釋條件，司法院、法務部均未公布任何統計資料可供參酌。

司法院及法務部未製作及公布完整的刑事保護令統計資料，顯示司法機關及司法人員對於刑事保護令的長期忽視。法務部應製作及公布檢察官核發釋放條件、請求緩刑條件及聲請假釋條件等統計資料，司法院應製作及公布法官核發釋放條件、緩刑條件及假釋條件等統計資料，除了讓外界瞭解刑事保護令之核發情形外，也可以作為司法機關檢討、評估及督促司法人員辦理刑事保護令之利器。

---

[10] 司法院，司法統計，http://www.judicial.gov.tw/juds/。

陸　結　論

臺灣於民國67年制定家庭暴力防治法時，除引進外國之民事保護令制度外，亦同時引進外國之刑事保護令制度，明定檢察官及法院可以核發釋放條件，檢察官可以請求緩刑條件及聲請假釋條件，法院則可以核發緩刑條件及假釋條件。

大致而言，刑事保護令之優點包括：不必經由請求或聲請程序，檢察官及法官可依職權迅速核發；不必經由當事人請求或聲請，檢察官或法院得通知警察及社政機關執行，檢察官亦可指揮觀護人、警察機關、社政機關或其他適當之人執行，執行程序較爲簡單直接；對違反者可命羈押、撤銷緩刑宣告、撤銷假釋，使其入獄監禁，法律效果較爲強大等。

刑事保護令之缺點則大致包括：附隨於刑事審判或執行案件中，當事人如無刑事案件繫屬法院或已經終結或執行完畢，則無法核發刑事保護令；被害人僅能聲請核發釋放條件，對於緩刑條件及假釋條件並無請求或聲請權；核發內容過於簡陋，僅限於人身安全之保護及加害人之處遇，對於被害人之保護較不周全；對於違反釋放條件者，命預防性羈押依舊法規定必須限於違反「禁止實施家庭暴力」之釋放條件及符合刑事訴訟法第101條之1規定，依現行法規定必須限於違反「禁止實施家庭暴力」之釋放條件，故難命預防性羈押；核發件數極少，適用情況不佳等。

刑事保護令在法律規範上出現缺失，爲提升其功能，應修法增加刑事保護令之核發內容，例如：禁止持有或使用槍械或其他特定武器、禁止持有或使用酒精或其他管制物質、命給付被害人賠償金等。再者，應修改家暴法第32條第2項規定，將「第一款」文字刪除，讓檢察官及法官對於違反釋放條件之被告，可以有更多聲請羈押、命羈押之權限。

刑事保護令在法律執行上亦出現缺失。相較於法院每年發出1萬餘件民事保護令，法院每年所核發之緩刑條件幾乎都不超過100件，關於釋放條件及假釋條件則欠缺統計資料，檢察官及刑事庭法官對於請求、聲請或核發刑事保護令之意願，顯然非常低落。因此，法務部及司法院應積極辦理檢察官、刑事庭法官在職訓練，鼓勵督促其請求、聲請或核發刑事保護

令。

　　再者，司法院網站上有多項民事保護令之統計資料，卻只有一項關於緩刑條件之統計資料，至於釋放條件及假釋條件則無統計資料公布，足見司法機關及司法人員長期忽視刑事保護令。法務部及司法院應製作及公布關於刑事保護令及請求或聲請及核發統計資料，讓外界充分瞭解刑事保護令之實際運作情況，並以此做為檢討、評估及督促司法人員辦理刑事保護令之利器，使刑事保護令發揮防治家庭暴力及保護被害人之功能。

第五章　兒童及少年虐待之法律保護解析

壹　前言

　　關於兒童及少年之定義，我國「兒童及少年福利與權益保障法」第2條規定：「本法所稱兒童及少年，指未滿18歲之人；所稱兒童，指未滿12歲之人；所稱少年，指12歲以上未滿18歲之人。」因此，我國法規及實務通說均認為，兒童係指12歲以下之人而言，少年則為未滿18歲之非兒童均屬之。

　　然而，外國法規卻有不同規定，兒童之英文翻譯為「child」，許多外國法律所規定之「child」係指18歲以下之人而言。聯合國之「兒童權利公約」（Convention on the Rights of the Child）第1條明定：「本公約所稱兒童，指未滿18歲以下之人，但兒童所適用之法律規定更早成年者，不在此限。」[1]事實上，我國學者及實務工作者在探討兒童虐待時，也常將範圍擴展至18歲以下之人，亦即，將少年虐待有意無意地涵蓋在兒童虐待概念中。

　　本章對於兒童虐待採狹義見解，不包括少年虐待在內，故本文所稱之兒童及少年虐待，相當於外國法上或學說及實務上廣義之兒童虐待。

　　所謂兒童及少年虐待，通常包括對兒童及少年實施身體虐待、精神虐待、性虐待及疏忽等行為而言。雖然民法親屬編第1085條規定：「父母得於必要範圍內懲戒其子女。」但逾越必要範圍內之不當體罰，仍構成兒童及少年虐待而為法之所不容。

　　依衛生福利部之107年度兒童及少年保護執行概況統計資料，兒童及少年受虐人數共計4,175人，其中兒童占67.83%，少年占32.17%。施虐者其中以（養）父母最多，高達79.2%，如果再加上親戚5.54%、（外）祖父

---

[1] 原文為：For the purposes of the present Convention, a child means every Human being below the age of eighteen years unless, under the law Applicable to the child, majority is attained earlier

母3.7%及同居者4.23%，則高達92.67%[2]。上開資料顯示，我國兒童及少年虐待問題嚴重，而且兒童及少年虐待問題，超過九成係屬家庭暴力問題。

　　兒童及少年虐待事件存在於古今中外，由於近年來報載發生多起嚴重的兒童及少年虐待事件，已經引起國人對於兒童及少年虐待事件之普遍關注，內政部自民國93年起即持續強化責任通報制度，希望藉由通報制度使政府部門可以及時介入兒童及少年虐待事件，對於受虐兒童及少年提供適當之保護措施。

　　由於兒童及少年虐待事件絕大多數屬於家庭暴力事件，天下無不是之父母以及法不入家門之傳統觀念應加以打破，讓公權力介入家庭內及家庭外之兒童及少年虐待事件，才能對於受虐兒童及少年提供及時救援。所謂公權力介入兒童及少年虐待事件，除了由社政單位、警政單位及醫療單位提供救援及醫療等服務外，司法救濟更是不可或缺之一環。

　　雖然清官難斷家務事及法不入家門之觀念長久以來普遍存在於國人心中，民國87年公布施行之家庭暴力防治法，已讓許多人改變上開傳統觀念，接受公權力應積極介入家庭以保護家庭暴力被害人之看法，該法並對於暴力家庭之子女，不管其是否遭受暴力或目睹暴力，設有特別的保護規範，使受虐子女除了可以在遭受暴力之後尋求庇護或補償外，還可以藉由一些預防與治療制度，經由司法人員、警察人員、社工人員、醫療人員及教育人員之通力合作，防止暴力之繼續發生，提供子女一個安全的生活與成長環境。除了家庭暴力防治法外，民法、刑法、民事訴訟法、刑事訴訟法、兒童及少年福利與權益保障法等相關法律，亦對於受虐兒童及少年提供不少法律救濟途徑。

貳 兒童及少年虐待事件之法律救濟途徑

　　關於各種法律所規定之兒童及少年虐待事件之法律規範，可以大致分為民事救濟途徑、刑事救濟途徑及行政救濟途徑等3種，此3種救濟途徑

---

[2] 衛福部統計處＞衛生福利統計專區＞性別統計專區＞性別統計指標＞社會福利類＞兒童及少年保護執行概況。

可以同時併行，當事人可以就具體個案選擇一種或數種適用之，茲分述如下：

一、民事救濟

（一）請求宣告停止親權、監護權或終止收養後，由監護人監護或由本生父母行使親權或監護權

依民法親屬編第1090條與第1081條、兒童及少年福利與權益保障法第71條第1項規定，請求法院宣告停止父或母或監護人之親權、監護權或宣告終止收養關係，再依民法第1091條、第1094條、第1106條與第1106-1條、兒童及少年福利與權益保障法第71第1項及第2項規定，由法定、選定、暫時法定、另行選任或改定監護人監護，或由本生父母行使親權或監護權。

（二）聲請保護令

對於各類型之兒童及少年受虐案件，可視情形依家庭暴力防治法第12條、第14條、第16條之規定，聲請法院核發不同類型之保護令，如禁止施暴、禁止聯絡、遷出住居所、遠離特定場所、定暫時監護權、定探視權、給付扶養費、命施虐者接受處遇計畫等。

（三）請求損害賠償

受虐兒童及少年如因受虐而受有財產上或非財產上之損害，可以依民法侵權行為等有關規定，向加害人請求醫療費用、精神慰藉金等賠償。

二、刑事救濟

(一)提起刑事告訴：視案情提起傷害、恐嚇、妨害自由、遺棄、妨害性自主及妨害風化等罪之刑事告訴。

(二)偵查及審判程序之被害人保護措施：在亂倫案件或其他遭受性侵害之場合，依性侵害防治法第15條規定，被害人之法定代理人、配偶、直系或三親等內旁系血親、家長、家屬、醫師、心理師、輔導人員或社工人

員得於偵查或審判中陪同被害人在場,並得陳述意見;依第16條規定,對被害人為訊問或詰問可以依法在法庭外為之,或採取適當之隔離措施,審判長也可以禁止不當詰問而以訊問代之,被告或其辯護人原則上不得詰問或提出有關被害人與被告以外之人之性經驗證據。

(三)法官得命預防性羈押:在亂倫等性侵害案件中,法官可以依下列規定為預防性羈押:

1.刑事訴訟法第101條之1規定:被告經法官訊問後,認為其犯強制性交、強制猥褻、加重強制猥褻、乘機性交猥褻、與幼年男女性交或猥褻、傷害、妨害自由、強制、恐嚇危害安全等罪嫌疑重大,有事實足認為有反覆實施同一犯罪之虞,而有羈押之必要者,得羈押之。

2.104年增訂之家庭暴力防治法第30條之1規定:「被告經法官訊問後,認為違反保護令者、家庭成員間故意實施家庭暴力行為而成立之罪,其嫌疑重大,有事實足認為有反覆實行前開犯罪之虞,而有羈押之必要者,得羈押之。」

(四)核發刑事保護令:在亂倫等性侵害案件中,法官或檢察官可以依法核發下列刑事保護令:

1. 釋放條件

(1)家暴法第31條第1項規定,檢察官或法院訊問家庭暴力罪或違反保護令罪之被告後,認無羈押之必要,而命具保、責付、限制住居或釋放者,得附特定條件命被告遵守。

(2)家暴法第33條第1項準用第31條第1項規定,法院對於羈押中之家庭暴力罪或違反保護令罪被告,裁定停止羈押,而命具保、責付、限制住居或釋放時,得附特定條件命被告遵守。

(3)條件內容包括:禁止施暴、禁止聯絡、遷出住居所、遠離特定場所、其他保護事項等。

2. 緩刑條件

(1)刑事庭法官如果判決被告成立家庭暴力罪或違反保護令罪,依刑法第74條第1項規定宣告緩刑時,依家暴法第38條規定,被告在緩刑期內應付保護管束,法官除顯無必要外,應該命被告在付緩刑保護

　　管束期間內遵守特定事項。

　　(2)遵守事項包括：禁止施暴、禁止聯絡、遷出住居所、遠離特定場
　　　所、加害人處遇計畫、其他保護事項等。

3. 假釋條件

　　(1)家庭暴力罪或違反保護令罪之受刑人如符合刑法第77條所定假釋要
　　　件，由監獄報請法務部許可假釋出獄，檢察官依刑事訴訟法第481
　　　條及刑法第93條第2項規定，向法院聲請裁定於假釋中應付保護管
　　　束時，可以向法院聲請命受刑人於假釋期間應遵守家暴法第38條第
　　　2項所定之各款事項。法院裁定假釋中付保護管束時，依家暴法第
　　　39條準用第38條規定，除顯無必要外，應該依檢察官之聲請或依職
　　　權，命受刑人在付假釋保護管束期間應遵守該法第38條第2項所定
　　　之各款事項。

　　(2)遵守事項包括：禁止施暴、禁止聯絡、遷出住居所、遠離特定場
　　　所、加害人處遇計畫、其他保護事項等。

三、行政救濟

（一）給與協助、輔導、安置、緊急保護或其他必要處置

　　地方政府主管機關得依兒童及少年福利與權益保障法第52條第1項規
定，給與協助、輔導或安置，亦得依該法第56條第1項規定，給與緊急保
護、安置或其他必要之處置。

（二）辦理家庭寄養或交付機構收容

　　依兒童及少年福利與權益保障法第62條第2項規定，地方政府主管機
關得於安置期間辦理家庭寄養或交付機構教養之。

（三）聲請補助

　　依性侵害防治法第19條規定，被害人得向地方主管機關聲請補助非屬
全民健康保險給付範圍之醫療費用、心理復健費用、訴訟費用、律師費用
及其他費用。

（四）令接受親職教育輔導

依兒童及少年福利與權益保障法第102條第1項規定，地方政府主管機關對於未善盡保護義務之父母、監護人或其他實際照顧兒童及少年者，得命令其接受8小時以上50小時以下之親職教育輔導。

104年修正之家庭暴力防治法第14條第1項第10款及第3項規定，法院核發通常保護令時，得命相對人完成加害人處遇計畫，逐命相對人接受親職教育輔導。

（五）科處罰鍰

依兒童及少年福利與權益保障法第97條規定，地方政府主管機關對於一切虐待兒童及少年者，得處新臺幣6萬元以上60萬元以下罰鍰。依同法第102條第3項規定，地方政府主管機關對於拒不接受依同法條第1項所定之親職教育輔導或時數不足者，得處新臺幣3千元以上3萬元以下罰鍰；經再通知仍不接受者，得按次連續處罰，至其參加為止。

依同法第107條第1項規定，地方政府主管機關對於有虐待兒童及少年情事之兒童及少年福利機構或兒童課後照顧服務班及中心，得處新臺幣6萬元以上30萬元以下罰鍰，並命其限期改善；屆期仍不改善者，得按次處罰。

（六）公告姓名

依兒童及少年福利與權益保障法第97條規定，地方政府主管機關對於一切虐待兒童及少年者，得公告其姓名或名稱。

依同法第107條第1項規定，地方政府主管機關對於虐待兒童及少年且情節嚴重之兒童及少年福利機構或兒童課後照顧服務班及中心，得公布其名稱及負責人姓名。

（七）勒令停辦

依兒童及少年福利與權益保障法第107條第1項規定，地方政府主管機關對於有虐待兒童情事且情節嚴重之兒童及少年福利機構或兒童課後照顧服務班及中心，得命其停辦1個月以上1年以下。

參　由案例看法律之具體適用

由於法律規定十分繁複，經由下列案例解析，可以更清楚看出上開法律救濟在具體案件中之適用。

【案例】

小莉（11歲）自幼常受父親阿義無故毆打，小莉並曾受阿義強暴。問：小莉可以尋求何種法律救濟？

【法律適用】

一、聲請保護令

小莉係阿義之女兒，屬於家庭暴力防治法第3條第1項第3款所規定之家庭成員。阿義常無故毆打小莉，並強迫小莉與其發生性關係，對於小莉實施身體上及精神上不法侵害之行為，依同法第2條第1項規定，係屬實施家庭暴力行為。因此，小莉可以依據家庭暴力防治法之規定，自己聲請法院核發第16條第2、3項之暫時保護令及第14條第1項之通常保護令，或請檢察官、警察機關或社政機關為其聲請緊急、暫時或通常保護令，可聲請核發之內容為：

（一）緊急或暫時保護令

法院得依聲請或依職權核發下列一款或數款命令：

1.禁止阿義對於小莉實施家庭暴力。

2.禁止阿義直接或間接對於小莉為騷擾、接觸、跟蹤、通話、通信或其他非必要之聯絡行為。

3.命阿義遷出小莉與阿義之住居所，禁止阿義就該不動產為使用、出租、出借、出賣、設定抵押等有礙小莉使用住居所之行為。

4.命阿義遠離下列場所特定距離：小莉之住居所、學校、工作場所或其他經常出入之特定場所。

5.定汽、機車及其他個人生活上、職業上或教育上必需品之使用權，必要時並得命交付之。

6.定對於小莉之監護權暫時由其母任之（阿義顯然不適合行使監護權），定監護權行使之內容及方法，必要時並得命交付子女。

7.禁止阿義查閱小莉之戶籍、學籍、所得來源相關資訊。

8.命其他保護小莉之必要命令。

（二）通常保護令

法院得依聲請或依職權核發下列一款或數款命令：

1.禁止阿義對於小莉實施家庭暴力。

2.禁止阿義直接或間接對於小莉為騷擾、接觸、跟蹤、通話、通信或其他非必要之聯絡行為。

3.命阿義遷出小莉與阿義之住居所，禁止阿義就該不動產為使用、出租、出借、出賣、設定抵押等有礙小莉使用住居所之行為。

4.命阿義遠離下列場所特定距離：小莉之住居所、學校、工作場所或其他經常出入之特定場所。

5.定汽、機車及其他個人生活上、職業上或教育上必需品之使用權，必要時並得命交付之。

6.定對於小莉之監護權暫時由其母任之（阿義顯然不適合行使監護權），定監護權行使之內容及方法，必要時並得命交付子女。

7.定阿義對小莉之探視方式，必要時並得禁止探視。

8.命阿義給付小莉住居所之租金，或給付小莉之扶養費。

9.命阿義交付小莉之醫療、輔導、庇護所或財物損害等費用。

10.命阿義完成加害人處遇計畫：認知輔導教育、親職教育輔導、心理輔導、精神治療、戒癮治療或其他治療、輔導。

11.命阿義負擔相當之律師費。

12.禁止阿義查閱小莉之戶籍、學籍、所得來源相關資訊。

13.命其他保護小莉之必要命令。

二、提起刑事告訴

(一)阿義常無故毆打小莉，且強迫小莉與其發生性關係，小莉得向警察機關或檢察官為傷害罪及強制性交罪之告訴，或直接向法院提起傷害罪及強制性交罪之自訴。

(二)在刑事案件偵查或審理時，小莉得依性侵害防治法第15條規定，由其法定代理人、直系或三親等內旁系血親、家長、家屬、醫師、心理師、輔導人員或社工人員於偵查或審判中陪同在場，並得陳述意見，法院得依該法第16條規定對小莉在法庭外進行訊問或詰問，或採取適當之隔離措施，或以訊問代替詰問。

三、命預防性羈押

阿義對小莉故意實施家庭暴力行為而成立傷害罪及強制性交罪，依家庭暴力法第2條第2款規定，成立家庭暴力罪，在刑事案件偵查或審理時，法官可以依刑事訴訟法第101條之1或家庭暴力防治法第30條之1規定，命預防性羈押阿義。

四、核發刑事保護令

在刑事案件偵查或審理時，法官或檢察官可以核發釋放條件；法官如果判決阿義成立犯罪但應受緩刑宣告時，原則上應核發緩刑條件；法院裁定阿義假釋中付保護管束時，原則上應核發假釋條件。上開條件之內容均包括禁止施暴、禁止聯絡、遷出住居所、遠離特定場所、其他保護事項等，緩刑及假釋條件之內容尚包括加害人處遇計畫。

五、聲請補助

依性侵害防治法第19條規定，被害人得向地方主管機關聲請醫療費用、心理復健費用、訴訟費用、律師費用及其他費用。

六、請求給與適當之保護與安置

小莉為12歲以下之兒童，得依兒童及少年福利與權益保障法之上開規定，請求當地主管機關給與協助、輔導、安置、緊急保護或其他必要之處置。

七、請求宣告停止阿義之親權

阿義對於小莉實施暴力，濫用其對於小莉之親權，小莉得依民法親屬編、兒童及少年福利與權益保障法之上開規定，請求法院宣告停止阿義之親權，由其母行使親權，如其母不能行使親權時，得依民法、兒童及少年福利與權益保障法之上開規定，由法定、選定、改定、指定或暫時法定監護人行使監護權。

八、請求損害賠償

小莉可以依據民法侵權行為等有關規定，向阿義請求醫療費用、精神慰藉金等賠償。

九、聲請地方政府給予行政救濟

小莉可以聲請地方政府主管機關依少年及兒童福利與權益保障法之上開規定，命令阿義接受8小時以上50小時以下之親職教育輔導，或對阿義科處罰鍰、公告姓名等。

肆 結 論

受虐兒童及少年最需要特別的保護，受虐兒童及少年由於身心稚嫩，且無經濟基礎，缺乏自我防衛與自我保護的能力，其身心所受之傷害往往歷經長久時日仍難以康復。

家庭暴力防治法為根本防治暴力問題，規定法院得核發保護令命加害人完成加害人處遇計畫（第14條第1項第10款），法院亦得以加害人完

成加害人處遇計畫或其他特定輔導作爲探視子女之條件（第45條第1項第3款），使加害人能戒除毒癮或酒癮、接受精神治療或心理輔導，徹底改變其施虐習性。惟目前我國之加害人處遇計畫尚屬發展階段，其成效有待加強。

　　兒童及少年福利與權益保障法第64條亦明定，地方政府主管機關對於列爲保護個案之受虐兒童及少年應提出兒童及少年家庭處遇計畫，該計畫得包括：家庭功能評估、兒童少年安全與安置評估、親職教育、心理輔導、精神治療、戒癮治療或其他維護兒童及少年或其他家庭正常功能有關之協助及福利服務方案。該法於民國92年5月28日公布施行，有關兒童及少年家庭處遇計畫之實施成效如何，尚待研究評估。

　　雖然我國之暴力防治法規已堪稱爲進步之立法，但由於國家在暴力防治方面所投入之人力及財力均有所不足，執法成效並未令人滿意。上開法律所定之加害人與被害人處遇計畫，如無政府機關尤其是醫療單位與社政機關之大力支援與通力合作，無法發展出根治暴力習性之有效治療輔導方案。再以責任通報制爲例，法律所定之責任通報制包括：一、兒童及少年福利與權益保障法第53條第1項規定：醫事人員、社會工作人員、教育人員、保育人員、教保服務人員、警察、司法人員、移民業務人員、戶政人員、村（里）幹事及其他執行兒童及少年福利業務人員，知悉兒童及少年有受虐情形者，應立即向直轄市、縣（市）主管機關通報，至遲不得超過24小時。違反此規定而無正當理由者，依該法第100條規定，處新臺幣六千元以上六萬元以下罰鍰；二、家庭暴力防治法第50條第1項規定：「醫事人員、社會工作人員、教育人員、保育人員、警察人員、移民業務人員及其他執行家庭暴力防治人員，在執行職務時知有家庭暴力，應立即通報當地主管機關，至遲不得逾二十四小時。」違反此規定者，依該法第62條規定，處新臺幣6千元以上3萬元以下罰鍰。三、性侵害犯罪防治法第8條第1項規定：「醫事人員、社工人員、教育人員、保育人員、警察人員、勞政人員、司法人員、移民業務人員、矯正人員、村（里）幹事人員，於執行職務時知有疑似性侵害犯罪情事者，應立即向當地直轄市、縣（市）主管機關通報，至遲不得逾二十四小時。」雖然上開法律均明定何

種人員應負責任通報義務，有些並定有罰則，但因行政機關未積極執法，很少有人因違法不通報而受到行政機關之處罰。除通報制度尚未落實外，實務上常遭遇之難題為：無充足的社工人力及經費可以對受虐兒童及少年提供適當保護。因此，如何落實責任通報制，及解決經費不足及執法人員缺乏等問題，應該是落實兒童及少年虐待相關法規之第一要務。

近幾年來，因家庭暴力防治法、性侵害犯罪防治法、兒童及少年性剝削防制條例（104年修法前之名稱為「兒童及少年性交易防制條例」）、兒童及少年福利與權益保障法等婦幼保護法規之通過及修正，我國在婦幼保護法律規範上有長足之進步，對於家庭暴力、性侵害及兒童及少年虐待之迷思也有許多導正觀念之效果。民國96年公布施行之家庭暴力防治法修正條文已經擴大家庭暴力被害人之保護範圍，將無婚姻關係而有同居關係者之子女納入保護範圍，並對於保護令之執行程序有更明確之規定；104年修法時再度擴大保護範圍，將目睹家庭暴力兒童及少年均納入其中，且增訂第63條之1，明定年滿16歲而遭受現有或曾有親密關係之未同居伴侶施以身體或精神上不法侵害之情事者，準用第2章「民事保護令」以及第5章「預防及處遇」之部分規定，使兒童及少年之家庭暴力問題有更完善之法律規範。

然而，法律必須與時俱進，適時檢討修正，才能發揮保護功能。希望藉由政府機關與民間團體的共同努力，讓我國之兒童及少年保護法規不論在法律之制定、修正或法律之執行上，能夠與時俱進，提供受虐兒童及少年一個有效防治暴力的途徑，在無暴力陰影的安全環境中成長茁壯。

第六章 從具體案例看家庭暴力防治法與其他相關法規之適用

壹 前言

　　家庭暴力防治法自民國88年6月24日開始全面施行後，全國各地之家庭暴力防治中心開始運作，有關家庭暴力之查詢、申訴、報案電話應接不暇。實施第一天，花蓮地方法院即受理2件家庭暴力事件，臺北、桃園、臺中、屏東等地院亦分別受理1至3件家庭暴力事件[1]。臺北地方法院家事法庭值班法官於24日晚間11時許，依據臺北縣警察局新店分局之聲請，裁定核發緊急暫時保護令，此為全國第一張法院核發之保護令[2]。屏東縣警察局於家庭暴力防治法實施後一星期即發現有燒毀暫時保護令並再度毆妻之案例，而將嫌犯移送偵辦，屏東地方法院對該違法保護令罪之嫌犯「再度」核發暫時保護令，命其遷出住處，並遠離其妻之住處、工作場所100公尺[3]。

　　大致說來，家庭暴力防治法實施後，國人對於家庭暴力防治法已多抱持支持與肯定的態度。家庭暴力防治法實施約2星期後，聯合報之社論即對於家庭暴力防治法發表極為正面的評論如下：「令人吃驚的原因在於：家庭暴力防治法從實施之初，輿論即不斷強調其突破了『法入家門』的傳統，是新法律對舊觀念的挑戰；但從家暴法一實施即轟動的情況來看，很多家庭暴力的受害人求助於家暴法，直如大旱之望雲霓般地迫不及待。很多過去視為『家醜』而不願聲張的家內糾紛，如今直接搬上法律檯面。也有諸如幼兒遭嚴重虐待、女童遭親人性侵害的案子，令人不得不遺憾法律救援來得太遲。這些情況，都在訴說一個現象：過去各界對實施家暴法百

---

[1] 司法周刊，第936期，民國88年7月7日，第4版。

[2] 中國時報，民國88年6月25日，第8版。

[3] 自由時報，民國88年6月30日，第7頁。

般躊躇，唯恐『法入家門』而對傳統習俗衝擊太甚；如今實況證明：『法入家門』不但可行，而且在現今時代尤見其必要性和迫切性。」[4]

　　然而，由於家庭暴防治法引進許多新制度與新觀念，不免令不少人心中存有疑慮或疑惑，例如：法入家門會不會造成家庭破裂？家庭暴力防治法在適用上會不會與傳統法律互相衝突？家庭暴力防治法到底能提供哪些有別於傳統法律之有效救濟途徑？為澄清可能發生之疑慮與疑惑，本文以一虛擬案例，詳列家庭暴力防治法與其相關傳統法律之適用方式，期使國人對於家庭暴力防治法與其相關法律有更清楚之認識，並能正確而妥當地適用法律。

貳 案例研究

【案例】

　　阿丁與美雲結婚後，生有一女小慧。阿丁常無故毆打美雲及小慧。當小慧年13歲時，有一日，阿丁趁家人不在之際，強迫小慧與其發生性關係，美雲知悉後，痛不欲生，憤而攜小慧回娘家居住。阿丁至美雲娘家，將美雲之母秀枝打傷，並揚言3日內美雲如不攜女回夫家，將放火燒毀秀枝居住之房屋後，揚長而去。問：美雲、小慧、秀枝可以尋求何種法律救濟途徑？

【法律適用】

　　美雲係阿丁之配偶，屬於家庭暴力防治法第3條第1項第1款之家庭成員。秀枝係阿丁之直系姻親，小慧係阿丁之直系血親，均屬於同法第3條第1項第3款之家庭成員。美雲、秀枝及小慧可以尋求下列法律救濟途徑。

一、美雲方面

（一）聲請核發保護令

　　阿丁毆打美雲及其母，並強暴其親生女，對於美雲實施身體上及精神上不法侵害之行為，依家庭暴力防治法第2條第1項第1款規定，係屬實施家庭暴力行為。因此，美雲可以依據同法之規定聲請法院核發第16條第3項之暫時保護令及第14條第1項之通常保護令，檢察官、警察機關或社政機關也可以為美雲聲請法院核發第16條第3項之暫時或緊急保護令，或聲請法院核發第14條第1項之通常保護令。

1. 暫時或緊急保護令

法院得依聲請或依職權核發下列一款或數款命令：

(1)禁止阿丁對於美雲或其特定家庭成員小慧、秀枝實施家庭暴力。

(2)禁止阿丁直接或間接對於美雲為騷擾、接觸、跟蹤、通話、通信或其他非必要之聯絡行為。

(3)命阿丁遷出美雲與阿丁之住居所，禁止阿丁就該不動產為使用、出借、出租、出賣或設定抵押等有礙美雲使用住居所之行為。

(4)命阿丁遠離下列場所特定距離：美雲之住居所、學校、工作場所或其他美雲或其特定家庭成員小慧、秀枝經常出入之特定場所。

(5)定汽、機車及其他個人生活上、職業上或教育上必需品之使用權，必要時並得命交付之。

(6)定對於小慧之監護權暫時由美雲或阿丁任之、或由美雲與阿丁雙方共同任之，定監護權行使之內容及方法，必要時並得命交付子女。

(7)禁止阿丁查閱美雲及受其暫時監護之小慧之戶籍、學籍、所得來源相關資訊。

(8)命其他保護美雲及其特定家庭成員小慧、秀枝之必要命令。

2. 通常保護令

法院可以依聲請或依職權核發下列一款或數款命令：

(1)禁止阿丁對於美雲或其特定家庭成員小慧、秀枝實施家庭暴力。

(2)禁止阿丁直接或間接對於美雲為騷擾、接觸、跟蹤、通話、通信或

其他非必要之聯絡行為。

(3)命阿丁遷出美雲與阿丁之住居所，禁止阿丁就該不動產為使用、出借、出租、出賣或設定抵押等有礙美雲使用住居所之行為。

(4)命阿丁遠離下列場所特定距離：美雲之住居所、學校、工作場所或其他美雲或其特定家庭成員小慧、秀枝經常出入之特定場所。

(5)定汽、機車及其他個人生活上、職業上或教育上必需品之使用權，必要時並得命交付之。

(6)定對於小慧之親權暫時由美雲或阿丁任之、或由美雲與阿丁雙方共同任之，定親權行使之內容及方法，必要時並得命交付子女。

(7)定阿丁對小慧之探視方式，必要時並得禁止探視。

(8)命阿丁給付美雲住居所之租金，或給付美雲及小慧之扶養費。

(9)命阿丁交付美雲或特定家庭成員小慧、秀枝之醫療、輔導、庇護所或財物損害等費用。

(10)命阿丁完成加害人處遇計畫：認知教育輔導、親職教育輔導、心理輔導、精神治療、戒癮治療或其他輔導、治療。

(11)命阿丁負擔相當之律師費。

(12)禁止阿丁查閱美雲及受其暫時監護之小慧之戶籍、學籍、所得來源相關資訊。

(13)命其他保護美雲及其特定家庭成員小慧、秀枝之必要命令。

（二）訴請離婚

1.阿丁常無故毆打美雲，美雲可主張其受阿丁不堪同居之「身體上」虐待，依民法第1052條第1項第3款規定（夫妻之一方受他方不堪同居之虐待）訴請離婚。

2.阿丁經常強迫小慧與其發生性關係，美雲受有精神上極大之痛苦，依最高法院63年台上字第1444號判例，美雲可主張其受阿丁不堪同居之「精神上」虐待，依民法第1052條第1項第3款規定（夫妻之一方受他方不堪同居之虐待）訴請離婚。

3.阿丁打傷美雲之母秀枝，並揚言將放火燒毀秀枝居住之房屋，美雲

可主張阿丁對於秀枝爲虐待，致不堪爲共同生活，依民法第1052條第1項第4款規定（夫妻之一方對於他方之直系尊親屬爲虐待，致不堪爲共同生活）訴請離婚。

（三）提起刑事告訴

1.阿丁常毆打美雲，美雲得向警察機關或檢察官爲傷害罪之告訴，或直接向法院提起傷害罪之自訴。

2.阿丁揚言3日內美雲如不攜子女回夫家，將放火燒毀秀枝居住之房屋，使美雲、秀枝、小慧心生畏怖，構成恐嚇罪，美雲得向警察機關或檢察官爲恐嚇罪之告發。

（四）命預防性羈押

阿丁對有家庭成員關係之美雲故意實施家庭暴力行爲而成立傷害罪及恐嚇罪，依家庭暴力法第2條第2款規定，成立家庭暴力罪。在刑事案件偵查或審理時，法官訊問阿丁後，如認爲阿丁犯恐嚇罪或傷害罪嫌疑重大，有事實足認爲有反覆實施強制性交罪或傷害罪之虞，而有羈押之必要者，得依刑事訴訟法第101條之1或家庭暴力防治法第30條之1規定，命羈押阿丁。

（五）核發刑事保護令

1.在刑事案件偵查或審理時，檢察官或法院訊問阿丁後如爲認無羈押之必要而命具保、責付、限制住居或釋放者，可以依家庭暴力防治法第31條第1項規定核發釋放條件，命阿丁遵守下列事項：禁止施暴、禁止聯絡、遷出住居所、遠離特定場所、其他保護事項等。阿丁如果被羈押後，經法院裁定停止羈押而命具保、責付、限制住居或釋放時，可以依家庭暴力防治法第33條第1項準用第31條第1項規定，核發上開釋放條件。

2.刑事庭法官如果判決阿丁成立恐嚇罪或傷害罪，依刑法第74條第1項規定宣告緩刑時，依家庭暴力防治法第38條規定，被告在緩刑期內應付保護管束，法官除顯無必要外，應核發緩刑條件，命阿丁在付緩刑保護管束期間內遵守下列事項：禁止施暴、禁止聯絡、遷出住居所、遠離特定場

所、完成加害人處遇計畫、其他保護事項等。

　　3.阿丁入監執行後，如符合刑法第77條所定假釋要件，由監獄報請法務部許可假釋出獄，檢察官依刑事訴訟法第481條及刑法第93條第2項規定，向法院聲請裁定於假釋中應付保護管束時，可以向法院聲請核發假釋條件，命受刑人於假釋期間應遵守家庭暴力防治法第38條第2項所定之各款事項。法院裁定假釋中付保護管束時，依家庭暴力防治法第39條準用第38條規定，除顯無必要外，應該依檢察官之聲請或依職權，核發假釋條件，命受刑人在付假釋保護管束期間遵守該法第38條第2項所定之下列事項：禁止施暴、禁止聯絡、遷出住居所、遠離特定場所、加害人處遇計畫、其他保護事項。

二、秀枝方面

（一）聲請核發保護令

　　阿丁打傷秀枝，並揚言放火燒毀其房屋，對於秀枝實施身體上及精神上不法侵害之行為，依同法第2條第1項第1款規定，係屬實施家庭暴力行為。因此，秀枝可以依據家庭暴力防治法之規定，聲請法院核發第16條第3項之暫時保護令，及第14條第1項之通常保護令，檢察官、警察機關或社政機關也可以為美雲聲請法院核發緊急、暫時或通常保護令。

1. 暫時或緊急保護令

　　法院可以依聲請或依職權核發下列一款或數款命令：

(1)禁止阿丁對於秀枝或其特定家庭成員美雲、小慧實施家庭暴力。

(2)禁止阿丁直接或間接對於秀枝為騷擾、接觸、跟蹤、通話、通信或其他非必要之聯絡行為。

(3)命阿丁遠離下列場所特定距離：秀枝之住居所、學校、工作場所或其他秀枝或其特定家庭成員美雲、小慧經常出入之特定場所。

(4)禁止阿丁查閱秀枝之戶籍、所得來源相關資訊。

(5)命其他保護秀枝及其特定家庭成員美雲、小慧之必要命令。

2. 通常保護令

法院可以依聲請或依職權核發下列一款或數款命令：

(1)禁止阿丁對於秀枝或其特定家庭成員美雲、小慧實施家庭暴力。

(2)禁止阿丁直接或間接對於秀枝為騷擾、接觸、跟蹤、通話、通信或其他非必要之聯絡行為。

(3)命阿丁遠離下列場所特定距離：秀枝之住居所、學校、工作場所或其他秀枝或其特定家庭成員美雲、小慧經常出入之特定場所。

(4)命其他保護秀枝及其特定家庭成員美雲、小慧之必要命令。

(5)命阿丁交付秀枝及其特定家庭成員美雲、小慧之醫療、輔導、庇護所或財物損害等費用。

(6)命阿丁完成加害人處遇計畫：認知教育輔導、親職教育輔導、心理輔導、精神治療、戒癮治療或其他輔導、治療。

(7)命阿丁負擔相當之律師費。

(8)禁止阿丁查閱秀枝之戶籍、所得來源相關資訊。

(9)命其他保護秀枝及其特定家庭成員美雲、小慧、小明之必要命令。

（二）提起刑事告訴

阿丁將秀枝打傷，秀枝得向警察機關或檢察官為傷害罪之告訴，或直接向法院提起傷害罪之自訴。

阿丁揚言3日內美雲如不回夫家，將放火燒毀秀枝居住之房屋，使秀枝、美雲、小慧心生畏怖，構成恐嚇罪，秀枝得向警察機關或檢察官為恐嚇罪之告發。

（三）命預防性羈押

阿丁對有家庭成員關係之秀枝故意實施家庭暴力行為而成立傷害罪及恐嚇罪，依家庭暴力法第2條第2款規定，成立家庭暴力罪。在刑事案件偵查或審理時，法官訊問阿丁後，如認為阿丁犯恐嚇罪或傷害罪嫌疑重大，有事實足認為有反覆實施強制性交罪或傷害罪之虞，而有羈押之必要者，得依刑事訴訟法第101條之1或家庭暴力防治法第30條之1規定，命羈押阿丁。

（四）核發刑事保護令

1.在刑事案件偵查或審理時，檢察官或法院訊問阿丁後如為認無羈押之必要而命具保、責付、限制住居或釋放者，可以依家庭暴力防治法第31條第1項規定核發上開釋放條件。阿丁如果被羈押後，經法院裁定停止羈押而命具保、責付、限制住居或釋放時，可以依家庭暴力防治法第33條第1項準用第31條第1項規定，核發上開釋放條件。

2.刑事庭法官如果判決阿丁成立恐嚇罪或傷害罪，依刑法第74條第1項規定宣告緩刑時，依家庭暴力防治法第38條規定，被告在緩刑期內應付保護管束，法官除顯無必要外，應核發上開緩刑條件。

3.阿丁入監執行後，如符合刑法第77條所定假釋要件，由監獄報請法務部許可假釋出獄，檢察官依刑事訴訟法第481條及刑法第93條第2項規定，向法院聲請裁定於假釋中應付保護管束時，可以向法院聲請核發上開假釋條件。法院裁定假釋中付保護管束時，依家庭暴力防治法第39條準用第38條規定，除顯無必要外，應該依檢察官之聲請或依職權，核發上開假釋條件。

三、小慧方面

（一）聲請核發保護令

阿丁常無故毆打小慧，當小慧年13歲，阿丁強迫小慧與其發生性關係，對於小慧實施身體上及精神上不法侵害之行為，依同法第2條第1項第1款規定，係屬實施家庭暴力行為。因此，小慧可以依據家庭暴力防治法之規定，聲請法院核發第16條第3項之暫時保護令，及第14條第1項之通常保護令，檢察官、警察機關或社政機關也可以為美雲聲請法院核發緊急、暫時或通常保護令。

1.暫時或緊急保護令

法院可以依聲請或依職權核發下列一款或數款命令：

(1)禁止阿丁對於小慧或其特定家庭成員美雲、秀枝實施家庭暴力。

(2)禁止阿丁直接或間接對於小慧為騷擾、接觸、跟蹤、通話、通信或

其他非必要之聯絡行為。

(3)命阿丁遷出小慧與阿丁之住居所，禁止阿丁就該不動產為使用、出借、出租、出賣或設定抵押等有礙美雲使用住居所之行為。

(4)命阿丁遠離下列場所特定距離：小慧之住居所、學校、工作場所或其他美雲或其特定家庭成員美雲、秀枝經常出入之特定場所。

(5)定汽、機車及其他個人生活上、職業上或教育上必需品之使用權，必要時並得命交付之。

(6)定對於小慧之監護權暫時由美雲或阿丁任之、或由美雲與阿丁雙方共同任之，定監護權行使之內容及方法，必要時並得命交付子女。

(7)禁止阿丁查閱小慧之戶籍、學籍、所得來源相關資訊。

(8)命其他保護小慧及其特定家庭成員美雲、秀枝之必要命令。

2. 通常保護令

法院可以依聲請或依職權核發下列一款或數款命令：

(1)禁止阿丁對於小慧或其特定家庭成員美雲、秀枝實施家庭暴力。

(2)禁止阿丁直接或間接對於小慧為騷擾、接觸、跟蹤、通話、通信或其他非必要之聯絡行為。

(3)命阿丁遷出小慧與阿丁之住居所，禁止阿丁就該不動產為使用、出借、出租、出賣或設定抵押等有礙美雲使用住居所之行為。

(4)命阿丁遠離下列場所特定距離：小慧之住居所、學校、工作場所或其他美雲或其特定家庭成員美雲、秀枝經常出入之特定場所。

(5)定汽、機車及其他個人生活上、職業上或教育上必需品之使用權，必要時並得命交付之。

(6)定對於小慧之監護權暫時由美雲或阿丁任之、或由美雲與阿丁雙方共同任之，定監護權行使之內容及方法，必要時並得命交付子女。

(7)定阿丁對小慧之探視方式，必要時並得禁止探視。

(8)命阿丁給付小慧住居所之租金，或給付小慧之扶養費。

(9)命阿丁交付小慧或特定家庭成員美雲、秀枝之醫療、輔導、庇護所或財物損害等費用。

(10)命阿丁完成加害人處遇計畫：認知教育輔導、親職教育輔導、心

理輔導、精神治療、戒癮治療或其他輔導、治療。

(11)命阿丁負擔相當之律師費。

(12)禁止阿丁查閱小慧之戶籍、學籍、所得來源相關資訊。

(13)命其他保護小慧及其特定家庭成員美雲、秀枝之必要命令。

（二）提起刑事告訴

1.阿丁常無故毆打小慧，且強迫小慧與其發生性關係，小慧得向警察機關或檢察官為傷害罪及強制性交罪之告訴，或直接向法院提起傷害罪及強制性交罪）之自訴。阿丁揚言3日內美雲如不攜子女回夫家，將放火燒毀秀枝居住之房屋，使小慧、美雲、秀枝心生畏怖，構成恐嚇罪，小慧得向警察機關或檢察官為恐嚇罪之告發。

2.在刑事案件偵查或審理時，小慧得依性侵害防治法第15條規定，由其法定代理人、直系或三親等內旁系血親、家長、家屬、醫師、心理師、輔導人員或社工人員於偵查或審判中陪同在場，並得陳述意見，法院可以依該法第16條規定在法庭外進行訊問或詰問，或採取適當之隔離措施，或以訊問代替詰問。

（三）命預防性羈押

阿丁對有家庭成員關係之小慧故意實施家庭暴力行為而成立傷害罪及恐嚇罪，依家庭暴力法第2條第2款規定，成立家庭暴力罪。在刑事案件偵查或審理時，法官訊問阿丁後，如認為阿丁犯強制性交罪或傷害罪嫌疑重大，有事實足認為有反覆實施強制性交罪或傷害罪之虞，而有羈押之必要者，得依刑事訴訟法第101條之1或家庭暴力防治法第30條之1規定，命羈押阿丁。

（四）核發刑事保護令

1.在刑事案件偵查或審理時，檢察官或法院訊問阿丁後如為認無羈押之必要而命具保、責付、限制住居或釋放者，可以依家庭暴力防治法第31條第1項規定核發上開釋放條件。阿丁如果被羈押後，經法院裁定停止羈押而命具保、責付、限制住居或釋放時，可以依家庭暴力防治法第33條第

1項準用第31條第1項規定，核發上開釋放條件。

　　2.刑事庭法官如果判決阿丁成立強制性交罪或傷害罪，依刑法第74條第1項規定宣告緩刑時，依家庭暴力防治法第38條規定，被告在緩刑期內應付保護管束，法官除顯無必要外，應核發上開緩刑條件。

　　3.阿丁入監執行後，如符合刑法第77條所定假釋要件，由監獄報請法務部許可假釋出獄，檢察官依刑事訴訟法第481條及刑法第93條第2項規定，向法院聲請裁定於假釋中應付保護管束時，可以向法院聲請核發上開假釋條件。法院裁定假釋中付保護管束時，依家庭暴力防治法第39條準用第38條規定，除顯無必要外，應該依檢察官之聲請或依職權，核發上開假釋條件。

（五）聲請補助

　　依性侵害防治法第19條規定，被害人得向地方主管機關聲請醫療費用、心理復健費用、訴訟費用、律師費用及其他費用。

（六）請求給與適當之保護與安置

　　小慧為12歲以上18歲以下之少年，地方政府主管機關得依兒童及少年福利與權益保障法第52條第1項規定，給予協助、輔導或安置，亦得依該法第56條第1項規定，給予緊急保護、安置或其他必要之處置。

（七）請求宣告停止阿丁之親權

　　阿丁對於小慧實施暴力，濫用其對於小慧之親權，小慧得依民法親屬編第1090條、兒童及少年福利與權益保障法第71條之規定，請求法院宣告停止阿丁之親權，由美雲行使親權。如美雲不能行使親權時，得依民法第1091條、第1094條、第1106條與第1106-1條、兒童及少年福利與權益保障法第71條規定，由法定、選定、暫時法定、另行選任或改定監護人監護小慧。

參　家庭暴力防治法與其他相關法規之適用

　　從上開案例研究可以得知，家庭暴力防治法與傳統法規之適用有下列

特點：

一、家庭暴力防治法原則上不變更傳統法律之規定

　　家庭暴力防治法是一部包含民刑事實體及程序法規之綜合立法，其少數規定與傳統法律規定有差異，因屬特別法規定應優先適用，例如：子女最佳利益原則之推定（家庭暴力防治法第43條）、子女監護權與探視權改定條件之放寬（家庭暴力防治法第44條）、定安全探視之條件（家庭暴力防治法第45條）、調解或和解之限制（家庭暴力防治法第47條）等。

　　然而，家庭暴力防治法在立法時，儘量採取不變更傳統法規之原則，例如：家庭暴力防治法中雖有「家庭暴力罪」之規定，但依該法第2條第1項第2款規定：「家庭暴力罪：指家庭成員間故意實施家庭暴力行為而成立其他法律所規定之犯罪而言」，故所謂家庭暴力罪，並非家庭暴力防治法新成立之犯罪類型，而係為方便法條之規範、稱呼及敘述起見，才將家庭成員間因故意實施家庭暴力行為，而成立傳統刑事法規所規定之犯罪時，稱為家庭暴力罪。

　　由於家庭暴力防治法原則上不變更傳統法律之規定，故傳統法律所定之各種民、刑救濟途徑多原封留存，家庭暴力防治法與傳統法律間在具體案件之適用法律時，不會有矛盾、衝突情形發生。

二、家庭暴力防治法開啟新救濟途徑

　　由於傳統法律之救濟途徑有不少漏洞與缺失，例如：欠缺防範措施、執法成效不彰、缺乏政體規範等，家庭暴力防治法為家庭暴力之被害人開啟不少新救濟途徑。例如：民事庭法官可核發民事保護令（家庭暴力防治法第14條、第16條）、法官可以命預防性羈押（刑事訴訟法第101條之1、家庭暴力防治法第30條之1）、檢察官及刑事庭法官可定釋放條件（家庭暴力防治法第31條、第33條）、刑事庭法官可定緩刑條件（家庭暴力防治法第38條）及假釋條件（家庭暴力防治法第39條準用第38條、刑法第93條第2項、刑事訴訟第481條1項），以保護被害人之人身安全，免受將來暴

力之危害；檢察官、司法警察官或司法警察得依法逮捕或逕行拘提家庭暴力罪或違反保護令罪嫌犯（家庭暴力防治法第29條），並應積極處理家庭暴力事件，採取必要之措施以保護被害人及防止家庭暴力之發生（家庭暴力防治法第48條）；引進監督探視制度，以避免施虐者利用探視權之行使而繼續控制受虐者及其子女（家庭暴力防治法第45條第1項第2款）；中央衛生機關應訂定家庭暴力加害人處遇計畫規範，使加害人得依法院或法務部之命令接受加害人處遇計畫，以得到適當之治療或輔導，根本解決家庭暴力問題（家庭暴力防治法第54條、第14條第1項第10款、第38條第2項第5款、第39條）；採行責任通報制，使家庭暴力主管機關對於家庭暴力事件之被害人適時給予有效之協助（家庭暴力防治法第50條）等。

　　事實上，家庭暴力防治法所開啓之新救濟途徑，不僅新穎多樣，其中最引人注目之保護令制度，雖然曾引起「將加害人趕出家門是違反被告人權、是另一種暴力」之批評，但因保護令存續期間最長不超過二年，僅是一種暫時隔離之措施，希望在隔離期間經由加害人之治療、輔導而根本解決家庭暴力問題，故比起離婚、提起刑事訴訟等傳統救濟方式，可以說是更爲溫和之救濟途徑。

　　因此，家庭暴力防治法爲被害人所開啓之新途徑，可以讓被害人有更多選擇的機會，不僅可以消極地切斷親屬關係、事後加以處罰或請求損害賠償，也可以針對個別暴力行爲或行爲人之特質，提供積極的防治途徑，使被害人與加害人同蒙其利。

三、彼此相輔相成

　　大致而言，家庭暴力防治法所提供之救濟途徑，重點置於家庭暴力行爲之事先預防、加害人之治療或輔導、被害人之協助或輔導等，傳統法律之救濟途徑則將重點置於家庭暴力行爲之事後處罰、親屬關係之終止、損害賠償等，但二者並不衝突，且相輔相成。亦即，家庭暴力防治法與傳統法律所提供之救濟途徑，可以在各種不同之具體個案中，相互搭配多種不同之適用方式，對於家庭暴力行爲發揮預防、嚇阻、治療、懲罰與填補

損害等效果，使家庭暴力之被害人得到妥善的保護與救濟，並建立警察機關、司法機關、社政機關、醫療機關及教育機關相互攜手合作之整體防治網絡。至於如何搭配適用，則須視具體個案之需要彈性爲之，一方面尊重被害人之意願，另一方面顧及加害人之人權，還要考慮被害人子女之安全與利益，務求周全與妥適。

肆　結　論

家庭暴力防治法在制訂時，除參酌外國先進之立法例外，經由我國各種領域學者專家之充分討論，已成功地達成本土化之目標。因此，家庭暴力防治法採取儘量不變更傳統法律規定之原則，雖然開啓許多新救濟途徑，在適用時並不會與傳統法律互相衝突，而且能與傳統法律發揮彼此相輔相成之效果，以達到家庭暴力防治法第1條所定「防治家庭暴力行爲及保護被害人權益」之立法目的。

再者，家庭暴力防治法雖然打破法不入家門之觀念，讓公權力依法能介入家庭紛爭，但因其所提供之救濟途徑，將重點置於家庭暴力行爲之事先預防、加害人之治療或輔導、被害人之協助或輔導等，有別於較偏重於家庭暴力行爲之事後處罰、親屬關係之終止、損害賠償等之傳統法律救濟途徑，因此，家庭暴力防治法可以說是對於家庭暴力行爲採取更爲正面、積極與對症下藥之處理方式。加害人之暴力行爲與暴力性格一旦得到有效的預防與治療，家庭才有眞正的和諧與幸福可言，否則，如果對於加害人之施暴行爲不願加以正視或面對，只一味要求被害人姑息忍讓，其結果輕者維持吵吵鬧鬧的暴力家庭，對於下一代產生非常不良之示範與影響，重者可能演變成加害人與被害人相互殘殺，家庭分崩離析之悲劇，鄧如雯殺夫案即爲其中一個著名的案例。在此意義之下，家庭暴力防治法如能與傳統法律妥適搭配適用，不僅不會造成家庭破裂，而且確實具有挽救不幸家庭的重要功能。

第七章　諮商與調解在家庭暴力事件之法律界限

壹　前　言

　　近年來，為因應日益增多之訴訟案件，且為結合民間團體資源，並讓心理師、社會工作師、醫師、律師及其他具有家事事件調解專業經驗者進入司法體系協助法院解決個案訟爭，司法院於民國94年3月25日發布「地方法院實施家事事件調解試行要點」，並於民國95年5月15日公布「法院調解委員倫理規範」。嗣司法院於民國97年3月27日另行發布「地方法院辦理家事調解事件實施要點」，並於民國97年3月31日廢止上開「地方法院實施家事事件調解試行要點」。因此，法院之家事調解制度脫離由某些法院試行階段後，已由所有法院普遍實施。嗣因家事事件法於101年1月11日制定公布，於101年6月1日施行，故司法院於101年5月2日訂定發布「法院設置家事調解委員辦法」，於101年5月28日制定發布「家事事件審理細則」，均自101年6月1日施行。上開「地方法院辦理家事調解事件實施要點」於104年2月26日修正更名為「法院加強辦理家事調解事件實施要點」。

　　關於諮商與調解制度在家庭暴力案件之運用問題，在司法實務之運作上與家庭暴力防治法之修正中均曾產生極大爭議。無論是司法院所頒布之任何行政命令，或者是法官所採取之任何審理，仍須受到現行法律之規範。本章謹就諮商與調解在家庭暴力事件之法律界限提出淺見，期能有助於消弭爭議。

貳　諮商與調解制度之主要法源基礎

　　在家庭暴力事件中，會牽涉到諮商或調解制度者，通常是離婚、侵權行為、損害賠償等家事及民事訴訟事件，或民事保護令事件等非訟事件。

依司法院所頒布之「法院設置家事調解委員辦法」第4條第1項第7、8、11款規定，地方法院雖可聘任具有性別平權意識、尊重多元文化之心理師、社會工作師、具有心理諮詢或心理諮商學經歷者為調解委員，進行家事調解，但依該辦法所進行之心理諮商係在家事調解制度下辦理，依法應受家事調解制度之規範。

民事及家事調解制度則應受民事訴訟法、家事事件法及家庭暴力防治法等法律之規範，上開「地方法院實施家事事件調解試行要點」、「法院加強辦理家事調解事件實施要點」及「法院設置家事調解委員辦法」既均屬行政命令而非法律，故其規範內容不能與民事訴訟法、家事事件法及家庭暴力防治法相牴觸，否則無效。

參 諮商與調解制度在家庭暴力事件之法律界限

諮商與調解制度既應受民事訴訟法及家庭暴力防治法之規範，則法官或調解人在牽涉家庭暴力事件之案中進行諮商或調解時，應遵守之法律界限如下：

一、保護令事件嚴禁調解與諮商

很多人都只知道家庭暴力防治法第47條有原則上禁止調解之規定，而不知道家庭暴力防治法第13條第7項有禁止調解之規定。

保護令事件依家事事件法第3條第4項第13款規定屬於丁類事件。同法第23條第3項雖規定：「除別有規定外，當事人對丁類事件，亦得於請求法院裁判前，聲請法院調解。」但家庭暴力防治法第13條第7項規定：「保護令事件不得進行調解或和解。」依此規定，保護令事件（不論是通常保護令、暫時保護令或緊急保護令）一律禁止，並無例外。因此，「家事事件審理細則」第43條第2項及「法院加強辦理家事調解事件實施要點」第2點第2項均規定：「保護令事件，不得進行調解，亦不得合併調解。」

因為保護令事件完全禁止調解，而心理諮商是在調解制度之下試行或

進行，所以保護令事件也完全禁止諮商。如果法院在審理保護令事件時對當事人進行調解或諮商，不僅不當，而且違法。

二、其他涉及家暴事件原則上禁止調解與諮商

法院審理或調解保護令以外之其他民刑事事件，如認為有家庭暴力情事時，依家庭暴力防治法第47條規定，原則上禁止和解或調解，除非有下列情形之一：(一)和解人或調解人曾受家庭暴力防治訓練並以確保被害人安全之方式進行和解或調解。(二)准許被害人選定輔助人參與和解或調解。(三)其他和解人或調解人認為能使被害人免受加害人脅迫之程序。

所以離婚事件之當事人間如涉及家庭暴力時，除非法院已經採取家庭暴力防治法第47條但書所規定之保護被害人免受脅迫之措施，否則不可以進行調解或諮商。

雖然不少人對於家庭暴力防治法之上開規定非常反感，96年間修正家庭暴力防治法時，行政院之修法版本也將此規定刪除。然而，此條有堅強的理論及實務基礎：家庭暴力之被害人與加害人並無對等權力（equal power），加害人常運用各種肢體語言或手段以控制被害人，被害人常因畏懼而放棄許多法律上之權利，調解人常無法辨識這些威嚇與脅迫手段，也常不能補救權力不對等狀況，所以難以達成公平的調解方案。在立法院進行朝野協商時，臺灣防暴聯盟代表堅持維持上開條文，行政院代表也因體認上開調解困境而同意維持原條文，終將此條文保留下來。

三、保護令事件不宜與離婚事件合併審理或統合處理

保護令事件與離婚事件之審理程序差異性極大：(一)保護令事件禁止調解與諮商；離婚事件如不涉及家庭暴力應強制調解，如涉及家庭暴力僅在例外情形可以調解與諮商。(二)保護令事件依家事事件法第3條第4項第13款規定屬於丁類事件，依同法第74條規定，原則上適用該法第4編「家事非訟程序」之規定；離婚事件依家事事件法第3條第2項第2款規定屬於乙類事件，依同法第37條規定，原則上適用該法第3編「家事訴訟程序」

之規定。(三)保護令事件之裁判重心在於是否應核發保護令，以防止施暴及保護被害人，不必過問當事人應該離婚或和好；離婚事件審判重點在於原告是否有法定離婚原因而應判准離婚；不必審酌應該採取何種措施，以制止暴力或保護被害人。

　　保護令事件與離婚事件之審理程序既有如此大之差異，性質上不宜合併審理或統合處理。家事事件法、非訟事件法、家庭暴力防治法均無保護令事件得與離婚事件合併審理或統合處理之規定。雖然家事事件法第41條第1項規定：「數家事訴訟事件，或家事訴訟事件及家事非訟事件請求之基礎事實相牽連者，得向就其中一家事訴訟事件有管轄權之少年及家事法院合併請求，不受民事訴訟法第53條及第248條規定之限制。」同法第79條亦規定：「家事非訟事件之合併、變更、追加或反聲請，準用第41條、第42條第1項及第43條之規定。」然而，該法並未明定保護令事件得與離婚事件合併審理或統合處理，「家事事件審理細則」第43條第2項及「法院加強辦理家事調解事件實施要點」第2點第2項均規定：「保護令事件，不得進行調解，亦不得合併調解。」所以保護令事件不宜與離婚事件合併審理或統合處理，更不能合併調解。

四、保護令事件不可經兩造同意而暫緩處理

　　家事事件法第32條第3項規定：「調解程序，除本法另有規定者外，準用民事訴訟法第二編第二章調解程序之規定。」雖然民事訴訟法第420-1條第1、2項規定：第一審訴訟繫屬中，得經兩造合意將事件移付調解，訴訟程序停止進行。但因保護令事件完全禁止調解與諮商，所以法院不可依此條規定將案件移付調解而停止進行訴訟程序。

　　民事訴訟法第189條第1項前段雖有「當事人得以合意停止訴訟程序」之規定，保護令事件為非訟事件，暫時保護令事件且可不經審理程序而逕行核發，貴在迅速處理以保護家庭暴力之被害人，所以上開合意停止之規定對於保護令事件並無準用。其他法律亦無法官審理保護令事件可以經兩造同意而暫緩處理之規定。

　　司法院於99年2月1日修正而於101年8月27日刪除之「各級法院辦案期限實施要點」第2條第11項及於101年5月31日發布之「少年及家事法院審理期限規則」第3條第1項第6款均明定：民事通常保護令事件之辦案期限爲4個月，民事暫時保護令事件及民事緊急保護令事件之辦案期限爲2個月，逾期未終結者，爲遲延案件，應按月塡具遲延案件月報表層報法院。家庭暴力防治法第13條第8項更明文規定：「法院不得以當事人間有其他案件偵查或訴訟繫屬爲由，延緩核發保護令。」其立法意旨在於：保護令制度既以防止施暴及保護被害人爲目的，俗語說「救人如救火」，不論准許或駁回保護令之聲請，法院均應儘速處理，如准許核發保護令，則被害人可以立刻受到保護令之保護，如駁回保護令之聲請，被害人也可以決定是否提出抗告，以爲救濟。

　　因此，縱經兩造同意，法院也不可以暫緩處理保護令事件，更不應主動徵詢當事人之意願或推薦諮商，以暫緩處理此事件。

五、調解與諮商應充分尊重當事人之意見

　　涉及家庭暴力之離婚事件雖然例外可以調解，但調解原則上應於起訴前爲之，法院若要在起訴進行第一審訴訟程序時將離婚事件移付調解或諮商，依民事訴訟法第420條之1第1項規定，應「經兩造合意」，亦即，當事人任何一方均有否決權，只要有一方不同意，法院即無法進行調解。依家事事件法第29條第1項規定，法院雖得於家事事件程序進行中依職權移付調解，但除兩造合意或法律別有規定外，以一次爲限。家事事件審理細則第59條規定：「法院於家事事件程序進行中依職權移付調解前，應先徵詢當事人及關係人之意見。」

　　再者，依民事訴訟法第416條規定，調解「經兩造合意而成立」；依家事事件法第30條第1項規定，就離婚之調解，經當事人表明合意，並記載於調解筆錄時成立。因此，離婚之調解之每一條款均須經兩造本人表明同意，否則不能成立調解。

　　雖然依據第415條之1規定，關於「財產權爭議」之調解，調解委員或

法官可以酌定調解條款，但仍須經當事人雙方同意才有酌定權。法官雖然可以依民事訴訟法第417條規定，「以職權提出解決事件之方案」，但應在「不違反兩造當事人之主要意思範圍內」，而且當事人或參加調解之利害關係人對於上開方案，如果依民事訴訟法第418條規定於送達後10日不變期間內，提出異議，則「視為調解不成立」。

此外，家事事件法第36條第1項規定，就得處分之事項調解不成立，法院雖應參酌調解委員之意見，平衡當事人之權益，並審酌其主要意思及其他一切情形，就本案為適當之裁定，但必須以「當事人合意聲請法院為裁定」或「徵詢兩造當事人同意」等為前提要件。依此規定，除非經兩造同意，否則法官及諮商人員在離婚事件之調解程序中，均無酌定調解條款或提出解決事件方案之權利，只要當事人一方不同意，調解即無法成立。因此，當事人如果不願進行調解，不必向法官隱藏不願調解之意願或委曲求全，應該向法官明確表明其真實想法，以免造成更大的誤會或傷害。

「法院設置家事調解委員辦法」第15條規定：「家事調解委員行調解時，不得有強令或轉介當事人接受心理諮商、治療或其他類此情事之行為。但提供政府機關或公益法人相關社會福利資訊或文宣供當事人參考者，不在此限。」此外，「家事事件審理細則」第58條第1項雖規定「法院得根據家事調查官之報告，命當事人或關係人分別或共同參與法院所指定之專業人士或機構、團體所進行之免付費諮商、輔導、治療或其他相關之協助。」但同條第2項規定：「前項裁定，不得為執行名義。」其立法理由為：「商談或輔導，應由當事人自願前往，第二項規定前項裁定不得為執行名義。」因此，當事人是否於調解程序中接受心理諮商，應完全尊重當事人之意願，法院並無強令或轉介之權限。

六、調解與諮商之陳述或讓步不得作為裁判基礎

我國實務上雖然並無如外國法制一般，採取將承辦調解之法官與承辦本案訴訟之法官分離之制度，所以承辦調解案件法官通常即為調解不成立後之承辦本案訴訟法官。

　　在調解過程中，雙方當事人並未進行攻擊防禦，法官及調解人也以勸和爲目的，所以當事人會說出許多與本案無關或不利於己的讓步或陳述，這些陳述或讓步如經審酌，可能會讓其得到不利的判決。因此，民事訴訟法第422條規定：「調解程序中，調解委員或法官所爲之勸導及當事人所爲之陳述或讓步，於調解不成立後之本案訴訟，不得採爲裁判之基礎。」家事事件法第31條第5項亦規定：「調解程序中，當事人所爲之陳述或讓步，於調解不成立後之本案裁判程序，不得採爲裁判之基礎。」

　　事實上，法官既然參與調解，難免會受到當事人於調解或諮商時所爲陳述或讓步之影響，但應儘量將此影響降到最低，而且依法不可將調解程序中諮商員或法官之勸導及當事人之陳述或讓步採爲裁判基礎。

七、心理師與法官之保密界限應明文規定

　　依「法院設置家事調解委員辦法」第4條第1項第8款規定，具有性別平權意識、尊重多元文化之心理師，得爲家事調解委員。心理師法第17條規定：「心理師或其執業機構之人員，對於因業務而知悉或持有個案當事人之秘密，不得無故洩漏。」「法院調解委員倫理規範」第3條規定：「調解委員因行調解，知悉他人職務上、業務上之秘密或其他涉及個人隱私之事項，應保守秘密；疑有家庭暴力、虐待兒童之情事或危險時，應依法通報並爲妥適處理。」「法院設置家事調解委員辦法」第19條亦規定：「家事調解委員因行調解知悉他人職務上、業務上之秘密或其他涉及個人隱私之事項，應保守秘密。」依上開規定，擔任家事調解委員之心理師負有保密之義務。

　　問題是，心理師固然對於一般人可以主張其有保密之義務，但諮商師係法院依法聘任之調解委員，在調解制度下進行諮商，是否應該將諮商過程告知法官？告知法官諮商過程原則有無違反上開保密原則之規定？此一問題成爲法院試行諮商制度的大難題，諮商師多認爲諮商內容對法官也應予保密，法官多認爲諮商既爲調解之一部分，主導調解的法官應有通盤瞭解之權利。

　　調解制度係以達成調解方案以解決紛爭為目的，並非以治療當事人的心理創傷為目的，心理諮商師對於當事人內心壓力之排解，及紛爭之處理提供專業協助，如果與調解方案之是否達成無關部分，應該不必向法官報告，法官也不必去探索當事人之內心世界，在調解程序中，法官扮演的是「調解人」，並非「治療師」角色。如果當事人不願接受成立調解，法官不能歸咎當事人，也不能希望透過諮商師瞭解究竟那一方當事人心理有問題或有暴力傾向，因為依據上開民事訴訟法第422條及家事事件法第31條第5項規定，諮商師之勸導及當事人之陳述或讓步不得採為裁判之基礎，既不得採為判決之基礎，也不能強迫調解，法官對心理諮商之內容知道愈少，愈可以不受調解程序之影響而維持中立客觀之審判。

　　心理師法第17條雖規定心理師或其執業機構之人員不得「無故洩漏」個案當事人之秘密，但何謂「無故洩漏」，並未加以定義。民事訴訟法第426條雖規定：「法官、書記官及調解委員因經辦調解事件，知悉他人職務上、業務上之秘密或其他涉及個人隱私之事項，應保守秘密。」「家事事件審理細則」第60條亦規定：「法官、書記官及調解委員因經辦調解事件，知悉他人職務上、業務上之秘密或其他涉及隱私之事項，除法律別有規定外，應保守秘密。」但此種規定顯然並未讓參與法院調解之心理諮商師放心地將當事人的秘密告知法院。

　　心理諮商師在法院調解程序中，應不應該將諮商過程告知法院？如果應該告知，那麼應該告知到何種程度？要不要經過當事人同意？如果不須得當事人同意，要不要事先或事後告知當事人？這些問題應該由法律加以明文規範，如果通過法律緩不濟急，司法院也應該在行政命令中加以規範，才能避免外界對試行之調解制度有「專業霸權或專業優勢」、將「治療性審理」變成「審理性治療」等等疑慮。

八、離婚事件當事人不必負擔調解及諮商費用

　　家事事件法並無關於調解及諮商費用負擔之規定，關於調解及諮商費用之負擔，依該法第32條第3項規定，應準用民事訴訟法第2編第2章調解

程序之規定。

　　民事訴訟法第411條第1項規定：「調解委員行調解，得支領日費、旅費，並得酌支報酬；其計算方法及數額由司法院定之。」「前項日費、旅費及報酬，由國庫負擔。」「法院設置家事調解委員辦法」第27條規定：「家事調解委員或其所屬之法人、機構、團體或事務所，已獲政府機關補助其辦理家事調解事件之費用者，不得向法院請求發給日費、旅費及報酬。」「法院調解委員倫理規範」第12條規定「調解委員不得向當事人收取任何費用。」再者，如前所述，「家事事件審理細則」第58條第1項規定：法院得依家事調查官之報告命當事人或關係人分別或共同參與法院所指定之專業人士或機構團體所進行之「免付費」諮商、輔導、治療或其他相關之協助。依這些條文規定，離婚事件之當事人接受法院之調解及諮商，不必支付諮商師之費用及報酬，所有費用由國庫或政府機關負擔。

　　必須由當事人付費的諮商，不僅增加當事人的負擔，而且可能會使諮商師產生偏頗。所有諮商費用均由國庫或政府機關負擔之做法，有助於健全及推廣調解及諮商制度。

肆　結　語

　　司法院採取推廣調解策略，所以希望藉助心理諮商師等專業人士以解決紛爭，減少訟源，其立意甚佳，跨專業合作的構想，也普遍獲得肯定。因此，「家事事件審理細則」第58條第1項規定，法院得依家事調查官之報告命當事人或關係人參與免付費諮商輔導，其立法理由為：「家事調查官協調聯繫社會福利機構團體或個人得提供免費商談或輔導服務者，法院自得命當事人接受，以利調解程序之進行。」

　　然而，將心理諮商藉由調解制度引入法院所處理之案件，既欠缺明確的法律規範，各法院也無統一的作法，所以引發不少爭議。

　　諮商與調解通常是以勸和為目標，家庭暴力的被害人往往無法將歷年來之受暴證據完整提出，而且加害人與被害人間並無對等的談判能力，許多諮商師或調解人並未受到足夠之家庭暴力防治訓練，有不少人尚且具

「一個巴掌拍不響」、「可憐之人必有可恨之處」等家庭暴力迷思，不重視被害人的安全與權利的維護，認為只要能挽救婚姻或讓當事人好聚好散就是成功的諮商或調解模式，無視於此種調解結果是否已對被害人造成二度傷害或不當犧牲其權益。

　　家庭暴力防治法既然明文規定保護令事件不得調解或和解，其他涉及家庭暴力之民刑事案件原則上禁止調解，則以勸和為目的之調解及協商制度，不僅完全不適用於民事保護令事件，對於其他涉及家庭暴力之民刑事案件也原則上不能適用。希望司法院所推行的家事事件調解及諮商制度，能更精緻化，將法院、調解人、諮商師之法律界限明確劃分，使被害人的保護多加一層保障，也讓專業調解人的專業知識有更正面發展的空間。

第八章　論美國法院之家庭暴力被害人服務處

　　家庭暴力防治法於民國88年6月24日全面施行後，該法有許多新制度與新措施，國人對於司法救濟期待殷切。筆者曾獲邀參與由立法委員暨現代婦女基金會董事長潘維剛所率領之官方與民間團體赴美考察團，對於美國法院內多設有被害人服務處，使社工或輔導人員得於法院內提供家庭暴力被害人各項服務之制度，印象十分深刻，認為有必要結合司法與社政服務資源在我國法院內設置被害人服務處。

　　民國88年7月28日，前最高法院院長吳啓賓擔任臺灣高等法院院長時，將筆者所提出之「各地方法院與各級地方政府聯合家庭暴力被害人服務處設立建議案」行文司法院。此外，筆者在「臺北市政府家庭暴力暨性侵害防治委員會」所提出之臺北市政府分別與臺北、士林地方法院設立聯合家庭暴力被害人服務處之建議案，亦獲得委員會通過。約兩年半後，雖然有些法官存有法院與其他行政機關共同設立聯合服務處與法院中立立場不合之疑慮，但上開建議案在前司法院翁岳生院長、前高等法院吳啓賓院長及陳佑治庭長、前士林地方法院郭仁和院長、前臺北市政府馬英九市長及白秀雄副市長、家庭暴力防治中心江幸慧主任、現代婦女基金會張錦麗執行長及筆者等人之不斷努力與支持下，終於在民國91年1月21日於士林地方法院正式成立由臺北市政府社會局委託、現代婦女基金會承辦之「臺灣士林地方法院暨臺北市政府家庭暴力事件聯合服務處」，成為全國首創司法結合社政部門處理家庭暴力事件之聯合服務處。

　　嗣後各地方法院也紛紛成立與士林地方類似之服務處，例如：臺北地方法院於民國92年3月11日成立「臺灣臺北地方法院暨臺北市政府家庭暴力事件聯合服務處」，苗栗地方法院先於民國91年間成立「臺灣苗栗地方

法院暨財團法人天主教善牧基金會家庭暴力事件聯合服務處」，嗣於民國
92年4月1日正式成「臺灣苗栗地方法院暨苗栗縣政府婦幼聯合服務處」，
屏東地方法院於民國92年6月1日正式成立「臺灣屏東地方法院暨屏東縣政
府婦幼聯合服務處」，臺東地方法院於民國92年7月11日正式成立「臺灣
臺東地方法院暨臺東縣政府婦幼聯合服務處」，由臺北市政府委託現代婦
女基金會，苗栗地方法院委託天主教善牧基金會，苗栗縣政府、屏東縣政
府及臺東縣政府委託勵馨基金會，在法院內提供家庭暴力之被害人或婦幼
各種服務。

　　目前除離島地區外，各地方法院均已與地方政府合作在法院內成立服
務處。且在司法院之要求下，各地方法院之服務處均定名或改名「○○縣
（市）政府駐臺灣○○地方法院家庭暴力事件服務處」。由於服務處之設
立欠缺法源基礎，所以民間團體有了應讓服務處正名及法制化之呼聲，在
臺灣防暴聯盟及跨黨派立法委員之共同努力下，民國96年通過之修正條文
終於讓服務處之設立有明確之法源基礎，且釐清地方法院與地方政府之權
責及角色扮演。亦即，民國96年3月28日公布施行之家庭暴力防治法第19
條第2項規定：「直轄市、縣（市）主管機關應於所在地地方法院自行或
委託民間團體設置家庭暴力事件服務處所，法院應提供場所、必要之軟硬
體設備及其他相關協助。但離島法院有礙難情形者，不在此限。」

　　上開條文之立法理由為：「增訂第2項各直轄市、縣（市）政府應於
法院自行或委託民間團體設置家庭暴力事件服務處所，並規定法院應提
供必要之軟、硬體設備，及其他相關協助視法院辦公空間、資源及實際需
要，包括：一、提供服務處在法院所需相關設施設備，包括傳真機及電話
線路等；二、於法院辦公空間使用允許條件下，提供可保障隱私的會談場
所；三、提供服務處查詢家暴個案庭期資訊之便利性服務；四、有定期的
聯繫會報，三個月一次或至少半年一次；五、其他有助於服務處推展業務
之協助。」

　　為因應家事事件法於101年1月11日公布，自同年6月1日施行，司法
院於101年6月1日成立「臺灣高雄少年及家事法院」。為配合少年及家事
法院之成立，104年增訂家庭暴力防治法第19條第3項規定：「前項地方法

院，於設有少年及家事法院地區，指少年及家事法院。」

因此。我國之上開服務處所提供之服務大致包括：法律諮詢、法庭陪同、資源轉介、資訊提供、個案服務等。目前仍有許多法院服務處規模尚未完備，軟硬體設備亦未充足。由於上開服務處係參考美國法院內被害人服務處而設立，本文擬探討美國被害人之法律保護及其被害人服務計畫之歷史發展，綜觀美國地檢署、警察機關及法院之家庭暴力被害人服務措施，並比較析論美國與我國家庭暴力被害人服務制度，以作爲我國在法院發展家庭暴力被害人服務制度之參考。

貳　美國被害人之法律保護與被害人服務計畫之歷史發展

犯罪問題在傳統上多被認爲係對於國家之侵犯，由檢察官代表國家對於罪犯提起訴訟，被害人常受忽視，在刑事訴訟中似乎成爲被遺忘之一群[1]。

美國自1970年代開始，被害人之保護問題漸漸受到重視，其在刑事審判中也扮演日益重要之角色。聯邦政府開風氣之先，以經費補助一些計畫以協助在刑事案件中作證之被害人[2]。1982年，雷根總統成立「犯罪被害人專案小組」（Task Forceon[3] Victims of Crime），該小組發現刑事審判制度關心罪犯之權益過於被害人之權益，在其建議下，美國國會於1982年通過「綜合被害人及證人保護法」（Omnibus Victim and Witness Protection Act），該法要求在聯邦案件判決時允許採用「被害人影響陳述」（Victim Impact Statements）[4]，對被害人提供更多保護，制定更嚴格之保釋法規，以及在刑事件中採用補償（restitution）制度。

---

[1] Barbara Sims, Victim Services: A Review of the Literature, Report Presented to: The Pennsylvania Commission on Crime and Delinquency 4(1999).

[2] 同前註，5頁。

[3] Public Law 97-291.c

[4] 所謂被害人影響陳述（Victim Impact Statements），係指被害人以口頭、書面、錄音或錄影等方式敘述犯罪如何影響其本身及其所愛者之生活而言。被害人影響陳述提供法院及假釋機關下列重要訊息：犯罪對於被害人及其週遭之人所造成之短期或長期心理、生理及經濟影響。被害人影響陳述常被法院用作判決前之調查及判決時之一部分，也常被假釋機關用作假釋前之調查、假釋釋放及撤銷假釋之一部分。

　　到1980年代末期，美國許多州通過保護被害人特定權益之法律，雖然各州法律規定不盡相同，但其立法目的通常係經由下列途徑使被害人及證人在審判制度中受到公平之對待：一、提供關於即時醫療協助之資訊；二、提供關於免受被告虐待之保護資訊；三、提供法院進行訴訟程序時之安全候審區；四、提供關於證人費用及補償之資訊；五、使被害人於案件終局裁決時到場或告知案件之終局裁決；六、告知被害人民事救濟途徑[5]。

　　被害人導向之民間團體也自1970年代開始承認犯罪被害人之物質與心理需求，並發展提供害人「危機介入」（crisis intervention)之計畫（programs），這些計畫發展十分迅速，到了1990年代，全美已有超過5千個被害人服務計畫（victims services programs）[6]。目前許多警察機關、地檢署、假釋機關、矯治機關、法院也有服務犯罪被害人之計畫，這些計畫多由聯邦政府給予經費補助。

　　亞伯達大學（University of Alberta）社會學教授LeslieW. Kennedy及昆士大學（Queen's University）社會學系教授Vincent F. Sacco將被害人服務分為下列四種類型：一、被害人暨證人計畫（victim/witness programs），由地檢署或警察機關所提供；二、被害人辯護計畫（victim advocacy programs），其目的在於對於刑事審判機關施加壓力，使刑事審判機關將被害人之利益置於加害人利益之上；三、設立婦女中心及家庭暴力庇護所（women's centers and domestic abuse shelters），其重點在於提供危機介入服務給家庭暴力之女性被害人；四、強暴危機中心（rape crisis centers），對於性侵害之婦女及兒童被害人提供扶助。Kennedy教授及Sacco教授認為，上開計畫雖然各自有其不同之活動，但均對於被害人提供某程度之危機介入[7]。

　　有評估上開計畫之研究資料顯示，許多人並未接受這些計畫之協助，

---

[5]　Barbara Sims, 同註1，5頁。

[6]　同前註。

[7]　Leslie W. Kennedy & Vincent F. Sacco, Crime Victims in Context (1998).

也無明顯之證據顯示接受服務之被害人較未接受者更能成功地治癒因受暴所產生之心理創傷[8]。然而，被害人暨證人協助計畫確實有某些正面之效果，一方面可以增進被害人與檢警之合作而將加害人繩之以法，另一方面可以經由告知被害人案件進行情況、協助接送至法院、在法院提供安全候審區等方式，以減少被害人在審判中受到二度傷害[9]。

參　美國政府有關機關對於家庭暴力之被害人服務概況

現今美國法院、地檢署、警察機關多設有被害人服務單位，由被害人之辯護人（advocate，有人稱為代言人、護衛者、倡導人）為犯罪被害人提供法院內及法院外之服務，並對於家庭暴力被害人提供特別服務，這些辯護人多非律師，許多為社工人員，對於家庭暴力之被害人有相當大之幫助。

一、法院之被害人服務措施

美國許多法院多設有被害人服務單位，許多對於家庭暴力之被害人尤其是兒童虐待之被害人提供特別服務。例如：

（一）推廣全國法院之「法院指定特別辯護人計畫」

1976年，西雅圖高等法院（Superior Court）法官David Soukup為了在法庭中的受虐或疏忽孩童，開始構思爭取經費以徵召並訓練社區志工走入法庭，成為孩童之「法院指定特別辯護人」（Court Appointed Special Advocates）志工。

1977年1月，上開構想開始在西雅圖以試辦計畫之方式施行。第一年，該計畫對於498個少年犯提供110個受過訓練之志工。1978年，國家州法院中心（National Center of State Courts）將上開西雅圖計畫評選為「市民參與少年審判制度全國最佳典範」。此項殊榮再加上紐約市Edna

---

[8]　同前註。

[9]　Barbara Sims, 同註1，8頁，32至33頁。

McConnell Clark基金會之經費補助，「西雅圖之法院指定特別辯護人計畫」在全國各法院推展開來。

為了將上開計畫推展至全國，「全國法院指定特別辯護人協會」（National Court Appointed Special Advocate Association）於1982年正式成立，到了1984年，該協會之經費補助單位包括：「全國少年及家事法庭法官會議」（National Council of Juvenile and Family Court Judges）、「美國健康及人類服務部」（U.S. Department of Health and Human Services）、Edna McConnell Clark基金會。該協會於1984年夏天在西亞圖成立全國總部，開始積極從事募款及會員入會工作。

1990年，美國國會通過「1990年兒童虐待被害人法」（Victims of Child Abuse Act of 1990），授權推廣「法院指定特別辯護人」，明定：「美國每位兒童虐待或疏忽之被害人，如需要一位法院指定特別辯護人時，均應提供此辯護人」。

1992年，美國國會開始贊助一項推廣「法院指定特別辯護人」代表受虐兒童之經費補助計畫。「全國法院指定特別辯護人協會」已經在全國各州提出約1,000個「法院指定特別辯護人」計畫，以招收、訓練及扶持法院指定特別辯護人志工，依據統計資料，在2012年約有77,000名志工協助234,000位孩童尋找安全關愛的家庭[10]。

（二）新墨西哥州第十一司法地方法院（Eleventh Judicial District Court of New Mexico）McKinley郡之「家庭暴力計畫」

新墨西哥州第十一司法地方法院包括McKinley郡及SanJuan郡。McKinley郡於2012年之人口總數為73,016人[11]。

1987年間，新墨西哥州立法機關通過「家庭暴力保護法」（Domestic Violence Protection Act），一群包括法官、檢察官、警察局長及其他關心家庭暴力者因而於1988年成立「McKinley郡家庭暴力專案小組」

---

[10] CASA Court Appointed Special Advocates, serving every child, 2010 National Annual Report. http://nc.casaforchildren.org/apps/annualreport2012.

[11] State & County Quick Facts, United States Census Bureau, http://quickfacts.census.gov/qfd/states/35/35031.html.

（McKinley County Domestic Violence Task Force），此小組製作一些容易閱讀之聲請表格、暫時保護令表格及其他表格，這些表格於1988年9月間被地方法院所採用。此小組係由包括法院、警察機關、警察學校、醫院等等數十個非營利機構及執法機構所組成之多功能組織，被害人辯護人也是此小組之成員。小組成員攜手合作提供家庭暴力被害人適當之服務，對於大眾傳播關於家庭暴力之資訊，並對於警察人員及其他機構提供年度訓練，且每月定期開會以討論各種家庭暴力議題。

地方法院法官Joseph L. Rich由於案件負荷量過重，認為自己沒有足夠之時間處理家庭暴力事件，所以向墨西哥州州議會（New Mexico Legislature）申請並獲准由一位經特別訓練之兼職審理官（hearing officer）審理家庭暴力事件之經費。因此，「家庭暴力試辦計畫」（domestic violence pilot program）於1993年成立，允許一位有執照之墨西哥州律師成為McKinley郡之「家庭暴力事務官」（Domestic Violence Commissioner）。此種案件處理方式已經證實為一種有效處理家庭暴力事件之作法，並在新墨西哥州其他法院廣為發展。

1995年，地方法院書記處得到「新墨西哥州犯罪被害人賠償委員會」（State of New Mexico Crime Victims Reparation Commission）之經費補助，由一位被害人辯護人（a Victims Advocate）協助家庭暴力之被害人。被害人辯護人對於家庭暴力之被害人提供下列服務：協助被害人向地方法院取得保護令、現場危機輔導、個人辯護、安排至其他輔導機構、陪同出庭、告知資訊或轉介至其他機構或計畫。再者，辯護人尚協助暴力（不限於家庭暴力）犯罪被害人獲得因犯罪所產生的費用補償，包括醫藥費、喪葬費、輔導費、財物損失等。

「家庭暴力計畫」（Domestic Violence Program）係由第十一司法地方法院所贊助成立，並由新墨西哥州議會及新墨西哥州犯罪被害人賠償委員會提供經費補助，此計畫由一位地方法院法官、一位約聘之家庭暴力事務官所管理執行，並由地方法院書記處提供協助。

家庭暴力事務官審理所有保護令聲請案件，並對於法院提供聲請應准許或駁回之建議，事務官也開庭審理所有家庭暴力案件，並對於法院提出

永久保護令（permanent Protection Orders）是否應與准許之建議。事務官亦進行因嗣後狀況發生或已經預定之後續審理或追蹤審理程序。事務官攜手合作之對象包括：被害人辯護人、郡警察局、檢察官、庇護所及其他有關機關團體等。然而，第十一司法地方法院自2005年更換法官後，即不再對法庭內之被害人辯護人提供經費補助，只提供辦公場所給「受虐家庭服務公司」（Battered Families Services, Inc.）所雇用的被害人辯護人[12]。

（三）哥倫比亞特區高等法院之「家庭暴力單一窗口」

2002年10月30日，哥倫比亞特區高等法院（Superior Court of the District of Columbia）在大南東醫院（Greater Southeast Hospital）設立一個衛星「家庭暴力單一窗口」（Domestic Violence Intake Center），使家庭暴力之被害人可以在此中心聲請暫時保護令（存續期間2星期），接受法律及其他扶助服務，並且可以和「法院犯罪被害人賠償計畫」（Court's Crime Victim's Compensation Program）之辯護人見面以得到其他有用之資訊。

此單一窗口有21世紀科技設備，當事人聲請暫時保護令時，不需要親自到法院來，家庭暴力組（the Domestic Violence Unit）之法官可以經由閉路電視審理案件，並於必要時核發保護令，將保護令由法院傳真至在單一窗口等待之聲請人[13]。

除上開大南東單一窗口外，哥倫比亞特區高等法院在莫爾特里法院（Moultrie Courthouse）也設置一個「家庭暴力單一窗口」，處理所有的案件，存續期間1年之保護令案件在此審理。聲請人接到暫時保護令後，必須於大約2星期後於莫爾特里法院所定審理期日，到法院出庭以取得1年存續期間之保護令，相對人可以在此審理期日出庭，以主張其依法享有之權利。

----

[12] Eleventh Judicial District Court, Domestic Violence Program: McKinley County, Executive Summary, http://www.eleventhdistrictcourt.state.nm.us/node/140.

[13] District of Columbia Courts, Press Release, D. C. Court to open first-ever satellite Domestic Violence Intake Center to serve domestic violence victims in Southeast D.C. (October 30, 2002），參閱District of Columbia Courts網站，http://www.dccourts.gov.

　　單一窗口之代表來自下列公私立機關機構：哥倫比亞特區高等法院、哥倫比亞特區檢察長辦公室（D.C. Office of the Attorney General）、哥倫比亞特區大都會警察局、生存者及辯護人賦權公司（Survivors and Advocates for Empowerment, Inc）、哥倫比亞特區反暴力聯盟（D.C. Coalition Against Domestic Violence）、美國司法部長辦公室（the U.S. Attorney's Office）、哥倫比亞特區法律扶助學會（the Legal Aid Society of D.C）等[14]。

二、地檢署之被害人服務措施

　　美國許多地方法院檢察署均設有被害人服務單位，不少對於家庭暴力之被害人提供法院內及法院外之特別服務。例如：

（一）美國哥倫比亞特區檢察署之「被害人證人協助組」

　　美國哥倫比亞特區檢察署（U.S. Attorney's Office in the District of Columbia）設有「被害人證人協助組」（Victim Witness Assistance Unit），為涉及刑事審判制度之嚴重犯罪被害人提供協助，並幫助被害人瞭解刑事審判制度之運作，以及協助賠償。

　　「被害人證人協助組」所提供之服務包括：危機介入、轉介至醫療及其他協助機構、法院陪同、老殘兒童之特別服務、協助犯罪被害人補償請求、協助被害人影響陳述、外地證人之交通與住宿協助、語言翻譯服務、提供法庭訴訟程序與案件進行狀況之資訊等[15]。

　　「被害人證人協助組」與其他機關機構共同合作對家庭暴力之被害人提供廣泛的服務，在前述「哥倫比亞特區高等法院」之兩個「家庭暴力單一窗口」中作為美國哥倫比亞特區檢察署之代表，由該窗口提供家庭暴力被害人有關民刑事救濟途徑等服務[16]。

----

[14] Domestic Violence Intake Centers，參閱District of Columbia Courts 網站，http://www.dccourts.gov/internet/public/aud_dvu/intake.jsf.

[15] United States Attorney's Office for the District of Columbia, the Victim/Witness Assistance Unit, http://www.justice.gov/usao/dc/programs/vw/vwa.html.

[16] United States Attorney's Office for the District of Columbia, Helping Victims of Domestic Violence http://www.justice.gov/usao/dc/programs/vw/domestic_violence.html.

（二）佛羅里達州第十八司法巡迴區州檢察署之「被害人證人服務處」

佛羅里達州第十八司法巡迴區州檢察署（Office of the State Attorney, Eighteenth Judicial Circuit of Florida）於1986年設立「被害人證人服務處」（Victim Witness Services Division），致力於使害人及證人之權益與需求依法得到保障，並使其得到尊重與公平之對待。

上開州檢察署置有被害人辯護人，提供下列服務：對於犯罪被害人及證人給予情感支持（emotional support）、告知刑事及少年審判進行程序及被害人之角色、法庭指導與陪同、危機介入服務及團體、社會服務機構轉介、協助犯罪被害人提出補償請求、某些犯罪支持團體等。此外，「被害人證人服務處」亦有特別之辯護人以協助特殊之被害人群體，並設有協助證人之特別單位[17]。

關於家庭暴力被害人服務方面，上開州檢察署自1987年起開始設立「家庭暴力被害人協助計畫」（Domestic Violence Victim Assistance Program），對於家庭暴力之被害人提供各種服務、計畫及轉介。依此計畫，訓練有素之辯護人會協助被害人進行刑事審判程序，每位家庭暴力之被害人均被要求參加2個小時之家庭暴力認知研討課程（a domestic violence awareness seminar）[18]。

（三）麻薩諸塞州Norfolk地檢署之「被害人證人服務組」

麻薩諸塞州被害人人權法案（Massachusetts Victim Bill of Rights）明定，被害人及證人有權得知關於刑事案件及辯護服務之資訊，Norfolk地檢署（Office of Norfolk District Attorney）設置「被害人證人服務組」（Victim Witness Services Unit）以確保被害人及證人能在Norfolk郡得到其依法享有之權利與服務。

----

[17] Office of the State Attorney, Eighteenth Judicial Circuit,Victim Witness Services Division, http://sa18.state.fl.us.

[18] Office of the State Attorney, Eighteenth Judicial Circuit, Domestic Violence Victim Assistance Program, http://www.sa18.state.fl.us/page/domestic-violence-victim-assistance.html.

被害人證人辯護人（Victim－Witness Advocates）被分派至5個地方法院以及高等法院（Superior Court）、少年法庭、家事法庭及遺囑認證法庭（Probate Court）中。每個繫屬法院之刑事案件，均會分派一位地檢署檢察官與一位被害人證人辯護人，檢察官與辯護人共同攜手合作，將案件進行情況告知被害人及證人，並回答案件有關之任何問題[19]。

在家庭暴力被害人服務方面，該地檢署在每個設有「家庭暴力／特別被害人組」（Family Violence/Special Victims Unit），對於家庭暴力案件進行調查、起訴並協助被害人。該組係由受過家庭暴力調查及起訴特別訓練之助理檢察官（Assistant District Attorney）、被害人證人辯護人、州警察（State Troopers）所組成[20]。

三、警察機關之被害人服務措施

美國有些警察局亦設有被害人服務單位，且對於家庭暴力之被害人提供法院內及法院外之特別服務。例如：

（一）達拉威州警察局之「被害人中心」

達拉威州於1988年率先全國成立全州性之「被害人中心」（Victim Center），此中心接受美國司法部（United States Department of Justice）之部分經費補助，由達拉威刑事審判會議（Delaware Criminal Justice Council）管理，由達拉威州警察局（Delaware State Police）執行。

此中心提供免費之下列服務：24小時緊急危機介入、社會服務機構資訊及轉介、法庭陪同、追蹤聯繫或家庭訪視、協助聲請緊急經費補助等[21]。

----

[19] Norfolk District Attorney's Office, Victim & Witness Information,http://www. mass.gov/da/norfolk http://www.mass.gov/da/norfolk/victimwitness.html.

[20] Norfolk District Attorney's Office, Family Violence/ Special Victims Unit, http://www.mass.gov/da/norfolk/familyviolence_specialvictimsunit.html.

[21] Delaware State Police, Victim Services Section, http://dsp.delaware.gov/victim%20services.shtml.

（二）密蘇里州Belton市警察局之「被害人服務組」

密蘇里州Belton市警察局（Belton Police Department）為提供服務予犯罪被害人及其家人，於1990年成立「被害人服務組」（Victim Services Unit）。「被害人服務組」剛開始係由志工及當地大專院校之實習生提供服務，嗣已配置一名專職之協調員（Coordinator）及數名兼職之辯護人。此組與受虐婦女庇護所密切合作，當被害人需要照顧時，可以隨時請求該庇護所派辯護人來支援。辯護人也陪同被害人出庭。

「被害人服務組」之主要服務對象為家庭暴力之被害人，尚包括性侵害、重武器搶劫及殺人等犯罪之被害人。其服務項目包括：輔導、危機介入、接送被害人家庭成員至醫院或其他安全處所、短期支持（陪伴、傾聽、回答問題、建立對於審判制度之信心、注意被害人之需求、告知被害人之親友使其對於被害人有所回應等）、轉介、被害人補償資訊、犯罪防治資訊、案件進行之資訊、協助聲請及執行保護令、大眾教育資訊、保護及教導被害人權益等[22]。

肆 比較評析

綜觀美國政府有關機關之被害人服務措施，與我國相較有下列幾項重要特點：

一、美國許多法院、地檢署及警察局在司法體系內設置專責單位提供被害人服務措施，有些州係由法院、地檢署、警察機關及民間團體共同合作設立被害人服務單位，並且對於家庭暴力被害人提供特別服務，其服務內容包括：被害人提供危機介入、安全計畫、陪同出庭、法律諮詢、個人辯護、追蹤輔導、協助取得保護令、協助取得被害人補償、轉介等服務。我國法院、地檢署及警察機關雖亦有訴訟輔導單位或被害人服務措施，但許多未提供安全計畫、陪同出庭、個人辯護、追蹤輔導等服務，僅法院設有家庭暴力被害人服務處，地檢署及警察機關並未成立家庭暴力被害人特別服務單位。因此，美國政府機關之被害人服務措施遠較我國廣泛而深

---

[22] Belton Police Department, Victim Services, http://www.belton.org/index.aspx?NID=251.

入。

　　二、美國法院、地檢署及警察局等政府機關及民間團體多有專職或志工被害人辯護人，被害人辯護人在司法體系中扮演極為重要之被害人服務角色，在家庭暴力案件及兒童虐待案件中角色更為突顯。推廣於全國之「法院指定特別辯護人」，不僅對於少年犯給予特別協助與保護，而且其所作成之訪視報告可以幫助法官作成最符合孩童利益之裁判，成為少年法庭法官最得力之助手。我國在司法體系迄未建立被害人辯護人制度，此不僅讓被害人的保護大打折扣，也讓法官在辦理案件時有時感到十分辛苦。

　　三、美國政府機關在司法體系各項服務措施所需人員十分可觀，所需經費十分龐大，除由各州政府編列預算支應及聘用服務人員外，其經費多來自私人機構捐款或募款，其人員多以招募志工並加以訓練或與民間團體合作之方式取得。因此，民間團體與政府機關密切合作是成功地提供被害人服務措施之重要關鍵。在我國方面，由於我國政府機關之被害人服務措施並未廣泛深入實施，我國政府機關在司法體系之各項服務措施通常係由政府機關編列預算及聘請人員之方式進行，志工及民間團體並未扮演十分重要之角色，幾乎未見私人捐款，我國之被害人服務措施成效也無法與美國之被害人服務成效相比擬。

伍 結 論

　　美國許多法院、地檢署及警察局在司法體系內設置被害人服務單位，有些州服務單位係由法院、地檢署、警察機關及民間團體共同合作而設立，並且對於家庭暴力被害人提供特別服務。

　　我國對於家庭暴力之重視起步較晚，對於被害人人權之重視遠不如對於加害人即被告人權之重視，所以我國政府機關對於被害人服務措施與美國政府機關之服務措施相比，可謂十分簡陋。

　　犯罪被害人如果無法在司法體系中得到適當之輔導與保護，將會嚴重影響其向司法機關為告訴、起訴及作證之意願及功效，有時讓刑事及民事審判制度難以運作。而家庭暴力之被害人因覺得無助感等因素，若無法獲

得保護與協助，更難以向司法機關尋求救援，這也是美國近年來漸漸重視被害人及證人之人權，以及大力發展被害人保護及服務措施，並對於家庭暴力之被害人提供特別服務之原因。為確保犯罪被害人之安全，讓被害人充分與檢警合作而將加害人繩之以法，使刑事及民事審判制度得以伸張正義，我國應讓被害人服務措施更制度化並加以推廣。

設於地方法院之家庭暴力被害人服務處，係經由法院、地方政府及民間團體合作之方式而成立，不僅將司法機關與社政機關之資源相互結合，而且讓政府機關及民間團體攜手合作，締造十分成功的被害人服務單位模式。不過，上開服務處之人力及經費等資源並不足夠，而且只有法院有此服務措施，地檢署、警察機關及多數法院迄未有發展犯罪被害人服務計畫，亦未對於家庭暴力之被害人提供特別服務，司法體系內也未正式建立被害人辯護人制度。

國人及政府機關應更重視被害人人權及保護問題，參考外國之經驗，結合官方與民間團體之力量，建立更完善之被害人服務制度，為家庭暴力被害人（尤其是未成年之被害人）提供特別保護，使被害人人權得到適當之保護，讓司法正義在審判制度中得以伸張。

第九章　家庭暴力整體防治網絡之建立

壹　前　言

　　家庭暴力是一個自古存在的問題，普遍存在於世界各處，長久隱藏在陰暗角落，直到20世紀中葉才漸漸揭開神秘面紗，得到世人的正視與關注。不過，到目前為止，家庭暴力的全貌並未完全揭露，所浮現的問題僅是冰山之一角，許多家庭暴力的被害人依然躲在暗處哭泣，他們需要許多鼓勵與協助，才能走出暴力的陰影，重建新生活。

　　比較而言，臺灣社會對於家庭暴力議題的關注起步算晚，但進步卻十分神速。在民國82年鄧如雯殺夫案發生之前，婚姻暴力問題並未引起普遍重視，鄧如雯殺夫案則引起社會廣大的迴響。鄧如雯及其父、母、二名幼子長期受丈夫虐待後，趁其夫睡覺時將其殺害，此案不僅博得許多人同情，也引起廣泛的討論。政府機關及民間團體開始進行防治婚姻暴力或家庭暴力之研究，如何建立包括：社政、警政、司法、醫療等領域之整體防治網絡成為研究焦點。民國84年8月，筆者以美國模範家庭暴力法為藍本草擬家庭暴力法，在立法委員潘維剛及現代婦女基金會推動下，因一群學者專家及女權運動者之共同努力，終於於民國87年6月24日由總統令公布施行家庭暴力防治法。

　　本文擬探討家庭暴力整體防治網絡建立之重要性，並析論家庭暴力防治法在建立整體防治網絡之角色扮演，期有助於整體家庭暴力防治網絡之建立，有效解決家庭暴力問題。

貳　建立整體防治網絡之重要性

　　依據心理學觀點，家庭暴力的被害人如果長期受虐或嚴重受虐，會有受虐婦女徵候群（battered woman syndrome），如果不能得到外界的適當支援，可能產生不能預期及控制自己生活之學得無助感（learned helplessness）[1]，無法擺脫暴力的糾纏，最終造成被殺或殺人的慘劇。

當被害人積極向外求援時，醫療、警察、司法及社工人員是常見的求助對象。在傳統的處理模式中，這些人員通常只作十分消極、被動的服務，而且各自為政，缺乏互動與聯繫。醫院或診所雖然會給予適當的醫療，但許多醫療單位不願出具驗傷診斷書，也不願將個案通報或轉介有關機關或機構。警察對於所受理之家庭暴力案件採取相當消極的態度，通常僅製作筆錄，有時對於當事人作柔性勸導，很少將加害人依法逮捕，有些警察還會以案件非其轄區為由拒絕受理報案，讓被害人投訴無門。檢察官及法官通常採取勸和不勸離的方式，儘量不對加害人起訴、判刑或判准離婚，縱使罪刑成立也極輕微，加害人只要繳交罰金不須入獄，有些罰金事實上是由被害人代為繳納，經歷訴訟之後，加害人可能更為囂張，被害人更感無助。比較而言，社工人員最能瞭解被害人的苦情，但常感到孤掌難鳴，僅能提供庇護所讓被害人暫時棲身，或提供一些經費補助或心理輔導。不過，被害人如果為躲避加害人而必須離家庭出走，其不僅失去住處，也可能須辭去原有的工作，或與親友、子女斷絕聯繫，在經濟上與心理調適上產生極大困難，縱使逃到天涯海角，也只能在暴力的陰影下過著四處藏躲、暗無天日的生活。

因此，為根本解決家庭暴力問題，提供被害人確實的保護，應該改變傳統的消極處理模式，讓社政、警政、醫療、司法以及教育等單位共同攜手合作，建立整體防治網絡。只要被害人願意向外求助，以上各單位即以主動積極處理案件之方式，透過彼此的聯繫與轉介，讓加害人依法受到懲罰，或得到適當的輔導與治療，以消除或減少暴力的發生，讓被害人及其子女得到適當的扶助與保護。唯有消除家庭暴力，才能使家人享有安全與和諧的家庭生活。

---

[1]　L.Walker,TheBatteredWoman55-70(1979).

參　家庭暴力防治法在建立整體防治網絡之角色扮演

法律的功能在於制訂規範防止紛爭，除此之外，還有課以應盡之義務，對於違反義務者加以處罰之功能。因此，法律因為有強制力作為後盾，不僅可以使人依法行事，還可以使公務員及國家機關依法制定政策、採取措施。在臺灣，家庭暴力防治法改變政府各有關機關對於家庭暴力案件之處理方式，在建立家庭暴力整體防治網絡上扮演極為重要的角色。

一、家庭暴力防治法制訂前之家庭暴力事件處理情況

在家庭暴力防治法未制訂之前，國人多抱持勸和不勸離、法不入家門的態度，家庭暴力之被害人很少向外求助，即使求助，也很少能脫離暴力的陰影。後來，政府機關開始設立求助專線，媒體也大幅報導國內外受虐婦女殺夫的新聞，家庭暴力問題慢慢揭開其神秘面紗，得到國人的普遍關注。

此時，政府機關也在一些關心家庭暴力之民間團體及專家學者的推動下，採取某些措施。例如：內政部於民國83年委託民間團體進行「防治婦女婚姻暴力研究」[2]、地方政府與民間團體於民國84年舉辦「家庭暴力防治及保護服務網絡研討會」[3]、臺北市政府於民國85年舉辦「婚姻暴力防治網絡會議」並邀美國專家參與[4]、臺北市政府警察局於民國85年11月編印「臺北市政府警察局處理家庭暴力手冊」、臺北市政府於民國86年3月17日成立「臺北市家庭暴力防治工作推動小組」[5]等。

雖然家庭暴力已經引起國人的普遍關注，政府也採取某些防治措施，

---

[2]　委託單位內政部社會司，執行單位財團法人婦女新知基金會，婦女婚姻暴力研究報告，執行時間民國83年12月至民國84年6月。

[3]　主辦單位中華民國社會服務志願工作人員協會、臺北市社會福利聯合勸募協會、富邦文教基金會、臺北市政府社會局、高雄市政府社會局、臺灣省政府社會局，執行單位臺北市政府社會局，會議時間民國84年12月22日。

[4]　主辦單位臺北市社會局，承辦單位臺北市現代婦女基金會，臺北市婚姻暴力警醒週系列活動之三，婚姻暴力防治網絡會議，民國85年11月29日。

[5]　臺北市政府，家庭暴力防治工作專刊——臺北市家庭暴力防治工作推動小組工作執行報告，32頁。

但是，由於缺乏法律依據，政府相關部門對於家庭暴力仍舊大多採取傳統消極處理模式。筆者曾聽見社工人員抱怨如下：有位民間團體的社工深夜帶著被害人派出所報案，幾個派出所都以案件非其轄區為由拒絕受理，社工員與被害人四處奔走卻求助無門；有位政府機關的社工員深夜接獲求助電話，被害人雖逃離家庭卻未將小孩帶走，這位社工員請警察機關協助，警察雖陪同社工員到加害人住處，社工員雙腿發抖勉強爬上樓梯將小孩救出，警察卻僅跟在社工員後面，彷彿事不關己。因此，在家庭暴力防治法未通過之前，幫助家庭暴力被害人似乎只是社政人員或社工員的工作，與警察人員、醫療人員、司法人員、教育人員無關，而社工與被害人一樣無助。婦女新知基金會曾發行「婦女完全逃家手冊」，家庭暴力被害人似乎只有逃家一途，才能脫離暴力的摧殘。

二、家庭暴力防治法賦予政府有關機關之職責

家庭暴力防治法不僅規定不少處理家庭暴力事件有關人員應負擔之義務，而且有許多與政府部門有關之條文，要求政府有關機關成立不少新單位、採取不少新措施。茲將家庭暴力防治法對於政府各有關機關所負之職責簡述如下：

（一）司法機關

被害人依據傳統法律僅對於加害人提起刑事告訴、請求離婚或損害賠償等，家庭暴力防治法引進英美法之保護令制度，被害人可以視侵害行為之嚴重程度，請求法院發保護令，禁止加害人繼續施暴、禁止加害人與被害人或其特定家庭成員聯絡、命令加害人遷出被害人或其特定家庭成員之住居所、命令加害人遠離被害人或其特定家庭成員經常出入之特定場所、定暫時監護權、禁止或限制加害人探視子女、命加害人給付醫療扶養或等費用、命加害人完成加害人處遇計畫、禁止查閱戶籍等相關資訊等。

法院應依法核發保護令，讓被害人或其特定家庭成員在保護令有效期間內不須離家出走，即可安居家中不受暴力迫害，並可命加害人接受治療或輔導以徹底解決暴力問題。

　　除核發保護令外，檢察官或法官也可以核發釋放、緩刑或假釋條件，禁止加害人繼續施暴、禁止聯絡被害人或其特定家庭成員、命令加害人遷出被害人或其特定家庭成員之住居所、命令加害人遠離被害人或其特定家庭成員經常出入之特定場所等。此外，法院應提供被害人或證人安全出庭之環境，關於金錢給付之保護令則負有執行義務。

（二）警察機關

　　警察機關不僅應積極處理家庭暴力案件，而且在緊急情況應站在第一線保護被害人。因此，警察機關可以依法爲被害人聲請保護令，在緊急保護令案件中作證陳述家庭暴力之事實，對於金錢給付、不動產禁止行爲、監督探視、加害人處遇計畫、禁止查閱資訊以外之保護令則負有執行義務。此外，警察人員應依法逮捕加害人，其必要時應採取下列措施：於緊急保護令核發前採取在被害人住居所守護等安全措施、保護被害人或及子女至庇護所或醫療處所、保護被害人至住居所以安全占有保護令所定之個人必需品、告知被害人得行使之權利及服務措施。再者，警察人員在執行職務時知有疑似家庭暴力，應立即通報當地主管機關，警政主管機關應辦理警察人員防治家庭暴力之在職教育。

（三）社政機關

　　社政機關可以爲被害人向法院聲請保護令，在緊急保護令案件中作證陳述家庭暴力之事實，於法官審理案件時得表示意見。地方政府應設探視場所或委託辦理，社工人員在執行職務時知有疑似家庭暴力應立即通報當地主管機關，主管機關接獲家庭暴力犯罪嫌疑之通報後，得自行或委託其他機關團體進行訪視或調查。地方政府應製作家庭暴力被害人服務書面資料供被害人取閱及醫療單位使用，並應提供家庭暴力防治相關資料給戶政機關或醫療機構，供辦理結婚或出生登記者、新生兒之父母取閱。社會行政主管機關應辦理社工人員防治家庭暴力之在職教育。此外，依102年7月19日行政院院台規字第1020141353號公告，家暴法第4條所列屬「內政部」之權責事項自102年7月23日「衛生福利部」成立之日起改由該部管轄，故102年7月22日以前之內政部、102年7月23日以後之衛生福利部爲家

庭暴力防治法之主管機關，其應辦理事項包括：研擬法規及政策，協調、督導及考核防治事項之執行，提高有關機構之服務效能，督導及推廣家庭暴力防治教育，協調被害人保護計畫及加害人處遇計畫，協助公私立機構建立家庭暴力處理程序，統籌建立、管理整體資料供有關機關及人員參酌，協助地方政府推動家庭暴力防治業務，定期對家庭暴力進行調查分析及公布統計分析資料等。

　　再者，地方政府應設立家庭暴力防治中心，提供或轉介下列服務：24小時之電話專線，被害人緊急救援、協助診療、驗傷、採證及緊急安置，被害人經濟扶助、法律服務、就學服務、住宅輔導、就業服務，被害人及其未成年子女之庇護安置，身心治療、諮商、社會與心理評估及處置，加害人處遇及追蹤輔導，追蹤及管理轉介服務案件，推廣家暴防治教育、訓練與宣傳，辦理危險評估並召開跨機構網路會議等。

（四）醫療機關

　　醫事人員在執行職務時，知有疑似家庭暴力應立即通報當地主管機關，醫療機構對於家庭暴力之被害人不得無故拒絕診療及開立驗傷診斷書，衛生主管機關應擬定及推廣有關家庭暴力防治之衛生教育宣導計畫，醫事人員於執行業務時知悉病人為家庭暴力被害人時應將家庭暴力被害人服務資料交付該病人，中央衛生主管機關應訂定家庭暴力加害人處遇計畫規範，衛生主管機關應辦理或督促相關醫療團體辦理醫護人員防治家庭暴力之在職教育。

（五）教育機關

　　教育人員在執行職務時，知有疑似家庭暴力應立即通報當地主管機關，教育主管機關應辦理學校之輔導人員、行政人員、教師及學生防治家庭暴力之在職教育及學校教育，高級中等以下學校每學年應有4小時以上之家庭暴力防治課程。

三、家庭暴力防治法制定後之家庭暴力事件處理現況

　　家庭暴力防治法通過迄今，政府相關部門已漸漸改進其消極被動的處理方式，依法積極處理家庭暴力事件。比較重要的改變可歸納如下：

　　(一)警察機關依法肩負聲請保護令及執行保護令之義務，自民國96年起，各派出所陸續設置「社區家庭暴力防治官」，提供民眾報案時之必要協助，並協助派出所員警依法、正確、妥適處理家庭暴力案件。[6]目前全國各警察分局均設有「家庭暴力防治官」，處理家庭暴力案件[7]。依據內政部所作家庭暴力防治法實施一週年之統計資料顯示，自民國88年6月至民國89年5月，警察機關所受理之保護令案件為數高達9,803件，其為被害人聲請保護令之件數共計2,108件，遠多於社政機關所聲請的62件[8]。依司法院統計資料，自民國88年6月至民國107年12月共19.5年間，民事保護令之聲請人約89%為被害人，約9%為警察機關，約0.96%為社政機關[9]。可見在民眾的期許下，警察機關已取代社政機關而站上第一線保護家庭暴力被害人的位置。

　　(二)法院積極扮演核發保護令之角色，依據司法院之統計資料顯示，自民國88年6月至民國107年12月共19.5年間，各地方法院受理保護令之件數共計39萬餘件，法院審理終結並准許核發保護令款項高達61萬餘項[10]，可見保護令制度已經獲得民眾的重視，法官與被害人對於保護令制度漸漸嫻熟應用，成為被害人最常應用的救濟管道。

　　(三)內政部於民國88年4月23日成立家庭暴力防治委員會，積極協調警政、衛生、社政、司法、教育、新聞等單位，共同建立家庭暴力防治制

---

[6] 內政部家庭暴力及性侵害防治委員會第3屆委員第4次委員會議，內政部警政署工作報告（96.3〜96.05）。

[7] 衛生福利部保護服務司，家庭暴力防治，宣導專區，常見問答。http://www.mohw.gov.tw/cht/DOPS/DM1_P.aspx?f_list_no=143&fod_list_no=4617&doc_no=2243.

[8] 內政部家庭暴力防治委員會，保護令實施一週年檢討會資料，民國89年6月23日，2頁、14頁、15頁。

[9] 司法院網站，首頁>查詢服務>電子書出版品>司法業務年報（107年度）>第五篇少年及家事部分>第三章 家庭暴力防治法事件第973頁。

[10] 同前註，第972-973頁。

度[11]。依102年7月19日行政院院台規字第 1020141353 號公告,家暴法各該規定所列屬「內政部」之權責事項自102年7月23日「衛生福利部」正式成立後改由該部管轄。衛生福利部下設「保護服務司」,業務範圍涵蓋原內政部家庭暴力及性侵害防治委員會、社會司及兒童局之保護性業務,該部成立「衛生福利部家庭暴力及性侵害防治推動小組」,該小組任務包括:家庭暴力、性侵害、性騷擾防治與兒童及少年、老人、身心障礙者保護及兒童及少年性交易防制政策之研擬、協調、督導、研究、諮詢及推動事項;家庭暴力及性侵害、性騷擾防治與兒童及少年、老人、身心障礙者保護兒童及少年性交易防制工作之業務發展、整合規劃事項;其他性別暴力防治及保護性工作相關事項。

104年修正第4條第1項,將主管機關由「內政部」改為「衛生福利部」,並增訂第2項,明定主管機關及各目的事業主管機關之權責事項。

(四)全國共計22個直轄市、縣市政府均已成立家庭暴力防治中心。依據內政部所作家庭暴力防治法實施一週年之統計資料顯示,自民國88年7月至民國89年5月,各防治中心共接獲諮詢電話63,944通[12]。依據衛生福利部之家庭暴力通報統計資料,民國94年至107年婚姻暴力高達910,814人、老人虐待為70,010人、其他家庭成員間暴力為357,913人、兒少保護為311,043人;其中經由113專線通報者,由94年之12%提升至102年之20%,107年則降為12%[13]。各地方政府已設立家庭暴力防治中心,除6都外,多為任務編組性質[14]。

(五)由於家庭暴力防治法課予有關機關不少責任,因此,司法、警政、社政、醫療、教育等單位紛紛舉辦各種講習會、訓練會或研討會,並制定相關書表格式、流程圖、處理法則、宣導計畫等,以加強專業訓練,

----

[11] 主辦單位行政院婦女權益促進委員會,承辦單位財團法人婦女權益促進發展基金會,全國婦女人身安全會議,業務報告,民國89年3月6、7日,1頁。

[12] 同前註,9頁。

[13] 衛生福利部統計處>衛生福利統計專區>社會福利統計>保護服務>家庭暴力防治。

[14] 李美珍,家庭暴力、性侵害及性騷擾防治實務現況,發表於中華民國社會工作師公會全國聯合會於101年12月8日舉辦之「傳承‧飛揚十週年系列活動—社會福利與社會工作發展研討會」,ppt,第88頁。

推動宣導與服務，妥善執行法律。

　　事實上，家庭暴力防治法迄今也有不少執行不力或難以執行之處，例如：法院核發保護令速度太慢、社工人員嚴重缺乏、警察人員訓練不足、中央及地方政府辦理業務所需相關經費及人員均有短缺、加害人處遇計畫無法發揮功能、各有關機關橫向聯繫不足等等。不過，整體而言，家庭暴力防治法通過扮演推手，使政府相關部門漸漸揚棄傳統的處理方式，朝向積極處理事件之方式邁進，已獲得多數人正面的評價。

肆　結　論

　　家庭暴力不是家務事，是嚴重的犯罪行為，政府有關機關應積極負起防治責任，民間團體及一般民眾也應該對於家庭暴力之被害人適時伸出援手，以免家庭暴力問題不斷擴大，釀成悲劇。

　　家庭暴力防治法的制定是跨出積極防治家庭暴力問題的第一步，但如何落實法律的相關規定其實比制定法律更為困難。家庭暴力防治法在制定後面臨不少問題，政府有關機關及辦理防暴業務之民間團體均面臨欠缺經費及人員等問題。不過，人民對於家庭暴力防治法普遍採取正面及肯定的看法，因為家庭暴力防治法之保護令等新制度確實讓家庭暴力之被害人得到許多幫助，漸漸成為家庭暴力被害人最常使用的救濟途徑。但如何充實政府有關機關之家庭暴力防治所需各種資源，並加強各政府機關間、政府機關與民間團體間之協調及合作機制，以共同建立有效的整體防治網絡，實為家庭暴力防治法是否能發揮功能的成敗關鍵。

附錄一　家庭暴力防治法

104年2月4日總統修正公布

第一章　通則

第 1 條　為防治家庭暴力行為及保護被害人權益，特制定本法。

第 2 條　本法用詞定義如下：

一、家庭暴力：指家庭成員間實施身體、精神或經濟上之騷擾、控制、脅迫或其他不法侵害之行為。

二、家庭暴力罪：指家庭成員間故意實施家庭暴力行為而成立其他法律所規定之犯罪。

三、目睹家庭暴力：指看見或直接聽聞家庭暴力。

四、騷擾：指任何打擾、警告、嘲弄或辱罵他人之言語、動作或製造使人心生畏怖情境之行為。

五、跟蹤：指任何以人員、車輛、工具、設備、電子通訊或其他方法持續性監視、跟追或掌握他人行蹤及活動之行為。

六、加害人處遇計畫：指對於加害人實施之認知教育輔導、親職教育輔導、心理輔導、精神治療、戒癮治療或其他輔導、治療。

第 3 條　本法所定家庭成員，包括下列各員及其未成年子女：

一、配偶或前配偶。

二、現有或曾有同居關係、家長家屬或家屬間關係者。

三、現為或曾為直系血親或直系姻親。

四、現為或曾為四親等以內之旁系血親或旁系姻親。

第 4 條　本法所稱主管機關：在中央為衛生福利部；在直轄市為直轄市政府；在縣（市）為縣（市）政府。

本法所定事項，主管機關及目的事業主管機關應就其權責範圍，針對家庭暴力防治之需要，尊重多元文化差異，主動規劃所需保護、預防及宣導措施，對涉及相關機關之防治業務，並應全力配合之，其權責事項如下：

一、主管機關：家庭暴力防治政策之規劃、推動、監督、訂定跨機關（構）合作規範及定期公布家庭暴力相關統計等事宜。

二、衛生主管機關：家庭暴力被害人驗傷、採證、身心治療、諮商及加害人處遇等相關事宜。

三、教育主管機關：各級學校家庭暴力防治教育、目睹家庭暴力兒童及少年之輔導措施、家庭暴力被害人及其子女就學權益之維護等相關事

　　　　　宜。

四、勞工主管機關：家庭暴力被害人職業訓練及就業服務等相關事宜。

五、警政主管機關：家庭暴力被害人及其未成年子女人身安全之維護及緊急處理、家庭暴力犯罪偵查與刑事案件資料統計等相關事宜。

六、法務主管機關：家庭暴力犯罪之偵查、矯正及再犯預防等刑事司法相關事宜。

七、移民主管機關：設籍前之外籍、大陸或港澳配偶因家庭暴力造成逾期停留、居留及協助其在臺居留或定居權益維護等相關事宜。

八、文化主管機關：出版品違反本法規定之處理等相關事宜。

九、通訊傳播主管機關：廣播、電視及其他通訊傳播媒體違反本法規定之處理等相關事宜。

十、戶政主管機關：家庭暴力被害人與其未成年子女身分資料及戶籍等相關事宜。

十一、其他家庭暴力防治措施，由相關目的事業主管機關依職權辦理。

第5條　中央主管機關應辦理下列事項：

一、研擬家庭暴力防治法規及政策。

二、協調、督導有關機關家庭暴力防治事項之執行。

三、提高家庭暴力防治有關機構之服務效能。

四、督導及推展家庭暴力防治教育。

五、協調被害人保護計畫及加害人處遇計畫。

六、協助公立、私立機構建立家庭暴力處理程序。

七、統籌建立、管理家庭暴力電子資料庫，供法官、檢察官、警察、醫師、護理人員、心理師、社會工作人員及其他政府機關使用，並對被害人之身分予以保密。

八、協助地方政府推動家庭暴力防治業務，並提供輔導及補助。

九、每四年對家庭暴力問題、防治現況成效與需求進行調查分析，並定期公布家庭暴力致死人數、各項補助及醫療救護支出等相關之統計分析資料。各相關單位應配合調查，提供統計及分析資料。

十、其他家庭暴力防治有關事項。

中央主管機關辦理前項事項，應遴聘（派）學者專家、民間團體及相關機關代表提供諮詢，其中學者專家、民間團體代表之人數，不得少於總數二分之一；且任一性別人數不得少於總數三分之一。

第1項第7款規定電子資料庫之建立、管理及使用辦法，由中央主管機關定之。

第 6 條　中央主管機關為加強推動家庭暴力及性侵害相關工作，應設置基金；其收支保管及運用辦法，由行政院定之。

前項基金來源如下：

一、政府預算撥充。

二、緩起訴處分金。

三、認罪協商金。

四、本基金之孳息收入。

五、受贈收入。

六、依本法所處之罰鍰。

七、其他相關收入。

第 7 條　直轄市、縣（市）主管機關為協調、研究、審議、諮詢、督導、考核及推動家庭暴力防治工作，應設家庭暴力防治委員會；其組織及會議事項，由直轄市、縣（市）主管機關定之。

第 8 條　直轄市、縣（市）主管機關應整合所屬警政、教育、衛生、社政、民政、戶政、勞工、新聞等機關、單位業務及人力，設立家庭暴力防治中心，並協調司法、移民相關機關，辦理下列事項：

一、提供24小時電話專線服務。

二、提供被害人24小時緊急救援、協助診療、驗傷、採證及緊急安置。

三、提供或轉介被害人、經濟扶助、法律服務、就學服務、住宅輔導，並以階段性、支持性及多元性提供職業訓練與就業服務。

四、提供被害人及其未成年子女短、中、長期庇護安置。

五、提供或轉介被害人、經評估有需要之目睹家庭暴力兒童及少年或家庭成員身心治療、諮商、社會與心理評估及處置。

六、轉介加害人處遇及追蹤輔導。

七、追蹤及管理轉介服務案件。

八、推廣家庭暴力防治教育、訓練及宣導。

九、辦理危險評估，並召開跨機構網絡會議。

十、其他家庭暴力防治有關之事項。

前項中心得與性侵害防治中心合併設立，並應配置社工、警察、衛生及其他相關專業人員；其組織，由直轄市、縣（市）主管機關定之。

第二章　民事保護令

第一節　聲請及審理

第 9 條　民事保護令（以下簡稱保護令）分為通常保護令、暫時保護令及緊急保護令。

第 10 條 被害人得向法院聲請通常保護令、暫時保護令；被害人為未成年人、身心障礙者或因故難以委任代理人者，其法定代理人、三親等以內之血親或姻親，得為其向法院聲請之。

前項檢察官、警察機關或直轄市、縣（市）主管機關得向法院聲請保護令。

保護令之聲請、撤銷、變更、延長及抗告，均免徵裁判費，並準用民事訴訟法第七十七條之二十三第四項規定。

第 11 條 保護令之聲請，由被害人之住居所地、相對人之住居所地或家庭暴力發生地之地方法院管轄。

前項地方法院，於設有少年及家事法院地區，指少年及家事法院。

第 12 條 保護令之聲請，應以書面為之。

但被害人有受家庭暴力之急迫危險者，檢察官、警察機關或直轄市、縣（市）主管機關，得以言詞、電信傳真或其他科技設備傳送之方式聲請緊急保護令，並得於夜間或休息日為之。

前項聲請得不記載聲請人或被害人之住居所，僅記載其送達處所。

法院為定管轄權，得調查被害人之住居所。

經聲請人或被害人要求保密被害人之住居所，法院應以秘密方式訊問，將該筆錄及相關資料密封，並禁止閱覽。

第 13 條 聲請保護令之程式或要件有欠缺者，法院應以裁定駁回之。

但其情形可以補正者，應定期間先命補正。

法院得依職權調查證據，必要時得隔別訊問。

前項隔別訊問，必要時得依聲請或依職權在法庭外為之，或採有聲音及影像相互傳送之科技設備或其他適當隔離措施。

被害人得於審理時，聲請其親屬或個案輔導之社工人員、心理師陪同被害人在場，並得陳述意見。

保護令事件之審理不公開。

法院於審理終結前，得聽取直轄市、縣（市）主管機關或社會福利機構之意見。

保護令事件不得進行調解或和解。

法院受理保護令之聲請後，應即行審理程序，不得以當事人間有其他案件偵查或訴訟繫屬為由，延緩核發保護令。

第 14 條 法院於審理終結後，認有家庭暴力之事實且有必要者，應依聲請或依職權核發包括下列一款或數款之通常保護令：

一、禁止相對人對於被害人、目睹家庭暴力兒童及少年或其特定家庭成員實施家庭暴力。

二、禁止相對人對於被害人、目睹家庭暴力兒童及少年或其特定家庭成員
　　為騷擾、接觸、跟蹤、通話、通信或其他非必要之聯絡行為。

三、命相對人遷出被害人、目睹家庭暴力兒童及少年或其特定家庭成員之
　　住居所；必要時，並得禁止相對人就該不動產為使用、收益或處分行
　　為。

四、命相對人遠離下列場所特定距離：被害人、目睹家庭暴力兒童及少年
　　或其特定家庭成員之住居所、學校、工作場所或其他被害人或其特定
　　家庭成員經常出入之特定場所。

五、定汽車、機車及其他個人生活上、職業上或教育上必需品之使用權；
　　必要時，並得命交付之。

六、定暫時對未成年子女權利義務之行使或負擔，由當事人之一方或雙方
　　共同任之、行使或負擔之內容及方法；必要時，並得命交付子女。

七、定相對人對未成年子女會面交往之時間、地點及方式；必要時，並得
　　禁止會面交往。

八、命相對人給付被害人住居所之租金或被害人及其未成年子女之扶養
　　費。

九、命相對人交付被害人或特定家庭成員之醫療、輔導、庇護所或財物損
　　害等費用。

十、命相對人完成加害人處遇計畫。

十一、命相對人負擔相當之律師費用。

十二、禁止相對人查閱被害人及受其暫時監護之未成年子女戶籍、學籍、
　　　所得來源相關資訊。

十三、命其他保護被害人、目睹家庭暴力兒童及少年或其特定家庭成員之
　　　必要命令。

法院為前項第六款、第七款裁定前，應考量未成年子女之最佳利益，必要
時並得徵詢未成年子女或社會工作人員之意見。

第一項第十款之加害人處遇計畫，法院得逕命相對人接受認知教育輔導、
親職教育輔導及其他輔導，並得命相對人接受有無必要施以其他處遇計畫
之鑑定；直轄市、縣（市）主管機關得於法院裁定前，對處遇計畫之實施
方式提出建議。

第一項第十款之裁定應載明處遇計畫完成期限。

第 15 條　通常保護令之有效期間為二年以下，自核發時起生效。

　　　　通常保護令失效前，法院得依當事人或被害人之聲請撤銷、變更或延長
　　　　之。延長保護令之聲請，每次延長期間為二年以下。

　　檢察官、警察機關或直轄市、縣（市）主管機關得為前項延長保護令之聲請。

　　通常保護令所定之命令，於期間屆滿前經法院另為裁判確定者，該命令失其效力。

第 16 條　法院核發暫時保護令或緊急保護令，得不經審理程序。

　　法院為保護被害人，得於通常保護令審理終結前，依聲請或依職權核發暫時保護令。

　　法院核發暫時保護令或緊急保護令時，得依聲請或依職權核發第14條第1項第一款至第六款、第十二款及第十三款之命令。

　　法院於受理緊急保護令之聲請後，依聲請人到庭或電話陳述家庭暴力之事實，足認被害人有受家庭暴力之急迫危險者，應於四小時內以書面核發緊急保護令，並得以電信傳真或其他科技設備傳送緊急保護令予警察機關。

　　聲請人於聲請通常保護令前聲請暫時保護令或緊急保護令，其經法院准許核發者，視為已有通常保護令之聲請。

　　暫時保護令、緊急保護令自核發時起生效，於聲請人撤回通常保護令之聲請、法院審理終結核發通常保護令或駁回聲請時失其效力。

　　暫時保護令、緊急保護令失效前，法院得依當事人或被害人之聲請或依職權撤銷或變更之。

第 17 條　法院對相對人核發第十四條第一項第三款及第四款之保護令，不因被害人、目睹家庭暴力兒童及少年或其特定家庭成員同意相對人不遷出或不遠離而失其效力。

第 18 條　保護令除緊急保護令外，應於核發後二十四小時內發送當事人、被害人、警察機關及直轄市、縣（市）主管機關。

　　直轄市、縣（市）主管機關應登錄法院所核發之保護令，並供司法及其他執行保護令之機關查閱。

第 19 條　法院應提供被害人或證人安全出庭之環境與措施。

　　直轄市、縣（市）主管機關應於所在地地方法院自行或委託民間團體設置家庭暴力事件服務處所，法院應提供場所、必要之軟硬體設備及其他相關協助。但離島法院有礙難情形者，不在此限。

　　前項地方法院，於設有少年及家事法院地區，指少年及家事法院。

第 20 條　保護令之程序，除本章別有規定外，適用家事事件法有關規定。

　　關於保護令之裁定，除有特別規定者外，得為抗告；抗告中不停止執行。

　　第二節　執行

第 21 條　保護令核發後，當事人及相關機關應確實遵守，並依下列規定辦理：

一、不動產之禁止使用、收益或處分行為及金錢給付之保護令，得為強制執行名義，由被害人依強制執行法聲請法院強制執行，並暫免徵收執行費。

二、於直轄市、縣（市）主管機關所設處所為未成年子女會面交往，及由直轄市、縣（市）主管機關或其所屬人員監督未成年子女會面交往之保護令，由相對人向直轄市、縣（市）主管機關申請執行。

三、完成加害人處遇計畫之保護令，由直轄市、縣（市）主管機關執行之。

四、禁止查閱相關資訊之保護令，由被害人向相關機關申請執行。

五、其他保護令之執行，由警察機關為之。

前項第2款及第3款之執行，必要時得請求警察機關協助之。

第 22 條　警察機關應依保護令，保護被害人至被害人或相對人之住居所，確保其安全占有住居所、汽車、機車或其他個人生活上、職業上或教育上必需品。

前項汽車、機車或其他個人生活上、職業上或教育上必需品，相對人應依保護令交付而未交付者，警察機關得依被害人之請求，進入住宅、建築物或其他標的物所在處所解除相對人之占有或扣留取交被害人。

第 23 條　前條所定必需品，相對人應一併交付有關證照、書據、印章或其他憑證而未交付者，警察機關得將之取交被害人。

前項憑證取交無著時，其屬被害人所有者，被害人得向相關主管機關申請變更、註銷或補行發給；其屬相對人所有而為行政機關製發者，被害人得請求原核發機關發給保護令有效期間之代用憑證。

第 24 條　義務人不依保護令交付未成年子女時，權利人得聲請警察機關限期命義務人交付，屆期未交付者，命交付未成年子女之保護令得為強制執行名義，由權利人聲請法院強制執行，並暫免徵收執行費。

第 25 條　義務人不依保護令之內容辦理未成年子女之會面交往時，執行機關或權利人得依前條規定辦理，並得向法院聲請變更保護令。

第 26 條　當事人之一方依第十四條第一項第六款規定取得暫時對未成年子女權利義務之行使或負擔者，得持保護令逕向戶政機關申請未成年子女戶籍遷徙登記。

第 27 條　當事人或利害關係人對於執行保護令之方法、應遵行之程序或其他侵害利益之情事，得於執行程序終結前，向執行機關聲明異議。

前項聲明異議，執行機關認其有理由者，應即停止執行並撤銷或更正已為之執行行為；認其無理由者，應於十日內加具意見，送原核發保護令之法院裁定之。

對於前項法院之裁定，不得抗告。

第 28 條　外國法院關於家庭暴力之保護令，經聲請中華民國法院裁定承認後，得執行之。

當事人聲請法院承認之外國法院關於家庭暴力之保護令，有民事訴訟法第四百零二條第一項第一款至第三款所列情形之一者，法院應駁回其聲請。

外國法院關於家庭暴力之保護令，其核發地國對於中華民國法院之保護令不予承認者，法院得駁回其聲請。

第三章　刑事程序

第 29 條　警察人員發現家庭暴力罪之現行犯時，應逕行逮捕之，並依刑事訴訟法第九十二條規定處理。

檢察官、司法警察官或司法警察偵查犯罪認被告或犯罪嫌疑人犯家庭暴力罪或違反保護令罪嫌疑重大，且有繼續侵害家庭成員生命、身體或自由之危險，而情況急迫者，得逕行拘提之。

前項拘提，由檢察官親自執行時，得不用拘票；由司法警察官或司法警察執行時，以其急迫情形不及報請檢察官者為限，於執行後，應即報請檢察官簽發拘票。

如檢察官不簽發拘票時，應即將被拘提人釋放。

第 30 條　檢察官、司法警察官或司法警察依前條第二項、第三項規定逕行拘提或簽發拘票時，應審酌一切情狀，尤應注意下列事項：

一、被告或犯罪嫌疑人之暴力行為已造成被害人身體或精神上傷害或騷擾，不立即隔離者，被害人或其家庭成員生命、身體或自由有遭受侵害之危險。

二、被告或犯罪嫌疑人有長期連續實施家庭暴力或有違反保護令之行為、酗酒、施用毒品或濫用藥物之習慣。

三、被告或犯罪嫌疑人有利用兇器或其他危險物品恐嚇或施暴行於被害人之紀錄，被害人有再度遭受侵害之虞者。

四、被害人為兒童、少年、老人、身心障礙或具有其他無法保護自身安全之情形。

第30-1條　被告經法官訊問後，認為違反保護令者、家庭成員間故意實施家庭暴力行為而成立之罪，其嫌疑重大，有事實足認為有反覆實行前開犯罪之虞，而有羈押之必要者，得羈押之。

第 31 條　家庭暴力罪或違反保護令罪之被告經檢察官或法院訊問後，認無羈押之必要，而命具保、責付、限制住居或釋放者，對被害人、目睹家庭暴力兒童及少年或其特定家庭成員得附下列一款或數款條件命被告遵守：

一、禁止實施家庭暴力。

二、禁止為騷擾、接觸、跟蹤、通話、通信或其他非必要之聯絡行為。

三、遷出住居所。

四、命相對人遠離其住居所、學校、工作場所或其他經常出入之特定場所特定距離。

五、其他保護安全之事項。

前項所附條件有效期間自具保、責付、限制住居或釋放時起生效，至刑事訴訟終結時為止，最長不得逾一年。

檢察官或法院得依當事人之聲請或依職權撤銷或變更依第1項規定所附之條件。

第32條　被告違反檢察官或法院依前條第一項規定所附之條件者，檢察官或法院得撤銷原處分，另為適當之處分；如有繳納保證金者，並得沒入其保證金。

被告違反檢察官或法院依前條第一項第一款所定應遵守之條件，犯罪嫌疑重大，且有事實足認被告有反覆實施家庭暴力行為之虞，而有羈押之必要者，偵查中檢察官得聲請法院羈押之；審判中法院得命羈押之。

第33條　第三十一條及前條第一項規定，於羈押中之被告，經法院裁定停止羈押者，準用之。

停止羈押之被告違反法院依前項規定所附之條件者，法院於認有羈押必要時，得命再執行羈押。

第34條　檢察官或法院為第三十一條第一項及前條第一項之附條件處分或裁定時，應以書面為之，並送達於被告、被害人及被害人住居所所在地之警察機關。

第34-1條　法院或檢察署有下列情形之一，應即時通知被害人所在地之警察機關及家庭暴力防治中心：

一、家庭暴力罪或違反保護令罪之被告解送法院或檢察署經檢察官或法官訊問後，認無羈押之必要，而命具保、責付、限制住居或釋放者。

二、羈押中之被告，經法院撤銷或停止羈押者。

警察機關及家庭暴力防治中心於接獲通知後，應立即通知被害人或其家庭成員。

前二項通知應於被告釋放前通知，且得以言詞、電信傳真或其他科技設備傳送之方式通知。但被害人或其家庭成員所在不明或通知顯有困難者，不在此限。

第35條　警察人員發現被告違反檢察官或法院依第三十一條第一項、第三十三條第一項規定所附之條件者，應即報告檢察官或法院。

第二十九條規定，於本條情形，準用之。

第 36 條　對被害人之訊問或詰問，得依聲請或依職權在法庭外為之，或採取適當隔離措施。

警察機關於詢問被害人時，得採取適當之保護及隔離措施。

第36-1條　被害人於偵查中受訊問時，得自行指定其親屬、醫師、心理師、輔導人員或社工人員陪同在場，該陪同人並得陳述意見。

被害人前項之請求，檢察官除認其在場有妨礙偵查之虞者，不得拒絕之。

陪同人之席位應設於被害人旁。

第36-2條　被害人受訊問前，檢察官應告知被害人得自行選任符合第三十六條之一資格之人陪同在場。

第 37 條　對於家庭暴力罪或違反保護令罪案件所為之起訴書、聲請簡易判決處刑書、不起訴處分書、緩起訴處分書、撤銷緩起訴處分書、裁定書或判決書，應送達於被害人。

第 38 條　犯家庭暴力罪或違反保護令罪而受緩刑之宣告者，在緩刑期內應付保護管束。

法院為前項緩刑宣告時，除顯無必要者外，應命被告於付緩刑保護管束期間內，遵守下列一款或數款事項：

一、禁止實施家庭暴力。

二、禁止對被害人、目睹家庭暴力兒童及少年或其特定家庭成員為騷擾、接觸、跟蹤、通話、通信或其他非必要之聯絡行為。

三、遷出被害人、目睹家庭暴力兒童及少年或其特定家庭成員之住居所。

四、命相對人遠離下列場所特定距離：被害人、目睹家庭暴力兒童及少年或其特定家庭成員之住居所、學校、工作場所或其他被害人或其特定家庭成員經常出入之特定場所。

五、完成加害人處遇計畫。

六、其他保護被害人、目睹家庭暴力兒童及少年或其特定家庭成員安全之事項。

法院依前項第五款規定，命被告完成加害人處遇計畫前，得準用第十四條第三項規定。

法院為第一項之緩刑宣告時，應即通知被害人及其住居所所在地之警察機關。

受保護管束人違反第二項保護管束事項情節重大者，撤銷其緩刑之宣告。

第 39 條　前條規定，於受刑人經假釋出獄付保護管束者，準用之。

第 40 條　檢察官或法院依第三十一條第一項、第三十三條第一項、第三十八條第二

項或前條規定所附之條件，得通知直轄市、縣（市）主管機關或警察機關執行之。

第 41 條　法務部應訂定並執行家庭暴力罪或違反保護令罪受刑人之處遇計畫。

前項計畫之訂定及執行之相關人員，應接受家庭暴力防治教育及訓練。

第 42 條　矯正機關應將家庭暴力罪或違反保護令罪受刑人預定出獄之日期通知被害人、其住居所所在地之警察機關及家庭暴力防治中心。但被害人之所在不明者，不在此限。

受刑人如有脫逃之事實，矯正機關應立即為前項之通知。

第四章　父母子女

第 43 條　法院依法為未成年子女酌定或改定權利義務之行使或負擔之人時，對已發生家庭暴力者，推定由加害人行使或負擔權利義務不利於該子女。

第 44 條　法院依法為未成年子女酌定或改定權利義務之行使或負擔之人或會面交往之裁判後，發生家庭暴力者，法院得依被害人、未成年子女、直轄市、縣（市）主管機關、社會福利機構或其他利害關係人之請求，為子女之最佳利益改定之。

第 45 條　法院依法准許家庭暴力加害人會面交往其未成年子女時，應審酌子女及被害人之安全，並得為下列一款或數款命令：

一、於特定安全場所交付子女。

二、由第三人或機關、團體監督會面交往，並得定會面交往時應遵守之事項。

三、完成加害人處遇計畫或其他特定輔導為會面交往條件。

四、負擔監督會面交往費用。

五、禁止過夜會面交往。

六、準時、安全交還子女，並繳納保證金。

七、其他保護子女、被害人或其他家庭成員安全之條件。

法院如認有違背前項命令之情形，或准許會面交往無法確保被害人或其子女之安全者，得依聲請或依職權禁止之。

如違背前項第六款命令，並得沒入保證金。

法院於必要時，得命有關機關或有關人員保密被害人或子女住居所。

第 46 條　直轄市、縣（市）主管機關應設未成年子女會面交往處所或委託其他機關（構）、團體辦理。

前項處所，應有受過家庭暴力安全及防制訓練之人員；其設置、監督會面交往與交付子女之執行及收費規定，由直轄市、縣（市）主管機關定之。

第 47 條　法院於訴訟或調解程序中如認為有家庭暴力之情事時，不得進行和解或調

解。

但有下列情形之一者,不在此限:一、行和解或調解之人曾受家庭暴力防治之訓練並以確保被害人安全之方式進行和解或調解。

二、准許被害人選定輔助人參與和解或調解。

三、其他行和解或調解之人認為能使被害人免受加害人脅迫之程序。

第五章　預防及處遇

第 48 條　警察人員處理家庭暴力案件,必要時應採取下列方法保護被害人及防止家庭暴力之發生:

一、於法院核發緊急保護令前,在被害人住居所守護或採取其他保護被害人或其家庭成員之必要安全措施。

二、保護被害人及其子女至庇護所或醫療機構。

三、告知被害人其得行使之權利、救濟途徑及服務措施。

四、查訪並告誡相對人。

五、訪查被害人及其家庭成員,並提供必要之安全措施。

警察人員處理家庭暴力案件,應製作書面紀錄;其格式,由中央警政主管機關定之。

第 49 條　醫事人員、社會工作人員、教育人員及保育人員為防治家庭暴力行為或保護家庭暴力被害人之權益,有受到身體或精神上不法侵害之虞者,得請求警察機關提供必要之協助。

第 50 條　醫事人員、社會工作人員、教育人員、保育人員、警察人員、移民業務人員及其他執行家庭暴力防治人員,在執行職務時知有疑似家庭暴力情事者,應立即通報當地主管機關,至遲不得逾二十四小時。

前項通報之方式及內容,由中央主管機關定之;通報人之身分資料,應予保密。

主管機關接獲通報後,應即行處理,並評估有無兒童及少年目睹家庭暴力之情事;必要時得自行或委請其他機關(構)、團體進行訪視、調查。

主管機關或受其委請之機關(構)或團體進行訪視、調查時,得請求警察機關、醫療(事)機構、學校、公寓大廈管理委員會或其他相關機關(構)協助,被請求者應予配合。

第50-1條　宣傳品、出版品、廣播、電視、網際網路或其他媒體,不得報導或記載被害人及其未成年子女之姓名,或其他足以識別被害人及其未成年子女身分之資訊。但經有行為能力之被害人同意、犯罪偵查機關或司法機關依法認為有必要者,不在此限。

第 51 條　直轄市、縣(市)主管機關對於撥打依第八條第一項第一款設置之二十四

小時電話專線者，於有下列情形之一時，得追查其電話號碼及地址：

一、為免除當事人之生命、身體、自由或財產上之急迫危險。

二、為防止他人權益遭受重大危害而有必要。

三、無正當理由撥打專線電話，致妨害公務執行。

四、其他為增進公共利益或防止危害發生。

第 52 條　醫療機構對於家庭暴力之被害人，不得無故拒絕診療及開立驗傷診斷書。

第 53 條　衛生主管機關應擬訂及推廣有關家庭暴力防治之衛生教育宣導計畫。

第 54 條　中央衛生主管機關應訂定家庭暴力加害人處遇計畫規範；其內容包括下列各款：

一、處遇計畫之評估標準。

二、司法機關、家庭暴力被害人保護計畫之執行機關（構）、加害人處遇計畫之執行機關（構）間之聯繫及評估制度。

三、執行機關（構）之資格。

中央衛生主管機關應會同相關機關負責家庭暴力加害人處遇計畫之推動、發展、協調、督導及其他相關事宜。

第 55 條　加害人處遇計畫之執行機關（構）得為下列事項：

一、將加害人接受處遇情事告知司法機關、被害人及其辯護人。

二、調閱加害人在其他機構之處遇資料。

三、將加害人之資料告知司法機關、監獄監務委員會、家庭暴力防治中心及其他有關機構。

加害人有不接受處遇計畫、接受時數不足或不遵守處遇計畫內容及恐嚇、施暴等行為時，加害人處遇計畫之執行機關（構）應告知直轄市、縣（市）主管機關；必要時並得通知直轄市、縣（市）主管機關協調處理。

第 56 條　直轄市、縣（市）主管機關應製作家庭暴力被害人權益、救濟及服務之書面資料，供被害人取閱，並提供醫療機構及警察機關使用。

醫事人員執行業務時，知悉其病人為家庭暴力被害人時，應將前項資料交付病人。

第1項資料，不得記明庇護所之地址。

第 57 條　直轄市、縣（市）主管機關應提供醫療機構、公、私立國民小學及戶政機關家庭暴力防治之相關資料，俾醫療機構、公、私立國民小學及戶政機關將該相關資料提供新生兒之父母、辦理小學新生註冊之父母、辦理結婚登記之新婚夫妻及辦理出生登記之人。

前項資料內容應包括家庭暴力對於子女及家庭之影響及家庭暴力之防治服務。

第 58 條　直轄市、縣（市）主管機關得核發家庭暴力被害人下列補助：

一、緊急生活扶助費用。

二、非屬全民健康保險給付範圍之醫療費用及身心治療、諮商與輔導費用。

三、訴訟費用及律師費用。

四、安置費用、房屋租金費用。

五、子女教育、生活費用及兒童托育費用。

六、其他必要費用。

第一項第一款、第二款規定，於目睹家庭暴力兒童及少年，準用之。

第一項補助對象、條件及金額等事項規定，由直轄市、縣（市）主管機關定之。

家庭暴力被害人年滿二十歲者，得申請創業貸款；其申請資格、程序、利息補助金額、名額及期限等，由中央目的事業主管機關定之。

為辦理第一項及第四項補助業務所需之必要資料，主管機關得洽請相關機關（構）、團體、法人或個人提供之，受請求者不得拒絕。

主管機關依前項規定所取得之資料，應盡善良管理人之注意義務，確實辦理資訊安全稽核作業；其保有、處理及利用，並應遵循個人資料保護法之規定。

第58-1條　對於具就業意願而就業能力不足之家庭暴力被害人，勞工主管機關應提供預備性就業或支持性就業服務。

前項預備性就業或支持性就業服務相關辦法，由勞工主管機關定之。

第 59 條　社會行政主管機關應辦理社會工作人員、居家式托育服務提供者、托育人員、保育人員及其他相關社會行政人員防治家庭暴力在職教育。

警政主管機關應辦理警察人員防治家庭暴力在職教育。

司法院及法務部應辦理相關司法人員防治家庭暴力在職教育。

衛生主管機關應辦理或督促相關醫療團體辦理醫護人員防治家庭暴力在職教育。

教育主管機關應辦理學校、幼兒園之輔導人員、行政人員、教師、教保服務人員及學生防治家庭暴力在職教育及學校教育。

移民主管機關應辦理移民業務人員防治家庭暴力在職教育。

第 60 條　高級中等以下學校每學年應有四小時以上之家庭暴力防治課程。但得於總時數不變下，彈性安排於各學年實施。

第六章　罰則

第 61 條　違反法院依第十四條第一項、第十六條第三項所為之下列裁定者，為本法

所稱違反保護令罪，處三年以下有期徒刑、拘役或科或併科新臺幣十萬元
以下罰金：
一、禁止實施家庭暴力。
二、禁止騷擾、接觸、跟蹤、通話、通信或其他非必要之聯絡行為。
三、遷出住居所。
四、遠離住居所、工作場所、學校或其他特定場所。
五、完成加害人處遇計畫。

第61-1條　廣播、電視事業違反第五十條之一規定者，由目的事業主管機關處新臺幣
三萬元以上十五萬元以下罰鍰，並命其限期改正；屆期未改正者，得按次
處罰。

前項以外之宣傳品、出版品、網際網路或其他媒體之負責人違反第五十條
之一規定者，由目的事業主管機關處新臺幣三萬元以上十五萬元以下罰
鍰，並得沒入第五十條之一規定之物品、命其限期移除內容、下架或其他
必要之處置；屆期不履行者，得按次處罰至履行為止。但被害人死亡，經
目的事業主管機關權衡社會公益，認有報導之必要者，不罰。

宣傳品、出版品、網際網路或其他媒體無負責人或負責人對行為人之行為
不具監督關係者，第二項所定之罰鍰，處罰行為人。

第62條　違反第五十條第一項規定者，由直轄市、縣（市）主管機關處新臺幣六千
元以上三萬元以下罰鍰。

但醫事人員為避免被害人身體緊急危難而違反者，不罰。

違反第五十二條規定者，由直轄市、縣（市）主管機關處新臺幣六千元以
上三萬元以下罰鍰。

第63條　違反第五十一條第三款規定，經勸阻不聽者，直轄市、縣（市）主管機關
得處新臺幣三千元以上一萬五千元以下罰鍰。

第63-1條　被害人年滿十六歲，遭受現有或曾有親密關係之未同居伴侶施以身體或精
神上不法侵害之情事者，準用第九條至第十三條、第十四條第一項第一
款、第二款、第四款、第九款至第十三款、第三項、第四項、第十五條
至第二十條、第二十一條第一項第一款、第三款至第五款、第二項、第
二十七條、第二十八條、第四十八條、第五十條之一、第五十二條、第
五十四條、第五十五條及第六十一條之規定。

前項所稱親密關係伴侶，指雙方以情感或性行為為基礎，發展親密之社會
互動關係。

本條自公布後一年施行。

第七章　附則

第 64 條　行政機關執行保護令及處理家庭暴力案件辦法,由中央主管機關定之。

第 65 條　本法施行細則,由中央主管機關定之。

第 66 條　本法自公布日施行。

附錄二　家庭暴力防治法施行細則

104年7月29日衛生福利部修正發布

第 1 條　本細則依家庭暴力防治法（以下簡稱本法）第六十五條規定訂定之。

第 2 條　本法第二條第一款所定經濟上之騷擾、控制、脅迫或其他不法侵害之行為，包括下列足以使被害人畏懼或痛苦之舉動或行為：

一、過度控制家庭財務、拒絕或阻礙被害人工作等方式。

二、透過強迫借貸、強迫擔任保證人或強迫被害人就現金、有價證券與其他動產及不動產為交付、所有權移轉、設定負擔及限制使用收益等方式。

三、其他經濟上之騷擾、控制、脅迫或其他不法侵害之行為。

第 3 條　直轄市、縣（市）主管機關家庭暴力防治中心每半年應邀集當地警政、教育、衛生、社政、民政、戶政、司法、勞工、新聞、移民等相關機關舉行業務協調會報，研議辦理本法第八條第一項各款措施相關事宜；必要時，得召開臨時會議。

第 4 條　檢察官、警察機關或直轄市、縣（市）主管機關依本法第12條第1項但書規定聲請緊急保護令時，應考量被害人有無遭受相對人虐待、威嚇、傷害或其他身體上、精神上或經濟上不法侵害之現時危險，或如不核發緊急保護令，將導致無法回復之損害等情形。

第 5 條　依本法第十二條第一項前段規定以書面聲請保護令者，應記載下列事項：

一、聲請人之姓名、性別、出生年月日、國民身分證統一編號、住居所或送達處所及與被害人之關係；聲請人為法人、機關或其他團體者，其名稱及公務所、事務所或營業所。

二、被害人非聲請人者，其姓名、性別、出生年月日、住居所或送達處所。

三、相對人之姓名、性別、出生年月日、住居所或送達處所及與被害人之關係。

四、有代理人者，其姓名、性別、出生年月日、住居所或事務所、營業所。

五、聲請之意旨及其原因、事實。

六、供證明或釋明用之證據。

七、附件及其件數。

八、法院。

九、年、月、日。

聲請人知悉被害人、相對人、代理人之國民身分證統一編號者，宜併於聲請狀記載。

第6條　檢察官、警察機關或直轄市、縣（市）主管機關依本法第十二條第一項但書規定，以言詞、電信傳真或其他科技設備傳送之方式聲請緊急保護令時，應表明前條各款事項，除有特殊情形外，並應以法院之專線為之。

第7條　本法第十二條第一項但書規定所稱夜間，為日出前，日沒後；所稱休息日，為星期例假日、應放假之紀念日及其他由中央人事主管機關規定應放假之日。

第8條　法院受理本法第十二條第一項但書規定緊急保護令聲請之事件，如認現有資料無法審認被害人有受家庭暴力之急迫危險者，得請警察人員及其他相關人員協助調查。

第9條　法院受理本法第十二條第一項但書規定緊急保護令聲請之事件，得請聲請人、前條協助調查人到庭或電話陳述家庭暴力之事實，相關人員不得拒絕。

第10條　本法第十九條第一項所定提供被害人或證人安全出庭之環境及措施，包括下列事項之全部或一部：

一、提供視訊或單面鏡審理空間。

二、規劃或安排其到庭時使用不同之入出路線。

三、其他相關措施。

被害人或證人出庭時，需法院提供前項措施者，於開庭前或開庭時，向法院陳明。

第11條　被害人依本法第二十一條第一項第一款規定，向執行標的物所在地法院聲請強制執行時，應持保護令正本，並以書狀表明下列各款事項：

一、當事人或其代理人。

二、請求實現之權利。

書狀內宜記載執行之標的物、應為之執行行為或強制執行法所定其他事項。

第一項暫免徵收之執行費，執行法院得於強制執行所得金額之範圍內，予以優先扣繳受償。

未能依前項規定受償之執行費，執行法院得於執行完畢後，以裁定確定其數額及應負擔者，並將裁定正本送達債權人及債務人。

第12條　被害人依本法第二十一條第一項第四款規定，申請執行本法第十四條第一項第十二款保護令，應向下列機關、學校提出：

一、任一戶政事務所：申請執行禁止相對人查閱被害人及受其暫時監護未
　　成年子女戶籍相關資訊之保護令。

二、學籍所在學校：申請執行禁止相對人查閱被害人及受其暫時監護未成
　　年子女學籍相關資訊之保護令。

三、各地區國稅局：申請執行禁止相對人查閱被害人及受其暫時監護未成
　　年子女所得來源相關資訊之保護令。

第 13 條　本法第二十四條所稱權利人，指由法院依本法第十四條第一項第六款所定
暫時對未成年子女行使或負擔權利義務之一方；所稱義務人，指依本法第
十四條第一項第六款規定應交付子女予權利人者。

第 14 條　本法第二十五條所稱權利人、義務人，定義如下：

一、於每次子女會面交往執行前：

　　(一)權利人：指依本法第十四條第一項第七款規定申請執行子女會面交
　　　　往者。

　　(二)義務人：指由法院依本法第十四條第一項第六款所定暫時對未成年
　　　　子女行使或負擔權利義務之一方。

二、於每次子女會面交往執行後：

　　(一)權利人：指由法院依本法第十四條第一項第六款所定暫時對未成年
　　　　子女行使或負擔權利義務之一方。

　　(二)義務人：指依本法第十四條第一項第七款規定申請執行子女會面交
　　　　往者。

第 15 條　權利人依本法第二十四條或第二十五條規定，向應為執行行為地之法院聲
請強制執行時，除依第十一條之規定辦理外，聲請時並應提出曾向警察機
關或直轄市、縣（市）主管機關聲請限期履行未果之證明文件。

第 16 條　當事人或利害關係人依本法第二十七條第一項規定，向執行機關聲明異議
者，應以書面或言詞提出；其以言詞為之者，受理之人員或單位應作成紀
錄，經向聲明異議者朗讀或使閱覽，確認其內容無誤後，由其簽名或蓋
章。

聲明異議之書面內容或言詞作成之紀錄，應載明異議人之姓名及異議事
由；其由利害關係人為之者，並應載明其利害關係。

第 17 條　本法第三十一條第二項所稱刑事訴訟終結時，指下列情形：

一、案件經檢察官為不起訴處分或緩起訴處分者，至該處分確定時。

二、案件經檢察官提起公訴或聲請簡易判決處刑者，至該案件經法院判決
　　確定時。

第 18 條　警察人員依本法第三十五條規定報告檢察官及法院時，應以書面為之，並

檢具事證及其他相關資料。但情況急迫者，得以言詞、電信傳真或其他科技設備傳送之方式報告。

第 19 條 家庭暴力罪及違反保護令罪之告訴人，依刑事訴訟法第二百三十六條之一第一項或第二百七十一條之一第一項規定委任代理人到場者，應提出委任書狀。

第 20 條 警察人員發現受保護管束人違反本法第三十八條第二項於保護管束期間應遵守之事項時，應檢具事證，報告受保護管束人戶籍地或住居所地之地方法院檢察署檢察官。

第 21 條 本法第五十條第二項通報方式，應以電信傳真或其他科技設備傳送；情況緊急時，得先以言詞、電話通訊方式通報，並於通報後二十四小時內補送通報表。

前項通報表內容，包括通報人、被害人、相對人之基本資料、具體受暴事實及相關協助等事項。

第 22 條 本法第五十條之一所定其他足以識別被害人及其未成年子女身分之資訊，包括被害人及其未成年子女之照片、影像、聲音、住居所、就讀學校與班級、工作場所、親屬姓名或與其之關係等個人基本資料。

第 23 條 本法第五十八條所定直轄市、縣（市）主管機關，為被害人戶籍地之直轄市、縣（市）主管機關。

第 24 條 本法第六十三條之一第二項所定親密關係伴侶，得參酌下列因素認定之：

一、雙方關係之本質。

二、雙方關係之持續時間。

三、雙方互動之頻率。

四、性行為之有無及頻率。

五、其他足以認定有親密關係之事實。

第 25 條 本細則自發布日施行。

附錄三
行政機關執行保護令及處理家庭暴力案件辦法

104年7月29日衛生福利部修正發布

第1條 本辦法依家庭暴力防治法（以下簡稱本法）第六十四條規定訂定之。

第2條 行政機關應指定專人承辦家庭暴力防治業務。

第3條 直轄市、縣（市）主管機關處理家庭暴力案件之管轄，依下列原則辦理：
一、通報案件：為受理之直轄市、縣（市）主管機關。但同一案件，有二以上直轄市、縣（市）主管機關受理通報者，為被害人住居所地之直轄市、縣（市）主管機關。
二、緊急處理案件：為被害人所在地之直轄市、縣（市）主管機關；必要時，得協調其他直轄市、縣（市）主管機關協助處理。
三、被害人後續追蹤處遇案件：為被害人住居所地之直轄市、縣（市）主管機關；必要時，得協調其他直轄市、縣（市）主管機關協助處理。
警察機關處理家庭暴力案件之管轄，以發生地警察機關為主，被害人住居所地或相對人住居所地之警察機關協助處理。

第4條 行政機關受理家庭暴力案件，應即派員處理。非管轄案件，受理後應即通報管轄機關處理。

第5條 行政機關處理家庭暴力案件，應相互協助，各機關接獲其他機關請求協助時，應即時處理。

第6條 處理家庭暴力案件人員，應以適當方法優先保護被害人及其家庭成員之安全；發現有傷病時，應緊急協助就醫。

第7條 處理家庭暴力案件人員，應告知被害人其得行使之權利、救濟途徑及服務措施。

第8條 警察機關或直轄市、縣（市）主管機關得為被害人聲請保護令及延長保護令，除有本法第十二條第一項但書之情況外，應以書面為之。
聲請保護令及延長保護令時，應檢具家庭暴力事件通報表、處理家庭暴力案件現場報告表、訪視會談紀錄表、驗傷診斷書，或親密關係暴力危險評估表及其他相關文件、資料。
前項書表、文件或資料，經被害人要求保密部分，各機關及其人員應予保密，並於聲請保護令之書面敘明。

第9條 直轄市、縣（市）主管機關依本法第十四條第三項規定，於法院裁定前，對加害人處遇計畫實施方式提出之建議，應包括相對人接受處遇計畫之必

要性、處遇計畫實施內容、方式及次數。

前項建議之提出日期，直轄市、縣（市）主管機關應於法院審理前告知，或審理當時陳明。

第 10 條　警察機關於法院核發本法第十六條第四項之緊急保護令前，為保護被害人及防止家庭暴力之發生，必要時應派員於被害人住居所守護或採取下列方法保護被害人及其家庭成員之安全：

一、協助轉介緊急安置。

二、緊急救援。

三、安全護送。

四、查訪並告誡相對人。

五、其他必要且妥適之安全措施。

第 11 條　行政機關接獲保護令執行之申請時，其非該保護令之執行機關者，應告知申請人本法第二十一條第一項之執行機關。

第 12 條　行政機關執行保護令，對保護令所列禁止行為及遵守事項，應命當事人確實遵行。

第 13 條　行政機關執行保護令，對於被害人或子女住居所，應依法院之命令、被害人或申請人之要求，於相關文書及執行過程予以保密。

第 14 條　本法第二十一條第一項第四款之執行，應由被害人持憑保護令及身分證明文件，向下列機關、學校申請：

一、戶政事務所：申請禁止相對人閱覽或交付被害人及受其暫時監護之未成年子女戶籍資料。

二、學籍所在學校：申請禁止相對人查閱被害人及受其暫時監護未成年子女學籍相關資訊。

三、國稅局：申請禁止相對人查閱被害人及受其暫時監護未成年子女所得來源相關資訊。

被害人為未成年人、身心障礙者或因故難以委任代理人者，得由保護令之聲請人為前項之申請。

保護令之有效期間有變更者，應由被害人、申請人或相對人持保護令或相關證明文件，向第一項各款所列之機關、學校申請變更或註銷。

第 15 條　警察機關依保護令命相對人遷出被害人、目睹家庭暴力兒童及少年或其特定家庭成員之住居所時，應確認相對人完成遷出之行為，確保被害人、目睹家庭暴力兒童及少年或其特定家庭成員安全占有住居所。

第 16 條　警察機關依本法第二十二條第二項經被害人之請求，進入住宅、建築物或其他標的物所在處所解除相對人之占有或扣留取交被害人時，必要時得會

同村（里）長為之。相對人拒不交付者，得強制取交被害人。但不得逾越必要之程度。

交付物品應製作清單並記錄執行過程。

第 17 條　警察機關依保護令執行交付未成年子女時，得審酌權利人及義務人之意見，決定交付時間、地點及方式。

前項執行遇有困難無法完成交付者，警察機關應依權利人之聲請，限期命義務人交付。屆期未交付者，應發給權利人限期履行而未果之證明文件，並告知得以保護令為強制執行名義，向法院聲請強制執行。

第 18 條　義務人不依保護令之內容辦理未成年子女之會面交往時，直轄市、縣（市）主管機關或警察機關應依前條第二項規定辦理，並告知權利人得向法院聲請變更保護令。

第 19 條　行政機關遇當事人或利害關係人對於執行保護令之方法、應遵行之程序或其他侵害利益之情事聲明異議時，如認其有理由者，應即停止執行並撤銷或更正已為之執行行為；認其無理由者，應於十日內加具意見，送原核發保護令之法院裁定之；未經原核發法院撤銷、變更或停止執行之裁定前，仍應繼續執行。

第 20 條　警察機關及直轄市、縣（市）政府家庭暴力防治中心依本法第三十四條之一第二項為通知時，應注意下列事項：

一、警察機關通知被害人或其家庭成員後，應將通知情形回傳法院或檢察署，並副知家庭暴力防治中心。必要時，應依第十條規定採取相關安全措施。

二、直轄市、縣（市）政府家庭暴力防治中心通知被害人或其家庭成員後，應以適當方法優先保護被害人及其家庭成員之安全。

第 21 條　直轄市、縣（市）主管機關或警察機關受檢察官或法院依本法第40條規定通知執行本法第三十一條第一項、第三十三條第一項、第三十八條第二項或第三十九條所附之條件時，準用本辦法有關執行保護令之規定。

第 22 條　本辦法自發布日施行。

附錄四
法院辦理家庭暴力案件應行注意事項

107年3月8日司法院修正發布

一、家庭暴力防治法（以下簡稱本法）所稱精神或經濟上之騷擾、控制、脅迫或其他不法侵害之行為，包括下列足以使被害人畏懼、心生痛苦或惡性傷害其自尊及自我意識之舉動或行為：

(一)言詞攻擊：以言詞、語調脅迫、恐嚇，企圖控制被害人，例如謾罵、吼叫、侮辱、諷刺、恫嚇、威脅傷害被害人或其親人、揚言使用暴力、威脅再也見不到小孩等。

(二)心理或情緒虐待：以竊聽、跟蹤、監視、持續電話騷擾、冷漠、孤立、鄙視、羞辱、不實指控、破壞物品、試圖操縱被害人或嚴重干擾其生活等。

(三)性騷擾：如開黃腔、強迫性幻想或特別性活動、逼迫觀看性活動、展示或提供色情影片或圖片等。

(四)經濟控制：如不給生活費、過度控制家庭財務、被迫交出工作收入、強迫擔任保證人、強迫借貸等。

二、本法所稱目睹家庭暴力兒童及少年，係指實際看見或直接聽聞家庭暴力之兒童及少年。

三、法院處理保護令事件及其他涉及家庭暴力之案件，法官或其他經法院授權人員，得透過法務部「單一登錄窗口」對外連結查詢資料中之「家暴及性侵害資訊連結作業」系統，查詢家庭暴力電子資料庫。

四、本法保護令款項有關禁止施暴之保護對象擴及於目睹家庭暴力之兒童及少年，禁止騷擾、遷出被害人住居所、遠離特定場所等命令之保護對象擴及於特定家庭成員及目睹家庭暴力的兒童及少年。

通常保護令，由法院經審理程序後以終局裁定核發之。

法院核發暫時保護令、緊急保護令，得不經審理程序，並得於通常保護令審理終結前，依聲請或依職權核發暫時保護令。

前二項規定，於法院依中華民國一百零五年二月四日施行之本法第六十三條之一第一項核發民事保護令時準用之。

五、保護令事件之聲請人不以被害人為限，檢察官、警察機關或直轄市、縣（市）主管機關均得提出聲請。但依本法第十二條第一項但書規定聲請緊急保護令者，限檢察官、警察機關或直轄市、縣（市）主管機關始得為之，被害人不得聲請，其法定代理人、委任代理人、程序監理人、三親等以內之血親或姻親，亦同。

六、被害人為未成年或受監護宣告之身心障礙者，其本人得向法院聲請通常保護令及暫時保護令；其法定代理人、程序監理人、三親等以內之血親或姻親亦得為其聲請之；以本人名義為之時，除其法定代理人為相對人外，宜由法定代理人代理聲請。

被害人為身心障礙之成年人而未受監護宣告者，其本人得向法院聲請通常保護令及暫時保護令；其程序監理人、三親等以內之血親或姻親亦得為其聲請之。

成年之被害人因故難以委任代理人者，亦得由其三親等以內之血親或姻親為聲請人；因故難以委任代理人之情形，宜斟酌下列情狀定之：

(一)被害人之身體狀況。

(二)被害人之精神狀況。

(三)被害人當時之處境。

(四)有家事事件法第十五條第一項及第二項得選任程序監理人之情形。

七、保護令之聲請，原則上應以書面在上班時間為之。但被害人有受家庭暴力之急迫危險情形，檢察官、警察機關、直轄市、縣（市）主管機關得以言詞、電信傳真或其他科技設備傳送方式聲請核發緊急保護令，並得於夜間或休息日為之。

八、地方（少年及家事）法院應設專線，供檢察官、警察機關或直轄市、縣（市）主管機關依本法第十二條第一項但書聲請緊急保護令之用；專線於上班時間接至家事（少年及家事）紀錄科，非上班時間接至法警室或法官寓所。

法院收受電信傳真方式之聲請書狀後，應即以電話向聲請人查證，並得以詢問司法院每三個月發布保密代碼之方式查證之。

法院收受聲請書狀後，如發現頁數不全或其他缺漏不明，得以電話或電信傳真方式通知聲請人補正。

上班時間法院人員依前項規定處理後，應即在聲請書狀文面加蓋機關全銜之收文章，註明頁數、時間及加蓋騎縫章，並完成收文程序後，即送承辦法官或司法事務官辦理。非上班時間應由法官在聲請書狀上載明收受時間後即刻辦理，或先由法警在書狀上載明收受時間，即刻送請法官辦理；並均於次一上班之日中午前，將聲請書狀送法院收發室處理。

九、緊急保護令之聲請，法院應於受理後四小時內處理完畢；書記官應儘速於辦案進行簿登錄「緊急保護令事件紀錄表」並報結。

十、定法院之管轄，以事件受理時為準。

保護令聲請人或被害人要求保密被害人之住居所者，法院為定管轄權有調查被害人住居所之必要時，應單獨訊問聲請人或被害人，並由書記官將該筆錄及資料密封，不准閱覽；法官或檢察官因必要而拆閱時，應於拆閱後再行密封。

前項規定，於家庭暴力通報人身分資訊之保密準用之。

十一、法院准許核發暫時保護令或緊急保護令後，視為聲請人已有通常保護令之聲
請，法院應即通知兩造行審理程序。

前項視為已有通常保護令聲請之情形，原則上應由原核發暫時保護令或緊急保
護令之法官繼續審理。

十二、法院對於保護令之聲請事件，在指定審理期日前，應先依據書狀審查其是否合
法；如認有不合法之情形，而可以補正者，應速定期間命其補正。

十三、法院受理暫時保護令或緊急保護令之聲請，如聲請人能釋明有正當、合理之理
由足認已發生家庭暴力事件，而被害人有繼續受相對人虐待、威嚇、傷害或其
他身體上、精神及經濟上不法侵害之危險，或如不暫時核發保護令將導致無法
回復之損害者，得不通知相對人或不經審理程序，逕以書面核發暫時保護令或
緊急保護令；法官依本法第十六條第二項依職權核發暫時保護令者，亦同。

十四、保護令事件之審理程序不公開，法院得依職權調查一切可能影響裁定之事實及
證據，亦得聽取直轄市、縣（市）主管機關或社會福利機構之意見，或考量非
由當事人所提出，而以其他方式所獲知之事實，並得訊問當事人、警察人員、
知悉事件始末之人或其他關係人或令其陳述意見，必要時得行隔別訊問。

法院調查事實及證據時，如以文書為之者，得斟酌情形以密件為之。

十五、家庭暴力被害人與相對人應受送達處所同一者，應送達於被害人之家事事件司
法文書應分別送達，並於信封上註明不得互為代收、限本人親收，或不得由
○○○（相對人姓名）或其受僱人、同居人代收等文字。

法院處理保護令或其他家事事件，須通知被害人（包括其為當事人、聲請人或
關係人情形）出庭時，應併寄送「涉及家庭暴力被害人詢問通知書」（附件
一）。

被害人無法送達時，除命他造查址及提供最新戶籍資料外，必要時，得向「家
暴及性侵害資訊連結作業」系統、各直轄市、縣（市）政府（家庭暴力及性侵
害防治中心）查詢；其為新移民者，並得向內政部移民署查詢。

十六、保護令事件之聲請人得委任代理人到場。但聲請人為被害人者，法院認為必要
時得命本人到場，並得依家事事件法相關規定為其選任程序監理人。

十七、訊問被害人應以懇切態度耐心為之，尤應體察其陳述能力不及常人或成年人，
於其陳述不明瞭或不完足時，應令其敘明或補充之。

對於未成年、受監護或輔助宣告、身心障礙被害人之訊問，宜由其親屬或個案
輔導之社會工作人員、心理師陪同在場；必要時，應通知直轄市、縣（市）主
管機關指派社會工作人員或其他適當人員陪同在場。

陪同之人得坐於被陪同人之側，並得陳述意見。

十八、社會工作人員陪同時，其報到簽名，得以所屬機關（構）、工作證號或代號代

替。其應提供之人別資料，亦同。

前項以外之陪同人，如認提供人別資料有危及安全之虞者，得向法院陳明後準用前項規定。但法院認無必要者，不在此限。

前二項陪同人之眞實人別資料應予密封，並準用第十點第二項規定。

十九、法院於保護令事件審理程序中，應切實注意被害人、其未成年子女及證人之出庭安全，令相對人與其等保持適當之安全距離；必要時，得行隔別訊問或採取下列保護安全措施：

(一)不同時間到庭或退庭。

(二)到庭、退庭使用不同之出入路線及等候處所。

(三)請警察、法警或其他適當人員護送離開法院。

(四)請社會工作人員陪同開庭。

(五)使用有單面鏡設備之法庭。

(六)其他適當措施。

二十、法院核發保護令時，應斟酌加害人之性格、行爲之特質、家庭暴力情節之輕重、被害人受侵害之程度及其他一切情形，選擇核發一款或數款內容最妥適之保護令。

法院核發保護令之內容，不受聲請人聲請之拘束。但於通常保護令事件核發聲請人所未聲請之保護令前，應使聲請人、相對人及被害人有陳述意見之機會。

二十一、駁回聲請之裁定，應附理由。當事人對於聲請人之陳述及聲請核發保護令之項目、法院依職權核發之項目及保護令之期間有爭執者，亦同。

法院核發保護令之內容與聲請人聲請之內容不符時，無須於主文爲駁回該部分聲請之諭知。

二十二、法院於核發本法第十四條第一項第六款、第七款之保護令時，應切實考量子女之最佳利益，必要時並得徵詢未成年子女或社會工作人員之意見，亦得命家事調查官或委請社會工作人員訪視調查，或爲未成年子女選任程序監理人；子女爲滿七歲以上之未成年人，除有害其身心健康發展或有其他礙難情形者外，宜聽取其意見。

二十三、法院於核發本法第十四條第一項第七款之通常保護令時，應考量家庭暴力因素確實保護被害人及其子女之安全，並得視實際情況核發本法第四十五條第一項各款所定之命令。

二十四、法院於核發本法第十四條第一項第八款、第九款及第十一款之保護令時，應命給付一定之金額；扶養費部分，必要時並得命分期給付或給付定期金。

法院命分期給付者，得酌定遲誤一期履行時，其後之期間視爲亦已到期之範圍或條件；命給付定期金者，得酌定逾期不履行時，喪失期限利益之範圍或

　　條件，並得酌定加給之金額。但其金額不得逾定期金每期金額之二分之一。

二十五、法院核發本法第十四條第一項第十款之保護令時，應於裁定載明加害人處遇
　　　　計畫之完成期限，並得不經鑑定，逕命相對人接受認知教育輔導、親職教育
　　　　輔導及其他輔導。

　　　　直轄市、縣（市）主管機關於裁定前，對處遇計畫之實施方式提出建議者，
　　　　法院宜審酌之。

二十六、法院核發本法第十四條第一項第十二款之保護令時，宜加註其執行應由聲請
　　　　人或被害人持保護令向任一戶政事務所、學籍所在學校、各地區國稅局申請
　　　　之提示文字。

二十七、通常保護令之有效期間為二年以下，自核發時起生效。

　　　　通常保護令失效前，法院得依當事人或被害人之聲請撤銷、變更或延長之。
　　　　聲請延長無次數之限制，每次延長期間為二年以下。

　　　　檢察官、警察機關或直轄市、縣（市）主管機關亦得為延長通常保護令之聲
　　　　請。

二十八、保護令應於核發後二十四小時發送當事人、被害人、發生地警察機關及直轄
　　　　市、縣（市）主管機關；法院於四小時內核發之緊急保護令，並應先以電信
　　　　傳真或其他科技設備傳送至發生地警察機關。

　　　　關於保護令之撤銷、變更、延長、抗告裁定，均應發送當事人、被害人、發
　　　　生地警察機關及直轄市、縣（市）主管機關。暫時保護令、緊急保護令核發
　　　　後視為已有通常保護令之聲請者，經聲請人撤回聲請或法院駁回時，亦同。

二十九、保護令事件終結後，書記官應盡速報結；終結要旨為駁回者，報結時應於辦
　　　　案進行簿登錄「民事保護令聲請事件駁回原因紀錄表」。

三十、法院於訴訟或調解程序中，認當事人間有家庭暴力情事而進行和解或調解時，
　　　　宜將本法第四十七條所定得進行和解或調解之事由載明於筆錄。但保護令事件
　　　　不得進行調解或和解。

三十一、保護令事件之程序，除本法第二章別有規定外，適用家事事件法有關規定。
　　　　保護令裁定於抗告中不停止執行。

三十二、債權人依家事事件法第一百八十七條規定，聲請法院調查保護令事件之義務
　　　　履行狀況並勸告債務人履行債務之全部或一部時，法院決定是否進行前，宜
　　　　斟酌下列事項：

　　　　(一)被害人、未成年子女、目睹家庭暴力兒童及少年及其他特定家庭成員之
　　　　　　安全。

　　　　(二)未成年子女之最佳利益。

　　　　(三)被害人是否充分瞭解調查及勸告之程序，以及對其安全及權益可能造成

　　之影響。

(四)被害人、相對人與未成年子女間之互動狀況及可能受影響之程度。

(五)相對人之狀況是否適合進行調查及勸告。

(六)調查及勸告之急迫性及實效性。

法院認有進行調查及勸告之必要時，應採取保護被害人、其未成年子女、目睹家庭暴力兒童及少年、特定家庭成員及所有參與調查及勸告人員安全之適當必要措施，並準用第十點第二項及本法第四十七條規定；處理過程中認有危害安全之虞者，應隨時停止處理。

三十三、法官辦理刑事家庭暴力案件時，應於判決書中具體載明被告與被害人間具有本法第三條所指之家庭成員關係，並說明其屬本法第二條第二款之家庭暴力罪。

三十四、依本法第三十一條第三項及第三十六條所為之聲請，應以書狀敘明理由為之。但於受訊問時，得以言詞為之。

法院認無羈押被告之必要，諭知具保、責付、限制住居或釋放時，應於被告釋放前，以言詞、電信傳真或其他科技設備傳送之方式，即時通知被害人及被告所在地之直轄市、縣（市）政府警察局勤務指揮中心及家庭暴力防治中心，並請警察機關填妥法院所附之回傳資料（附件二），回傳法院，完成確認程序；又法院如併依本法第三十一條第一項定被告應遵守之條件時，應以書面裁定送達被告、被害人及其住居所所在地之警察機關，並得將所附條件通知主管機關或警察機關執行之。

三十五、法院依本法第三十二條第二項之規定實施羈押，應審酌被告是否違反檢察官或法院依本法第三十一條第一項所定應遵守之條件、有無反覆實施家庭暴力行為之虞及羈押之必要性。

三十六、依本法第三十四條及第三十七條規定應送達於被害人之司法文書，如被害人及被告應受送達之處所為同一者，應分別送達，不得互為代收。

三十七、告訴人委任代理人到場者，應提出委任書狀。

三十八、法院就被告犯家庭暴力罪或違反保護令罪而為緩刑之宣告者，在緩刑期內應付保護管束，並應將緩刑宣告事由通知被害人及其住居所所在地之警察機關；除顯無必要者外，應視實際情況命被告於付緩刑保護管束期間內，遵守本法第三十八條第二項一款或數款事項。

依本法第三十八條第五項撤銷受保護管束人緩刑宣告，法院不得逕依職權為之。惟由受保護管束人所在地或其最後住所地之地方法院檢察署檢察官提出聲請，始符合刑事訴訟法第四百七十六條之規定。

三十九、中華民國一百零五年二月四日施行之本法第六十三條之一規定，被害人年滿

十六歲，遭受現有或曾有親密關係之未同居伴侶施以身體或精神上不法侵害之情事者，準用本法第九條至第十三條、第十四條第一項第一款、第二款、第四款、第九款至第十三款、第三項、第四項、第十五條至第二十條、第二十一條第一項第一款、第三款至第五款、第二項、第二十七條、第二十八條、第四十八條、第五十條之一、第五十二條、第五十四條、第五十五條及第六十一條之規定。

前項所稱親密關係伴侶，指雙方以情感或性行為為基礎，發展親密之社會互動關係，法院並得審酌下列因素認定之：

(一)雙方關係之本質。

(二)雙方關係之持續時間。

(三)雙方互動之頻率。

(四)性行為之有無及頻率。

(五)其他足以認定有親密關係之事實。

附錄五
檢察機關辦理家庭暴力案件注意事項

104年12月7日法務部修正發布

一、本注意事項所稱家庭暴力案件，指涉及家庭暴力防治法（下稱本法）所定家庭暴力罪或違反保護令罪之案件。

二、家庭暴力案件之卷面，應加蓋「家庭暴力案件」戳記。如有遺漏，檢察官應注意諭知補蓋。

三、檢察官對於所偵辦之案件，如涉及被告對被害人實施身體、精神或經濟上之騷擾、控制、脅迫或其他不法侵害之行為，應注意其間有無家庭成員關係，及如屬家庭成員時，其行為是否違反法院先前核發之民事保護令，以認定是否為家庭暴力案件。

四、檢察官受理家庭暴力案件，應注意被害人之人身安全是否無虞，例如：被害人是否仍與被告同住、有無繼續受害之可能、有無接受診療之必要等；必要時，並主動聯絡當地家庭暴力防治中心提供協助。

五、家庭暴力罪案件起訴時，應於起訴書事實欄中具體敘明被告與被害人間有家庭成員之關係，並於案由、論罪法條中，敘明係犯家庭暴力罪，以促請法院注意。

六、檢察機關應主動對家庭暴力案件之被害人提供關於其得行使之權利，救濟途徑及當地家庭暴力防治中心等相關資訊。

七、對於警察機關依本法第二十九條逮捕移送之現行犯或逕行拘提之被告、犯罪嫌疑人，檢察官處理時，縱被害人已表明不願追訴，仍應斟酌被害人之安全情形，為適當之處理。

八、警察機關依本法第二十九條第二項規定逕行拘提被告或犯罪嫌疑人，而報請檢察官簽發拘票時，檢察官應審查其是否符合犯家庭暴力罪或違反保護令罪嫌疑重大，且有繼續侵害家庭成員生命、身體或自由之危險，而情況急迫之要件，並特別注意是否有本法第三十條所定各款事項。

九、檢察官訊問家庭暴力案件之被告後，認無聲請羈押之必要，而命具保、責付、限制住居或釋放者，應於被告釋放前即時以言詞、電信傳真或其他科技設備傳送之方式，通知被害人及被告所在地之直轄市、縣（市）政府警察局勤務指揮中心及家庭暴力防治中心，並請警察機關填妥檢察機關所附之回傳資料，回傳檢察機關。但被害人所在不明或通知顯有困難者，不在此限。

前項情形，檢察官應斟酌被害人人身安全之危險性，於必要時，得依本法第三十一條第一項規定，對被害人、目睹家庭暴力兒童及少年或其特定家庭成員附

下列一款或數款條件命被告遵守：

(一)禁止實施家庭暴力。

(二)禁止為騷擾、接觸、跟蹤、通話、通信或其他非必要之聯絡行為。

(三)遷出住居所。

(四)命相對人遠離其住居所、學校、工作場所或其他經常出入之特定場所特定距離。

(五)其他保護安全之事項。

前項所附條件，內容應具體明確，檢察官並得依當事人之聲請或依職權撤銷或變更之。

十、被告在偵查中違反檢察官依本法第三十一條第一項所附條件者，檢察官得依本法第三十二條第一項之規定，撤銷原處分，另為適當之處分；如有繳納保證金者，並得沒入其保證金。

另被告於偵查中違反檢察官依本法第三十一條第一項第一款所定應遵守之條件，犯罪嫌疑重大，且有事實足認被告有反覆實施家庭暴力行為之虞，而有羈押之必要者，得聲請法院羈押之。

十一、檢察官依本法第三十一條及第三十二條第一項所為之附條件處分，應依本法第三十四條規定，以書面為之，並送達於被告、被害人及被害人住居所所在地之警察機關。所附條件經撤銷或變更時，亦同。

十二、檢察機關應提供被害人及證人安全出庭之環境與措施。檢察官傳訊家庭暴力案件之被害人或證人時，應主動注意其出庭安全，必要時，得與被告分別時間傳訊，或行隔別訊問，或於訊畢令被害人或證人先行離開偵查庭，或指示法警或志工護送其安全離開檢察機關，或為其他保護被害人或證人之安全之適當措施。

十三、檢察官對家庭暴力案件被害人之訊問，應以懇切態度耐心為之，並得依本法第三十六條之規定，依聲請或依職權在法庭外為之，或採取適當隔離措施。

被害人於偵查中受訊問時，得依本法第三十六條之一之規定，自行指定其親屬、醫師、心理師、輔導人員或社工人員陪同在場，該陪同人並得陳述意見；檢察官除認其在場有妨礙偵查之虞者，不得拒絕被害人前開請求。

被害人受訊問前，檢察官應依本法第三十六條之二之規定，告知被害人得自行選任符合第三十六條之一資格之人陪同在場。

十四、被告所涉家庭暴力罪屬告訴乃論之罪時，為使被害人免受被告脅迫，檢察官應儘量避免勸導息訟。

十五、檢察官認家庭暴力案件被告犯罪情節輕微，而衡量是否依職權為不起訴處分或為緩起訴處分時，應充分考量被害人之安全問題，並宜聽取輔導被害人或被告

之直轄市、縣（市）政府或社會福利機構之意見。

十六、檢察官偵辦家庭暴力案件，認有必要傳訊被告或被害人之未成年子女作證時，應儘量採隔別訊問，並注意其情緒變化，避免使其受過度之心理壓力；於起訴時，如非必要，應避免於起訴書內引用被告未成年子女之證詞，作為認定被告罪嫌之唯一佐證。

十六之一、檢察官偵辦本法第六十一條第五款所定之違反保護令罪案件，得為緩起訴處分，並命被告於一定期間內完成加害人處遇計畫。

十七、家庭暴力案件之起訴書、聲請簡易判決處刑書、不起訴處分書、緩起訴處分書或撤銷緩起訴處分書，應確實依本法第三十七條之規定，送達於被害人。

十八、檢察官開庭或製作書類時，應注意有無對被害人住居所予以保密之必要，尤應注意不得暴露安置被害人之庇護處所。

十八之一、檢察官對犯家庭暴力罪及違反保護令罪案件實行公訴時，得請求法院於為緩刑宣告時，命被告於緩刑付保護管束期間內，遵守本法第三十八條第二項所列一款或數款事項。

十九、家庭暴力案件之受刑人假釋出獄前，檢察官聲請法院付保護管束時，得於聲請書內載明擬聲請法院命被告於假釋付保護管束期間遵守之事項。

二十、對檢察官依本法第三十一條第一項所附之條件，及法院依本法第三十八條第二項或依第三十九條準用第三十八條規定，判決或裁定命受保護管束人於保護管束期間應遵守之事項，檢察官得發函檢附該命令、判決或裁定，通知直轄市、縣（市）主管機關或警察機關執行之。

二十一、受保護管束人違反法院所命於保護管束期間應遵守事項，且情節重大時，檢察官應即檢具事證，向法院聲請裁定撤銷其緩刑之宣告，或通知原執行監獄，報請撤銷假釋。

二十二、檢察官執行家庭暴力案件之確定判決時，應於指揮書上記明為家庭暴力案件，促請矯正機關於受刑人預定出獄前或脫逃時，依本法第四十二條通知被害人、其住居所所在地之警察機關及家庭暴力防治中心。但被害人之所在不明者，不在此限。

檢察機關並應依矯正機關之請求，協助提供被害人之送達處所；該送達處所如屬庇護所或經被害人請求保密時，矯正機關並應注意保密。

二十三、檢察官發現有家庭暴力情事，且被害人聲請保護令有困難或不便者，得斟酌個案具體情形，依本法第十條第二項之規定，檢具事證，向法院聲請通常保護令。如預期被害人短期內仍有繼續受家庭暴力之可能，但尚未至有急迫危險之程度，得聲請核發暫時保護令。

二十四、檢察官發現被害人有受家庭暴力之急迫危險者，得依本法第十二條第一項但

書規定，以言詞、電信傳眞或其他科技設備傳送之方式，聲請法院依本法第十六條第四項核發緊急保護令，並得於夜間或休息日爲之。但非上班時間，應儘量利用法院所設專線，以電信傳眞方式聲請。

前項聲請以電信傳眞方式爲之者，應於聲請書狀前附加首頁、傳送人姓名，性別、職稱、所屬機關名稱、地址、電話號碼、回傳文件傳眞號碼等項。

二十五、檢察官依本法第十二條第一項但書規定提出緊急保護令之聲請後，於法院核發緊急保護令前，得斟酌個案具體情形，令警察人員依本法第四十八條第一項第一款規定，在被害人住居所守護或採取其他保護被害人或其家庭成員之必要安全措施。

二十六、檢察官聲請民事保護令時，經斟酌被害人之意願或其繼續受家庭暴力之危險性等情形，如認對被害人住居所有保密必要，應在聲請書內載明此要求，並僅記載被害人送達處所。

二十七、檢察官聲請民事保護令，應注意蒐集具體事證，必要時，指揮警察至現場查證，令其作查證報告，併附於聲請書內，或於聲請後儘速補送法院參考。

二十八、檢察機關應與家庭暴力防治中心、警察、衛生、教育等防治家庭暴力有關機關建立聯絡人制度，以加強平時之業務聯繫，提升被害人救援效能。

二十九、中華民國一百零五年二月四日施行之本法第六十三條之一規定，被害人年滿十六歲，遭受現有或曾有親密關係之未同居伴侶施以身體或精神上不法侵害之情事者，準用本法第九條至第十三條、第十四條第一項第一款、第二款、第四款、第九款至第十三款、第三項、第四項、第十五條至第二十條、第二十一條第一項第一款、第三款至第五款、第二項、第二十七條、第二十八條、第四十八條、第五十條之一、第五十二條、第五十四條、第五十五條及第六十一條之規定。

前項所稱親密關係伴侶，指雙方以情感或性行爲爲基礎，發展親密之社會互動關係。

附錄六
家庭暴力加害人處遇計畫規範

105年5月9日行政院衛生署修正發布

第一章　總則

一、本規範依家庭暴力防治法（以下簡稱本法）第五十四條第一項規定訂定之。

二、本規範所稱處遇計畫執行機關（構），應具下列資格之一：

　　(一)經中央主管機關醫院評鑑合格並設有精神科門診或精神科病房者。

　　(二)經中央主管機關精神科醫院評鑑合格者。

　　(三)經中央主管機關指定之藥癮戒治醫療機構。

　　(四)經直轄市、縣（市）政府指定之相關機關（構）或團體。

三、前點第一款至第三款之處遇計畫執行機關（構），得依其專業人力與執行能力，施行下列各款處遇計畫項目，並得合併數項目為之：

　　(一)認知教育輔導。

　　(二)親職教育輔導。

　　(三)心理輔導。

　　(四)精神治療。

　　(五)戒癮治療。

　　(六)其他輔導、治療。

四、第二點第四款之處遇計畫執行機關（構）或團體，得依其專業人力與執行能力，施行下列各款處遇計畫項目，並得合併數項目為之：

　　(一)認知教育輔導。

　　(二)親職教育輔導。

　　(三)心理輔導。

　　(四)其他輔導。

　　前點與本點執行處遇計畫人員應受過家庭暴力防治相關專業訓練。

　　前點與本點第一項執行處遇計畫項目人員應符合本部公告之執行人員資格條件及訓練課程基準。

五、民事保護令事件審理終結前，法院得檢送聲請書狀影本及其他相關資料，請直轄市、縣（市）主管機關提出相對人有無接受處遇計畫必要及其實施方式等建議之書面意見。直轄市、縣（市）主管機關認家庭暴力事件之相對人有接受處遇計畫之必要者，得於民事保護令事件審理終結前，提出前項書面意見供法院參考。

第二章　相對人評估

六、直轄市、縣（市）主管機關應遴聘受過家庭暴力防治相關專業訓練且具實務經驗之下列人員，組成相對人評估小組（以下簡稱評估小組），辦理相對人有無接受處遇計畫必要及其建議之評估：

(一)精神科專科醫師。

(二)諮商心理師、臨床心理師。

(三)社會工作師、少年調查官、少年保護官或觀護人。

(四)其他具家庭暴力加害人處遇實務工作經驗至少三年之人員。

七、直轄市、縣（市）主管機關應檢視下列資料，並指定評估小組成員二人以上，以面談、電話訪談或書面資料評估等方式，作成第五點書面意見；其資料不全者，得請法院或相關機關提供：

(一)民事保護令聲請書狀影本。

(二)家庭暴力事件通報表影本。

(三)警察機關處理家庭暴力案件現場報告表影本。

(四)訪視會談記錄表影本。

(五)被害人驗傷診斷證明書或驗傷單影本。

(六)判決書（緩刑或假釋者）。

(七)危險評估量表。

(八)相對人前科資料（無前科者免提）。

(九)其他相關資料。

八、評估人員應依相對人之身心狀況及參考相關危險評估量表，視其有無精神狀態表現異常、酗酒、濫用藥物、人格違常或行為偏差等及其與家庭暴力有無因果關係，並依其家庭暴力行為之嚴重度及再犯危險性等，評估相對人應否接受處遇計畫，並作成處遇計畫建議書。

為前項評估時，若相對人有疑似精神狀態表現異常、酗酒或濫用藥物等狀況，評估人員應有一人為精神科專科醫師。

處遇計畫執行機關（構）訂定處遇計畫執行內容，準用第一項評估標準。

九、直轄市、縣（市）主管機關應於接獲第五點第一項通知後，於三日內將第七點之相關資料送交評估人員，並於評估之日起七日內將處遇計畫建議書送交法院。

第三章　加害人處遇計畫執行

十、直轄市、縣（市）主管機關接獲法院命相對人接受加害人處遇計畫之裁定後，應即安排適當之處遇計畫執行機關（構）及開始處遇之期日，並通知加害人與其代理人、處遇計畫執行機關（構）、被害人與其代理人及執行保護管束之地方法院檢察署。

加害人接獲前項通知，應依指定期日至處遇計畫執行機關（構）報到，並依法院裁定內容，完成處遇計畫。加害人未依前項期日報到者，處遇計畫執行機關（構）應於一週內通知加害人至少一次，其仍未報到者，應填報「家庭暴力加害人到達／未到達執行機構通報書」（附表一），立即通報直轄市、縣（市）主管機關。直轄市、縣（市）主管機關執行前項任務，必要時得請警察機關協助。

加害人處遇，以加害人戶籍所在地之直轄市、縣（市）主管機關為之。如因加害人工作、服役或其他因素無法執行時，得協調加害人住居所在地之直轄市、縣（市）主管機關協助執行處遇。

十一、處遇計畫執行機關（構）認加害人處遇計畫有延長、縮短其期間或變更內容之必要者，應敘明理由及建議意見，填妥「家庭暴力加害人特殊狀況通報書」（附表二），通報執行處遇之直轄市、縣（市）主管機關。直轄市、縣（市）主管機關接獲前項通報，應即通知當事人、被害人、加害人及其戶籍所在地之直轄市、縣（市）主管機關。直轄市、縣（市）主管機關得依本法第十五條第三項聲請延長通常保護令，當事人或被害人亦得依本法第十五條第二項規定向法院聲請撤銷、變更或延長保護令。

十二、直轄市、縣（市）主管機關接獲處遇計畫執行機關（構）通報加害人有不接受處遇計畫、接受時數不足或不遵守處遇計畫內容情事，或有恐嚇、施暴等行為時，應即通知警察機關或依本法第六十一條規定移請地方法院檢察署。

前項處遇計畫執行機關（構）之通報，應填妥「家庭暴力加害人特殊狀況通報書」（附表二），並通報直轄市、縣（市）主管機關。

十三、處遇計畫執行機關（構）應於加害人完成處遇計畫十日內，填報「家庭暴力加害人完成處遇計畫報告書」（附表三），通報直轄市、縣（市）主管機關。

十四、前四點之通報，得以書面、電信傳真或其他科技設備傳送等方式為之；但以電信傳真或其他科技設備傳送者，應補附書面通報資料。處遇計畫執行機關（構）執行本規範相關通報作業，應與直轄市、縣（市）主管機關保持聯繫，並確保其收到前項通報資料。

十五、直轄市、縣（市）主管機關應就處遇計畫執行機關（構）所提「家庭暴力加害人完成處遇計畫報告書」之執行成果進行綜合評估，並得定期輔導訪查。

十六、直轄市、縣（市）主管機關應邀集司法機關、家庭暴力被害人保護計畫執行機關（構）、處遇計畫執行機關（構），就本規範各項執行內容定期召開聯繫檢討會議。

十七、加害人有接受處遇計畫之意願且經直轄市、縣（市）主管機關調查認定其確屬經濟困難者，得依規定向前開主管機關申請補助處遇計畫部分費用。

十八、直轄市、縣（市）主管機關、司法機關、家庭暴力被害人保護計畫執行機關

（構）、處遇計畫執行機關（構），應置專責聯絡窗口，負責本法有關加害人處遇計畫聯絡事宜。前項專責人員聯絡資料，應通知各相關機關（構）。

十九、被告或受刑人依本法第三十八條第二項及第三十九條規定，於緩刑或假釋付保護管束期間內應完成加害人處遇計畫者，準用本規範。

附錄七
家庭暴力罪或違反保護令罪受刑人處遇計畫

104年8月4日法務部修正發布

一、計畫目的：為矯正輔導觸犯家庭暴力罪或違反保護令罪之受刑人，袪除其暴力行為，促進其家庭和諧並使其習得與家庭有關之知識，特訂定本計畫。

二、計畫依據：依家庭暴力防治法第四十一條第一項規定訂定之。

三、處遇對象：因觸犯家庭暴力防治法第二條第二款所稱家庭暴力罪及違反同法第六十一條規定處徒刑、拘役之違反保護令罪之在監受刑人。

四、處遇內容：

(一)新收入監調查：處遇對象於入監後應由各監獄調查科針對其犯罪原因、動機、性行、境遇、學歷、身心家庭狀況及其他可供行刑上參考之事項詳加詢問，作成紀錄，並將結果加以分析，以作為判定其有無心理或精神異常之依據及作為日後治療、教誨輔導評估之參考。

(二)治療、教誨及輔導：處遇對象經前項分析結果疑有酒癮、藥癮、心理或精神異常者，所屬監獄應延請精神專科醫師、臨床心理師及相關專業人員實施精神、戒癮等治療，無異常者應由教誨師或相關專業人員實施認知教育、親職教育、心理等輔導課程，並加強日常生活輔導，接受上述課程之受刑人應繳交五百字以上之心得感言報告（得視情況以五分鐘口頭報告代之），以供評估實施成效之參考。

(三)作業配置：處遇對象之作業分配應視其暴力程度加以區別，輕微暴力程度者，配予輕便簡之作業，或減輕其作業數量，使其能有較多時間接受各項教誨及輔導；暴力程度較重者，則先予以隔離，施以密集之教誨及輔導，視其輔導具有成效後再配入工場作業。

(四)刑期屆滿或假釋前之銜接：監獄應於處遇對象刑期屆滿前一個月或假釋核准後釋放前，將判決書及相關處遇資料提供其戶籍所在地之家庭暴力防治中心，以利後續追蹤輔導。

(五)通知被害人及相關機關：處遇對象預定出獄前或有脫逃事實時，執行之監獄應依家庭暴力防治法第四十二條之規定通知被害人、其住居所所在地之警察機關及家庭暴力防治中心，或視實際需要函請檢察機關提供被害人送達處所之資料，並依個人資料保護法等相關規定辦理。

五、本計畫之執行情形，辦理前點治療及輔導之機關應按月陳報法務部矯正署。

六、經費：本計畫所需經費得由各監獄於相關業務經費項下檢討勻支。

七、未盡事宜之增訂：本計畫如有未盡事宜得適時增訂之。

附錄八
家庭暴力防治法104年2月4日修正條文與原條文對照表

（資料來源衛生福利部，條文內容以立法院公布為準）

104.01.23三讀通過之條文	現行條文	立法說明
第二條 本法用詞定義如下： 一、家庭暴力：指家庭成員間實施身體、精神或經濟上之騷擾、控制、脅迫或其他不法侵害之行為。 二、家庭暴力罪：指家庭成員間故意實施家庭暴力行為而成立其他法律所規定之犯罪。 三、目睹家庭暴力：指看見或直接聽聞家庭暴力。 四、騷擾：指任何打擾、警告、嘲弄或辱罵他人之言語、動作或製造使人心生畏怖情境之行為。 五、跟蹤：指任何以人員、車輛、工具、設備、電子通訊或其他方法持續性監視、跟迫或掌控他人行蹤及活動之行為。 六、加害人處遇計畫：指對於加害人實施之認知教育輔導、親職教育輔導、心理輔導、精神治療、戒癮治療或其他輔導、治療。	**第二條** 本法用詞定義如下： 一、家庭暴力：指家庭成員間實施身體或精神上不法侵害之行為。 二、家庭暴力罪：指家庭成員間故意實施家庭暴力行為而成立其他法律所規定之犯罪。 三、騷擾：指任何打擾、警告、嘲弄或辱罵他人之言語、動作或製造使人心生畏怖情境之行為。 四、跟蹤：指任何以人員、車輛、工具、設備或其他方法持續性監視、跟迫之行為。 五、加害人處遇計畫：指對於加害人實施之認知教育輔導、心理輔導、精神治療、戒癮治療或其他輔導、治療。	一、為使家庭暴力定義更為具體，參酌國際間最新之家庭暴力立法例，於第一款增列有關精神及經濟虐待之定義。 二、鑑於家庭暴力不僅直接造成受暴者之傷害，對於身心發展未臻成熟之兒童及少年，目睹家庭暴力亦可能對其造成身心傷害與負面影響，為加強保護該群潛在被害人，爰於相關修正條文增訂保護目睹家庭暴力兒童及少年之相關規定，並增列第三款有關目睹家庭暴力之定義。 三、現行第三款未修正，款次遞移為第四款。 四、現行第四款款次遞移為第五款，並擴充跟蹤之使用工具及行為樣態，俾符合實務狀況。 五、實務經驗發現，家庭暴力事件有相當高比例屬家長對子女之虐待或子女對長輩之不當對待，究其原因常為缺乏親職功能所致，是以加害人處遇計畫應包含親職教育輔導，俾防止親子間之家庭暴力，爰於現行第五款加害人處遇計畫增列親職教育輔導項目，由法院命加害人接受相關輔導，俾協助其增強親職功能，並將款次遞移為第六款。

104.01.23三讀通過之條文	現行條文	立法說明
第四條 本法所稱主管機關：在中央為衛生福利部；在直轄市為直轄市政府；在縣（市）為縣（市）政府。 本法所定事項，主管機關及目的事業主管機關應就其權責範圍，針對家庭暴力防治之需要，尊重多元文化差異，主動規劃所需保護、預防及宣導措施，對涉及相關機關之防治業務，並應全力配合之，其權責事項如下： 一、主管機關：家庭暴力防治政策之規劃、推動、監督、訂定跨機關（構）合作規範及定期公布家庭暴力相關統計等事宜。 二、衛生主管機關：家庭暴力被害人驗傷、採證、身心治療、諮商及加害人處遇等相關事宜。 三、教育主管機關：各級學校家庭暴力防治教育、目睹家庭暴力兒童及少年之輔導措施、家庭暴力被害人及其子女就學權益之維護等相關事宜。 四、勞工主管機關：家庭暴力被害人職業訓練及就業服務等相關事宜。 五、警政主管機關：家庭暴力被害人及其未成年子女人身安全之維護及緊急處理、家庭暴力犯罪偵查與刑事案件資料統計等相關事宜。 六、法務主管機關：家庭暴力犯罪之偵查、矯正及再犯預防等刑事司法相	**第四條** 本法所稱主管機關：在中央為內政部；在直轄市為直轄市政府；在縣（市）為縣（市）政府。	一、第一項因應中央組織再造，修正中央主管機關名稱。 二、家庭暴力防治涉及跨機關權責事項，為明確規範各相關機關權責，以利業務推動，爰參酌兒童及少年福利與權益保障法、身心障礙者權益保障法之立法例，增訂第二項明定主管機關及各目的事業主管機關之權責事項。 三、第二項各款增訂理由如下： (一)涉及家庭暴力防治整體政策之規劃與推動屬本法主管機關權責，爰於第一款增訂主管機關權責事項。 (二)涉及家庭暴力被害人驗傷採證、治療、諮商及加害人處遇等相關事宜屬衛生單位主管事項，爰增訂第二款衛生主管機關權責事項。 (三)涉及各級學校家庭暴力防治教育、目睹家庭暴力兒童少年之輔導措施、家庭暴力被害人及其子女就學權益之維護等屬教育單位主管事項，爰增訂第三款教育主管機關權責事項。 (四)涉及弱勢民眾職業訓練與就業服務等，需勞工單位給予協助，爰增訂第四款勞工主管機關權責事項。有關加害人或其他家庭成員之職業訓練與就業服務事項，考量現行失業服務體系已能涵蓋，基於國家資源配置之衡平性，目前政策並未規劃對家暴加害人或其他家庭成員有高於

104.01.23三讀通過之條文	現行條文	立法說明
關事宜。 七、移民主管機關：設籍前之外籍、大陸或港澳配偶因家庭暴力造成逾期停留、居留及協助其在臺居留或定居權益維護等相關事宜。 八、文化主管機關：出版品違反本法規定之處理等相關事宜。 九、通訊傳播主管機關：廣播、電視及其他通訊傳播媒體違反本法規定之處理等相關事宜。 十、戶政主管機關：家庭暴力被害人與其未成年子女身分資料及戶籍等相關事宜。 十一、其他家庭暴力防治措施，由相關目的事業主管機關依職權辦理。		一般失業民眾之特別保護協助，爰未予納入。 (五)為確保民眾免於家庭暴力傷害，需警力視需要提供相關緊急協處，並透過約制查訪及保護令執行等約束加害人，以維護家庭暴力被害人及其未成年子女人身安全，爰增訂第五款警政主管機關權責事項。有關相對人約制查訪係屬家庭暴力被害人及其未成年子女人身安全維護之範圍，爰未予納入。 (六)有關家庭暴力犯罪之偵查、預防等刑事司法權責屬法務主管單位主管事項，爰增訂第六款法務主管機關權責事項。 (七)設籍前之外籍、大陸或港澳配偶因家庭暴力造成逾期停留、居留及其在臺居留或定居等權益維護需移民單位予以協助，爰增訂第七款移民主管機關權責事項。 (八)出版品違反本法規定之處理相關事屬文化主管單位權責，爰於第八款增訂之；出版品包括數位出版品。 (九)廣播、電視及其他通訊傳播媒體違反本法規定之處理等相關事屬通訊傳播主管機關權責，爰於第九款增訂之。 (十)家庭暴力被害人與其未成年子女身分資料及戶籍等相關事屬戶政主管機關權責，爰於第十款增訂之。

104.01.23三讀通過之條文	現行條文	立法說明
		(十一)為避免家庭暴力防治事項有所遺漏，爰於第十一款規定其他防治措施由各相關目的事業主管機關依職權辦理。
第五條 中央主管機關應辦理下列事項： 一、研擬家庭暴力防治法規及政策。 二、協調、督導有關機關家庭暴力防治事項之執行。 三、提高家庭暴力防治有關機構之服務效能。 四、督導及推展家庭暴力防治教育。 五、協調被害人保護計畫及加害人處遇計畫。 六、協助公立、私立機構建立家庭暴力處理程序。 七、統籌建立、管理家庭暴力電子資料庫，供法官、檢察官、警察、醫師、護理人員、心理師、社會工作人員及其他政府機關使用，並對被害人之身分予以保密。 八、協助地方政府推動家庭暴力防治業務，並提供輔導及補助。 九、每四年對家庭暴力問題、防治現況成效與需求進行調查分析，並定期公布家庭暴力致死人數、各項補助及醫療救護支出等相關之統計分析資料。各相關單位應配合調查，提供統計及分析資料。	**第五條** 中央主管機關應辦理下列事項： 一、研擬家庭暴力防治法規及政策。 二、協調、督導有關機關家庭暴力防治事項之執行。 三、提高家庭暴力防治有關機構之服務效能。 四、督導及推展家庭暴力防治教育。 五、協調被害人保護計畫及加害人處遇計畫。 六、協助公立、私立機構建立家庭暴力處理程序。 七、統籌建立、管理家庭暴力電子資料庫，供法官、檢察官、警察、醫師、護理人員、心理師、社會工作人員及其他政府機關使用，並對被害人之身分予以保密。 八、協助地方政府推動家庭暴力防治業務，並提供輔導及補助。 九、其他家庭暴力防治有關事項。 中央主管機關辦理前項事項，應遴聘（派）學者專家、民間團體及相關機關代表提供諮詢，其中學者專家、民間團體代表之人數，不得少於總數二分之一；且其女性代表人數不得少於總數二分之一。	一、為確實掌握我國家庭暴力問題及發展趨勢，以利相關政策措施之規劃，於第一項增列第九款有關中央主管機關應定期針對家庭暴力問題進行調查、研究，以呈現我國家庭暴力樣態之整體報告，並進一步檢討防治工作執行成效。現行第九款遞移為第十款，其餘各款未修正。 二、為配合性別主流化政策，爰參酌性侵害犯罪防治法第四條規定，修正第二項女性代表人數之規定。 三、第三項未修正。

104.01.23三讀通過之條文	現行條文	立法說明
十、其他家庭暴力防治有關事項。 中央主管機關辦理前項事項，應遴聘（派）學者專家、民間團體及相關機關代表提供諮詢，其中學者專家、民間團體代表之人數，不得少於總數二分之一；且任一性別人數不得少於總數三分之一。 第一項第七款規定電子資料庫之建立、管理及使用辦法，由中央主管機關定之。	第一項第七款規定電子資料庫之建立、管理及使用辦法，由中央主管機關定之。	
第六條 中央主管機關為加強推動家庭暴力及性侵害相關工作，應設置基金，其收支保管及運用辦法，由行政院定之。 前項基金來源如下： 一、政府預算撥充。 二、緩起訴處分金。 三、認罪協商金。 四、本基金之孳息收入。 五、受贈收入。 六、依本法所處之罰鍰。 七、其他相關收入。	第六條 中央主管機關為加強推動家庭暴力及性侵害相關工作，得設置家庭暴力及性侵害防治基金；其收支保管及運用辦法，由行政院定之。	一、查家庭暴力案件量逐年上升，為免因經費不足影響防治成效，爰明定應設置基金，加強推動家庭暴力及性侵害相關工作。 二、另參酌兒童及少年福利與權益保障法及國民年金法之相關規定，增列第二項明定基金之來源。 三、第二款及第三款之緩起訴處分金及認罪協商金，以不超過來自性侵害案件及家庭成員間之暴力案件所支付之緩起訴處分金及認罪協商基金總額為限。前揭金額以前次決算年度為準，由中央主管機關編列預算。
第八條 直轄市、縣（市）主管機關應整合所屬警政、教育、衛生、社政、民政、戶政、勞工、新聞等機關、單位業務及人力，設立家庭暴力防治中心，並協調司法、移民相關機關，辦理下列事項： 一、提供二十四小時電話專線服務。	第八條 直轄市、縣（市）主管機關應整合所屬警政、教育、衛生、社政、民政、戶政、勞工、新聞等機關、單位業務及人力，設立家庭暴力防治中心，並協調司法相關機關，辦理下列事項： 一、提供二十四小時電話專線服務。	一、查移民業務人員已列為責任通報人員，移民機關亦為協助受暴之外籍、大陸地區等配偶之重要一環，爰第一項序文有關家庭暴力防治中心應協調之機關增列移民機關，以擴大防治網絡保護機制。 二、第一項第三款所列心理輔導與第五款所列身心治療

104.01.23三讀通過之條文	現行條文	立法說明
二、提供被害人二十四小時緊急救援、協助診療、驗傷、採證及緊急安置。 三、提供或轉介被害人經濟扶助、法律服務、就學服務、住宅輔導，並以階段性、支持性及多元性提供職業訓練與就業服務。 四、提供被害人及其未成年子女短、中、長期庇護安置。 五、提供或轉介被害人、經評估有需要之目睹家庭暴力兒童及少年或家庭成員身心治療、諮商、社會與心理評估及處置。 六、轉介加害人處遇及追蹤輔導。 七、追蹤及管理轉介服務案件。 八、推廣家庭暴力防治教育、訓練及宣導。 九、辦理危險評估，並召開跨機構網絡會議。 十、其他家庭暴力防治有關之事項。 前項中心得與性侵害防治中心合併設立，並應配置社會工作、警察、衛生及其他相關專業人員；其組織，由直轄市、縣（市）主管機關定之。	二、提供被害人二十四小時緊急救援、協助診療、驗傷、採證及緊急安置。 三、提供或轉介被害人心理輔導、經濟扶助、法律服務、就學服務、住宅輔導，並以階段性、支持性及多元性提供職業訓練與就業服務。 四、提供被害人及其未成年子女短、中、長期庇護安置。 五、轉介被害人身心治療及諮商。 六、轉介加害人處遇及追蹤輔導。 七、追蹤及管理轉介服務案件。 八、推廣各種教育、訓練及宣導。 九、其他家庭暴力防治有關之事項。 前項中心得與性侵害防治中心合併設立，並應配置社工、警察、衛生及其他相關專業人員；其組織，由直轄市、縣（市）主管機關定之。	及諮商性質相似，爰整併至第五款擴充服務內涵後予以刪除。 三、第一項第五款之服務對象增列經評估有需要之家庭成員，俾周延保護對象及防治效益；另為避免身心治療及輔導過於醫療化，爰參酌社會工作師之業務內容增列社會與心理評估及處置等文字，以周延社會及心理輔導專業範疇。 四、第一項第八款酌修文字，以臻明確。 五、為落實保護家庭暴力被害人及未成年子女之人身安全，明定各直轄市、縣（市）主管機關於處理家庭暴力案件應辦理危險評估，並召開跨機構網絡會議，俾及早發掘高危機個案，並加強跨網絡協調合作，共同擬具、執行降低暴力風險之安全行動策略，爰增列第一項第九款。 六、現行第一款、第二款、第四款、第六款及第七款未修正，第九款遞移為第十款。 七、第二項酌修文字。
第十一條 保護令之聲請，由被害人之住居所地、相對人之住居所地或家庭暴力發生地之地方法院管轄。 前項地方法院，於設有少年及家事法院地區，指少年及家事法院。	**第十一條** 保護令之聲請，由被害人之住居所地、相對人之住居所地或家庭暴力發生地之法院管轄。	為配合家事事件法之規定，修正第一項明定由地方法院管轄，同時配合少年及家事法院之成立，增列第二項少年及家事法院之適用。

104.01.23三讀通過之條文	現行條文	立法說明
第十四條 法院於審理終結後，認有家庭暴力之事實且有必要者，應依聲請或依職權核發包括下列一款或數款之通常保護令： 一、禁止相對人對於被害人、目睹家庭暴力兒童及少年或其特定家庭成員實施家庭暴力。 二、禁止相對人對於被害人、目睹家庭暴力兒童及少年或其特定家庭成員為騷擾、接觸、跟蹤、通話、通信或其他非必要之聯絡行為。 三、命相對人遷出被害人、目睹家庭暴力兒童及少年或其特定家庭成員之住居所；必要時，並得禁止相對人就該不動產為使用、收益或處分行為。 四、命相對人遠離下列場所特定距離：被害人、目睹家庭暴力兒童及少年或其特定家庭成員之住居所、學校、工作場所或其他經常出入之特定場所。 五、定汽車、機車及其他個人生活上、職業上或教育上必需品之使用權；必要時，並得命交付之。 六、定暫時對未成年子女權利義務之行使或負擔，由當事人之一方或雙方共同任之、行使或負擔之內容及方法；必要時，並得命交付子女。	**第十四條** 法院於審理終結後，認有家庭暴力之事實且有必要者，應依聲請或依職權核發包括下列一款或數款之通常保護令： 一、禁止相對人對於被害人或其特定家庭成員實施家庭暴力。 二、禁止相對人對於被害人為騷擾、接觸、跟蹤、通話、通信或其他非必要之聯絡行為。 三、命相對人遷出被害人之住居所；必要時，並得禁止相對人就該不動產為使用、收益或處分行為。 四、命相對人遠離下列場所特定距離：被害人之住居所、學校、工作場所或其他被害人或其特定家庭成員經常出入之特定場所。 五、定汽車、機車及其他個人生活上、職業上或教育上必需品之使用權；必要時，並得命交付之。 六、定暫時對未成年子女權利義務之行使或負擔，由當事人之一方或雙方共同任之、行使或負擔之內容及方法；必要時，並得命交付子女。 七、定相對人對未成年子女會面交往之時間、地點及方式；必要時，並得禁止會面交往。 八、命相對人給付被害人住居所之租金或被害人及	一、為彰顯本法積極防治暴力代間擴散之精神，並達教育目的，於第一項第二款至第四款增列特定家庭成員、第十三款增列目睹家庭暴力兒童及少年為適用對象，俾據以對其核發相當內容之保護令，其餘各款未修正。 二、為保障未成年子女權益，增列第二項明定法院於定暫時對未成年子女權利義務之行使及會面交往相關事宜之裁定前，應考量未成年子女之最佳利益，必要時並得徵詢未成年子女或社會工作人員之意見。 三、現行第二項遞移為第三項，並增列法院得逕為裁定命相對人接受認知教育輔導、親職教育輔導及其他輔導，以及直轄市、縣（市）主管機關得於法院裁定前，對處遇計畫之實施方式提出建議之規定，以達到促進法院加強裁定處遇計畫之目的。 四、實務上常有相對人故意不完成處遇計畫，然因仍在保護令有效期間，無法以違反保護令罪移送，爰增列第四項，於保護令裁定明文規定加害人處遇計畫執行期限，俾積極執行處遇計畫。

104.01.23三讀通過之條文	現行條文	立法說明
七、定相對人對未成年子女會面交往之時間、地點及方式；必要時，並得禁止會面交往。 八、命相對人給付被害人住居所之租金或被害人及其未成年子女之扶養費。 九、命相對人交付被害人或特定家庭成員之醫療、輔導、庇護所或財物損害等費用。 十、命相對人完成加害人處遇計畫。 十一、命相對人負擔相當之律師費用。 十二、禁止相對人查閱被害人及受其暫時監護之未成年子女戶籍、學籍、所得來源相關資訊。 十三、命其他保護被害人、目睹家庭暴力兒童及少年或其特定家庭成員之必要命令。 法院為前項第六款、第七款裁定前，應考量未成年子女之最佳利益，必要時並得徵詢未成年子女或社會工作人員之意見。 第一項第十款之加害人處遇計畫，法院得逕命相對人接受認知教育輔導、親職教育輔導及其他輔導，並得命相對人接受有無必要施以其他處遇計畫之鑑定；直轄市、縣（市）主管機關得於法院裁定前，對處遇計畫之實施方式提出建議。 第一項第十款之裁定應載明處遇計畫完成期限。	其未成年子女之扶養費。 九、命相對人交付被害人或特定家庭成員之醫療、輔導、庇護所或財物損害等費用。 十、命相對人完成加害人處遇計畫。 十一、命相對人負擔相當之律師費用。 十二、禁止相對人查閱被害人及受其暫時監護之未成年子女戶籍、學籍、所得來源相關資訊。 十三、命其他保護被害人或其特定家庭成員之必要命令。 法院為前項第十款之裁定前，得命相對人接受有無必要施以處遇計畫之鑑定。	

104.01.23三讀通過之條文	現行條文	立法說明
第十五條 通常保護令之有效期間為二年以下，自核發時起生效。 通常保護令失效前，法院得依當事人或被害人之聲請撤銷、變更或延長之。延長保護令之聲請，每次延長期間為二年以下。 檢察官、警察機關或直轄市、縣（市）主管機關得為前項延長保護令之聲請。 通常保護令所定之命令，於期間屆滿前經法院另為裁判確定者，該命令失其效力。	**第十五條** 通常保護令之有效期間為一年以下，自核發時起生效。 通常保護令失效前，法院得依當事人或被害人之聲請撤銷、變更或延長之。延長之期間為一年以下，並以一次為限。 通常保護令所定之命令，於期間屆滿前經法院另為裁判確定者，該命令失其效力。	一、民間團體及地方政府等實務工作人員迭有反映，家庭暴力被害人為脫離受暴環境，往往需面對司法案件、住居所及工作變動等壓力，現行保護令一年以下之效期，對於穩定部分被害人身心及生活之期間確實過短，爰延長保護令效期已為多方共識。有關保護令延長期限及次數，較不適由法官自由裁決保護令效期，另考量民事保護令係屬暫時法律關係之決定，為免法律關係長期處於不穩定狀態，經參酌其他國家之經驗，並衡酌我國國情後，修正第一項通常保護令效期為二年以下，並修正第二項延長期間，並得不以一次為限。 二、有鑑於實務上常有被害人因擔心遭加害人報復等因素致未聲請延長保護令，為周延被害人保護，爰修正放寬第二項聲請人範圍，俾確保被害人權益。
第十六條 法院核發暫時保護令或緊急保護令，得不經審理程序。 法院為保護被害人，得於通常保護令審理終結前，依聲請或依職權核發暫時保護令。 法院核發暫時保護令或緊急保護令時，得依聲請或依職權核發第十四條第一項第一款至第六款、第十二款及第十三款之命令。	**第十六條** 法院核發暫時保護令或緊急保護令，得不經審理程序。 法院為保護被害人，得於通常保護令審理終結前，依聲請核發暫時保護令。 法院核發暫時保護令或緊急保護令時，得依聲請或依職權核發第十四條第一項第一款至第六款、第十二款及第十三款之命令。	為周延被害人保護，修正第二項，使法院可依職權核發暫時保護令

104.01.23三讀通過之條文	現行條文	立法說明
法院於受理緊急保護令之聲請後，依聲請人到庭或電話陳述家庭暴力之事實，足認被害人有受家庭暴力之急迫危險者，應於四小時內以書面核發緊急保護令，並得以電信傳眞或其他科技設備傳送緊急保護令予警察機關。 聲請人於聲請通常保護令前聲請暫時保護令或緊急保護令，其經法院准許核發者，視爲已有通常保護令之聲請。 暫時保護令、緊急保護令自核發時起生效，於聲請人撤回通常保護令之聲請、法院審理終結核發通常保護令或駁回聲請時失其效力。 暫時保護令、緊急保護令失效前，法院得依當事人或被害人之聲請或依職權撤銷或變更之。	法院於受理緊急保護令之聲請後，依聲請人到庭或電話陳述家庭暴力之事實，足認被害人有受家庭暴力之急迫危險者，應於四小時內以書面核發緊急保護令，並得以電信傳眞或其他科技設備傳送緊急保護令予警察機關。 聲請人於聲請通常保護令前聲請暫時保護令或緊急保護令，其經法院准許核發者，視爲已有通常保護令之聲請。 暫時保護令、緊急保護令自核發時起生效，於聲請人撤回通常保護令之聲請、法院審理終結核發通常保護令或駁回聲請時失其效力。 暫時保護令、緊急保護令失效前，法院得依當事人或被害人之聲請或依職權撤銷或變更之。	
第十七條 法院對相對人核發第十四條第一項第三款及第四款之保護令，不因被害人、目睹家庭暴力兒童及少年或其特定家庭成員同意相對人不遷出或不遠離而失其效力。	**第十七條** 命相對人遷出被害人住居所或遠離被害人之保護令，不因被害人同意相對人不遷出或不遠離而失其效力。	配合第十四條第一項修正第三款及第四款增定遠離令及遷出令之保護對象擴及目睹家庭暴力兒童及少年或特定家庭成員，爰修正本條文字。
第十九條 法院應提供被害人或證人安全出庭之環境與措施。 直轄市、縣（市）主管機關應於所在地地方法院自行或委託民間團體設置家庭暴力事件服務處所，法院應提供場所、必要之軟硬體設備及其他相關協助。但離島法院有礙難情形者，不在此限。 前項地方法院，於設有少年及家事法院地區，指少年及家事法院。	**第十九條** 法院應提供被害人或證人安全出庭之環境與措施。 直轄市、縣（市）主管機關應於所在地地方法院自行或委託民間團體設置家庭暴力事件服務處所，法院應提供場所、必要之軟硬體設備及其他相關協助。但離島法院有礙難情形者，不在此限。	配合少年及家事法院之成立，增列第三項少年及家事法院之適用。

104.01.23三讀通過之條文	現行條文	立法說明
第二十條 保護令之程序，除本章別有規定外，適用家事事件法有關規定。 關於保護令之裁定，除有特別規定者外，得為抗告；抗告中不停止執行。	**第二十條** 關於保護令之裁定，除有特別規定者外，得為抗告。 保護令之程序，除本章別有規定外，準用非訟事件法有關規定；非訟事件法未規定者，準用民事訴訟法有關規定。	一、保護令事件屬家事事件法第三條第四項第十三款之丁類家事非訟事件，依該法第七十四條規定，除別有規定外，適用該法第四編之規定。故關於保護令之程序，除別有規定外，應適用家事事件法有關家事非訟程序之相關規定處理，爰配合修正現行第二項並移列為第一項。 二、依家事事件法第八十二條第一項規定，依家事非訟程序所為裁定，除法律別有規定外，於宣示、公告、送達或以其他適當方法告知於受裁定人時發生效力。但有合法之抗告者，抗告中停止其效力。為免保護令之裁定於抗告中停止效力，爰於第二項增列抗告中不停止執行之規定。
第三十條之一 被告經法官訊問後，認為違反保護令者、家庭成員間故意實施家庭暴力行為而成立之罪，其嫌疑重大，有事實足認為有反覆實行前開犯罪之虞，而有羈押之必要者，得羈押之。	無	一、本條新增。 二、鑑於實務上家庭暴力相對人重複施暴之比率甚高，且其施暴情形常會隨時間加劇，威脅被害人之人身安全，爰增訂本條規定，將家庭暴力罪及違反保護令罪為預防性羈押之事由，俾周延對家庭暴力被害人之保護。
第三十一條 家庭暴力罪或違反保護令罪之被告經檢察官或法院訊問後，認無羈押之必要，而命具保、責付、限制住居或釋放者，對被害人、目睹家庭暴力兒童及少年或其特定家庭成員得附下列一款或數款	**第三十一條** 家庭暴力罪或違反保護令罪之被告經檢察官或法院訊問後，認無羈押之必要，而命具保、責付、限制住居或釋放者，得附下列一款或數款條件命被告遵守： 一、禁止實施家庭暴力。	第一項第二款至第五款文字係配合第十四條第一項第二款至第四款及第十三款文字修正。

104.01.23三讀通過之條文	現行條文	立法說明
條件命被告遵守： 一、禁止實施家庭暴力。 二、禁止為騷擾、接觸、跟蹤、通話、通信或其他非必要之聯絡行為。 三、遷出住居所。 四、<u>命相對人遠離</u>其住居所、學校、工作場所或其他經常出入之特定場所<u>特定距離</u>。 五、其他保護安全之事項。 前項所附條件有效期間自具保、責付、限制住居或釋放時起生效，至刑事訴訟終結時為止，最長不得逾一年。 檢察官或法院得依當事人之聲請或依職權撤銷或變更依第一項規定所附之條件。	二、禁止對<u>被害人</u>為騷擾、接觸、跟蹤、通話、通信或其他非必要之聯絡行為。 三、遷出被害人之住居所。 四、遠離下列場所特定距離：被害人之住居所、學校、工作場所或其他<u>被害人或其特定家庭成員</u>經常出入之特定場所。 五、其他保護<u>被害人或其特定家庭成員</u>安全之事項。 前項所附條件有效期間自具保、責付、限制住居或釋放時起生效，至刑事訴訟終結時為止，最長不得逾一年。 檢察官或法院得依當事人之聲請或依職權撤銷或變更依第一項規定所附之條件。	
第三十二條 被告違反檢察官或法院依前條第一項規定所附之條件者，檢察官或法院得撤銷原處分，另為適當之處分；如有繳納保證金者，並得沒入其保證金。 被告違反檢察官或法院依前條第一項第一款所定應遵守之條件，犯罪嫌疑重大，且有事實足認被告有反覆實施家庭暴力行為之虞，而有羈押之必要者，偵查中檢察官得聲請法院羈押之；審判中法院得命羈押之。	**第三十二條** 被告違反檢察官或法院依前條第一項規定所附之條件者，檢察官或法院得撤銷原處分，另為適當之處分；如有繳納保證金者，並得沒入其保證金。 被告違反檢察官或法院依前條第一項第一款所定應遵守之條件，犯罪嫌疑重大，且有事實足認被告有反覆實施家庭暴力行為之虞，而有羈押之必要者，<u>得依刑事訴訟法第一百零一條之一之規定，</u>偵查中檢察官得聲請法院羈押之；審判中法院得命羈押之。	查現行刑事訴訟法第一百零一條之一並無家庭暴力之相關規定，爰刪除第二項依刑事訴訟法規定適用文字。

104.01.23三讀通過之條文	現行條文	立法說明
第三十四條 檢察官或法院為第三十一條第一項及前條第一項之附條件處分或裁定時，應以書面為之，並送達於被告、被害人及被害人住居所所在地之警察機關。	**第三十四條** 檢察官或法院為第三十一條第一項及前條第一項之附條件處分或裁定時，應以書面為之，並送達於被告及被害人。	為強化家庭暴力被害人保護，有關檢察官或法院依本法第三十一條第一項及前條第一項之附條件處分，除應送達被告及被害人，應同時通知被害人及其住居所所在地之警察機關，俾利警察機關加強被害人之安全維護。
第三十四條之一 法院或檢察署有下列情形之一，應即時通知被害人所在地之警察機關及家庭暴力防治中心： 一、家庭暴力罪或違反保護令罪之被告解送法院或檢察署經檢察官或法官訊問後，認無羈押之必要，而命具保、責付、限制住居或釋放者。 二、羈押中之被告，經法院撤銷或停止羈押者。 警察機關及家庭暴力防治中心於接獲通知後，應立即通知被害人或其家庭成員。 前二項通知應於被告釋放前通知，且得以言詞、電信傳真或其他科技設備傳送之方式通知。但被害人或其家庭成員所在不明或通知顯有困難者，不在此限。	無	一、本條新增。 二、為避免家庭暴力被害人因不知加害人於刑事司法程序中獲釋放之訊息，而未即時採取相關防護措施致影響其人身安全，爰參酌美國馬里蘭州之立法例，當家庭暴力罪或違反保護令之被告不再受司法機關拘束時，相關司法機關應及時通知被害人所在地之警察機關及家庭暴力防治中心。上開單位接獲通知後，應立即通知被害人或其家庭成員。 三、為確保被害人之人身安全，及其有充裕之時間執行安全計畫，於第三項訂定通知之時間與方式，並明定如事實上有通知困難者，免除通知之義務。
第三十六條 對被害人之訊問或詰問，得依聲請或依職權在法庭外為之，或採取適當隔離措施。 警察機關於詢問被害人時，得採取適當之保護及隔離措施。	**第三十六條** 對被害人之訊問或詰問，得依聲請或依職權在法庭外為之，或採取適當隔離措施。	為強化警察機關於詢問被害人之保護與隔離措施，以確保被害人隱私及人身安全，爰增列第二項規定。

104.01.23三讀通過之條文	現行條文	立法說明
第三十六條之一 被害人於偵查中受訊問時，得自行指定其親屬、醫師、心理師、輔導人員或社工人員陪同在場，該陪同人並得陳述意見。 被害人前項之請求，檢察官除認其在場有妨礙偵查之虞者，不得拒絕之。 陪同人之席位應設於被害人旁。	無	一、本條新增。 二、考量家庭暴力事件對被害人身心影響甚鉅，為協助被害人在偵查程序中能盡可能完整陳述，爰增訂本條規定，使被害人得自行指定陪同人員接受偵訊，以減緩被害人在偵查程序中所受到之心理衝擊。 三、為落實被害人接受陪同偵訊之權利，爰本條第二項規定除有妨礙偵查之情形外，檢察官不得拒絕被害人之請求。並於第三項規定陪同人之席位應設於被害人旁，以發揮陪同之功能。
第三十六條之二 被害人受訊問前，檢察官應告知被害人得自行選任符合第三十六條之一資格之人陪同在場。	無	一、本條新增。 二、為避免家庭暴力事件被害人因不諳法律，而未能知悉其有接受陪同偵訊的權利，爰增訂本條規定，賦予檢察機關應告知之義務，以落實維護被害人之權益。
第三十七條 對於家庭暴力罪或違反保護令罪案件所為之起訴書、<u>聲請簡易判決處刑書</u>、不起訴處分書、緩起訴處分書、撤銷緩起訴處分書、裁定書或判決書，應送達於被害人。	**第三十七條** 對於家庭暴力罪或違反保護令罪案件所為之起訴書、不起訴處分書、緩起訴處分書、撤銷緩起訴處分書、裁定書或判決書，應送達於被害人。	家庭暴力事件之司法文書亦包括「聲請簡易判決處刑書」，爰予納入以臻周延。
第三十八條 犯家庭暴力罪或違反保護令罪而受緩刑之宣告者，在緩刑期內應付保護管束。 法院為前項緩刑宣告時，<u>除顯無必要者外</u>，應命被告於付緩刑保護管束期間內，遵守下列一款或數款事項：	**第三十八條** 犯家庭暴力罪或違反保護令罪而受緩刑之宣告者，在緩刑期內應付保護管束。 法院為前項緩刑宣告時，得命被告於付緩刑保護管束期間內，遵守下列一款或數款事項：	一、第一項、第四項及第五項未修正。 二、受緩刑宣告者已有家庭暴力罪或違反保護令罪之事實，為積極預防暴力之一再發生，修正第二項序文，俾維護被害人人身安全。

104.01.23三讀通過之條文	現行條文	立法說明
一、禁止實施家庭暴力。 二、禁止對被害人、目睹家庭暴力兒童及少年或其特定家庭成員為騷擾、接觸、跟蹤、通話、通信或其他非必要之聯絡行為。 三、遷出被害人、目睹家庭暴力兒童及少年或其特定家庭成員之住居所。 四、命相對人遠離下列場所特定距離：被害人、目睹家庭暴力兒童及少年或其特定家庭成員之住居所、學校、工作場所或其他經常出入之特定場所。 五、完成加害人處遇計畫。 六、其他保護被害人、目睹家庭暴力兒童及少年或其特定家庭成員安全之事項。 法院依前項第五款規定，命被告完成加害人處遇計畫前，得準用第十四條第三項規定。 法院為第一項之緩刑宣告時，應即通知被害人及其住居所所在地之警察機關。 受保護管束人違反第二項保護管束事項情節重大者，撤銷其緩刑之宣告。	一、禁止實施家庭暴力。 二、禁止對被害人為騷擾、接觸、跟蹤、通話、通信或其他非必要之聯絡行為。 三、遷出被害人之住居所。 四、遠離下列場所特定距離：被害人之住居所、學校、工作場所或其他被害人或其特定家庭成員經常出入之特定場所。 五、完成加害人處遇計畫。 六、其他保護被害人或其特定家庭成員安全之事項。 法院依前項第五款規定，命被告完成加害人處遇計畫前，得準用第十四條第二項規定。 法院為第一項之緩刑宣告時，應即通知被害人及其住居所所在地之警察機關。 受保護管束人違反第二項保護管束事項情節重大者，撤銷其緩刑之宣告。	三、配合修正條文第十四條第一項第二款、第三款、第四款保護令保護對象增列特定家庭成員、第十三款增列目睹家庭暴力兒童及少年，配合修正第二項第二款、第三款、第四款及第六款。 四、配合修正條文第十四條之修正，第三項文字酌作修正。
第四十二條 矯正機關應將家庭暴力罪或違反保護令罪受刑人預定出獄之日期通知被害人、其住居所所在地之警察機關及家庭暴力防治中心。但被害人之所在不明者，不在此限。 受刑人如有脫逃之事實，矯正機關應立即為前項之通知。	**第四十二條** 監獄長官應將家庭暴力罪或違反保護令罪受刑人預定出獄之日期或脫逃之事實通知被害人。但被害人之所在不明者，不在此限。	一、為使文義臻於明確並符現行體例，酌修文字。 二、鑑於諸多被害人因擔心加害人報復，常有遷徙之情形，當地之警察機關及家庭暴力防治中心較矯正機關能掌握被害人之確切聯繫方式或行蹤，爰增列該二機關為受通知對象，以周全保護被害人安全。

104.01.23三讀通過之條文	現行條文	立法說明
		三、受刑人有脫逃之情事時，現行作法僅以行文為之，恐緩不濟急，爰增訂第二項規定。
第四十八條 警察人員處理家庭暴力案件，必要時應採取下列方法保護被害人及防止家庭暴力之發生： 一、於法院核發緊急保護令前，在被害人住居所守護或採取其他保護被害人或其家庭成員之必要安全措施。 二、保護被害人及其子女至庇護所或醫療機構。 三、告知被害人其得行使之權利、救濟途徑及服務措施。 四、查訪並告誡相對人。 五、<u>訪查被害人及其家庭成員，並提供必要之安全措施。</u> 警察人員處理家庭暴力案件，應製作書面紀錄；其格式，由中央警政主管機關定之。	**第四十八條** 警察人員處理家庭暴力案件，必要時應採取下列方法保護被害人及防止家庭暴力之發生： 一、於法院核發緊急保護令前，在被害人住居所守護或採取其他保護被害人或其家庭成員之必要安全措施。 二、保護被害人及其子女至庇護所或醫療機構。 三、告知被害人其得行使之權利、救濟途徑及服務措施。 警察人員處理家庭暴力案件，應製作書面紀錄；其格式，由中央警政主管機關定之。	一、鑑於查訪並告誡加害人，以遏止暴力發生，係為警政人員之職責，亦為目前警察人員處理家庭暴力事件之實況，爰於本條第一項增列第四款，以強化警察人員職責。 二、另考量單方面查訪加害人，難以完全達到保護被害人及遏止暴力犯罪之效果，且部分加害人居無定所，警察人員難以進行查訪及告誡，爰於本條第一項增列第五款，使警察人員於查訪加害人外，並可透過訪查被害人及其家庭成員，瞭解加害人施暴情形是否改善，並適時提供必要的安全措施，以保障被害人及其家庭成員之人身安全。
第四十九條 醫事人員、社會工作人員、教育人員及保育人員為防治家庭暴力行為或保護家庭暴力被害人之權益，有受到身體或精神上不法侵害之虞者，得請求警察機關提供必要之協助。	**第四十九條** 醫事人員、社會工作人員、臨床心理人員、教育人員及保育人員為防治家庭暴力行為或保護家庭暴力被害人之權益，有受到身體或精神上不法侵害之虞者，得請求警察機關提供必要之協助。	依醫療法及醫事人員人事條例規定，醫事人員業已包括臨床心理人員，爰酌修文字。
第五十條 醫事人員、社會工作人員、教育人員、保育人員、警察人員、移民業務人員及其他執行家庭暴力防治人員，在執行職務時知有疑似家庭暴	**第五十條** 醫事人員、社會工作人員、臨床心理人員、教育人員、保育人員、警察人員、移民業務人員及其他執行家庭暴力防治人員，在執行職務時	一、依醫療法及醫事人員人事條例規定，醫事人員業已包括臨床心理人員，爰酌修第一項文字。 二、為妥予協助目睹家庭暴力兒童及少年，於第三項增

104.01.23三讀通過之條文	現行條文	立法說明
力，應立即通報當地主管機關，至遲不得逾二十四小時。 前項通報之方式及內容，由中央主管機關定之；通報人之身分資料，應予保密。 主管機關接獲通報後，應即行處理，<u>並評估有無兒童及少年目睹家庭暴力之情事</u>；必要時得自行或委請其他機關（構）、團體進行訪視、調查。 主管機關或受其委請之機關（構）或團體進行訪視、調查時，得請求警察機關、醫療（事）機構、學校、<u>公寓大廈管理委員會</u>或其他相關機關（構）協助，被請求者應予配合。	知有疑似家庭暴力情事者，應立即通報當地主管機關，至遲不得逾二十四小時。 前項通報之方式及內容，由中央主管機關定之；通報人之身分資料，應予保密。 主管機關接獲通報後，應即行處理；必要時得自行或委請其他機關（構）、團體進行訪視、調查。 主管機關或受其委請之機關（構）或團體進行訪視、調查時，得請求警察機關、醫療（事）機構、學校或其他相關機關（構）協助，被請求者應予配合。	列主管機關接獲通報後進行相關專業評估。 三、為進行訪視調查需要，參酌兒童及少年福利與權益保障法第五十四條，於第四項增列公寓大廈管理委員會為受請求協助對象之規定。
第五十條之一 宣傳品、出版品、廣播、電視、網際網路或其他媒體，不得報導或記載被害人及其未成年子女之姓名，或其他足以識別被害人及其未成年子女身分之資訊。但經有行為能力之被害人同意<u>、犯罪偵查機關或司法機關</u>依法認為有必要者，不在此限。	無	一、本條新增。 二、參酌性侵害犯罪防治法第十三條第一項規定，增列有關資訊保密規定，俾保障被害人及其未成年子女之權益。
第五十八條 直轄市、縣（市）主管機關得核發家庭暴力被害人下列補助： 一、緊急生活扶助費用。 二、非屬全民健康保險給付範圍之醫療費用及身心治療、諮商與輔導費用。 三、訴訟費用及律師費用。 四、安置費用、房屋租金費用。	**第五十八條** 直轄市、縣（市）主管機關得核發家庭暴力被害人下列補助： 一、緊急生活扶助費用。 二、非屬全民健康保險給付範圍之醫療費用及身心治療、諮商與輔導費用。 三、訴訟費用及律師費用。 四、安置費用、房屋租金費用。	一、配合本次修法擴大對目睹家庭暴力兒童及少年之保障，增列第二項。原第二項文字酌作修正，移列第三項。 三、地方主管機關需整合各相關機關持有或保管之資料，以辦理家庭暴力被害人各項補助申請之調查及核定，爰參酌全民健康保險法第七十九條，社會救助法第四十四條之三，國

104.01.23三讀通過之條文	現行條文	立法說明
五、子女教育、生活費用及兒童托育費用。 六、其他必要費用。 第一項第一款、第二款規定，於目睹家庭暴力兒童及少年，準用之。 第一項補助對象、條件及金額等事項規定，由直轄市、縣（市）主管機關定之。 家庭暴力被害人年滿二十歲者，得申請創業貸款；其申請資格、程序、利息補助金額、名額及期限等，由中央目的事業主管機關定之。 為辦理第一項及第四項補助業務所需之必要資料，主管機關得洽請相關機關（構）、團體、法人或個人提供之，受請求者不得拒絕。 主管機關依前項規定所取得之資料，應盡善良管理人之注意義務，確實辦理資訊安全稽核作業；其保有、處理及利用，並應遵循個人資料保護法之規定。	五、子女教育、生活費用及兒童托育費用。 六、其他必要費用。 前項補助對象、條件及金額等事項規定，由直轄市、縣（市）主管機關定之。 家庭暴力被害人年滿二十歲者，得申請創業貸款；其申請資格、程序、利息補助金額、名額及期限等，由中央目的事業主管機關定之。	民年金法第五十六條及特殊境遇家庭扶助條例第十五條之一規定意旨，增訂第五項規定各相關機關提供資料之義務。 四、為使主管機關善盡資料保護之義務，增訂第六項規定主管機關應依個人資料保護法規定辦理，以保障當事人之隱私。
第五十八條之一 對於具就業意願而就業能力不足之家庭暴力被害人，勞工主管機關應提供預備性就業或支持性就業服務。 前項預備性就業或支持性就業服務相關辦法，由勞工主管機關定之。	無	一、本條新增。 二、鑑於經濟自立是影響家庭暴力被害人能否離開受暴關係的重要關鍵，故為協助被害人經濟自立，本法現行第八條已將提供支持性就業服務納入，惟長期遭受家庭暴力對被害人身心狀況影響甚鉅，進而影響被害人就業能力，爰僅提供就業媒合或職場關懷，尚無法真正協助被害人進入職場。為協助被害人提早適應職場，強化其就業信心及能力，爰增訂

104.01.23三讀通過之條文	現行條文	立法說明
		本條規定，明定勞工主管機關應依照被害人之工作能力，提供所需之就業支持與相關服務。
第五十九條 社會行政主管機關應辦理社會工作人員、居家式托育服務提供者、托育人員、保育人員及其他相關社會行政人員防治家庭暴力在職教育。 警政主管機關應辦理警察人員防治家庭暴力在職教育。 司法院及法務部應辦理相關司法人員防治家庭暴力在職教育。 衛生主管機關應辦理或督促相關醫療團體辦理醫護人員防治家庭暴力在職教育。 教育主管機關應辦理學校、幼兒園之輔導人員、行政人員、教師、教保服務人員及學生防治家庭暴力在職教育及學校教育。 移民主管機關應辦理移民業務人員防治家庭暴力在職教育。	**第五十九條** 社會行政主管機關應辦理社會工作人員、保母人員、保育人員及其他相關社會行政人員防治家庭暴力在職教育。 警政主管機關應辦理警察人員防治家庭暴力在職教育。 司法院及法務部應辦理相關司法人員防治家庭暴力在職教育。 衛生主管機關應辦理或督促相關醫療團體辦理醫護人員防治家庭暴力在職教育。 教育主管機關應辦理學校之輔導人員、行政人員、教師及學生防治家庭暴力在職教育及學校教育。	一、第一項現行之保母人員配合兒童及少年福利與權益保障法相關規定，修正為居家式托育服務提供者及托育人員。 二、第二項至第四項未修正。 三、第五項配合幼兒教育及照顧法相關規定，增訂幼兒園之相關人員為在職訓練參訓對象。 四、查移民業務人員已列為責任通報人員，移民主管機關亦為扶助受暴之外籍、大陸地區等配偶之重要一環，爰於第六項增列移民主管機關辦理教育訓練之權責。
第六十條 高級中等以下學校每學年應有四小時以上之家庭暴力防治課程。但得於總時數不變下，彈性安排於各學年實施。	**第六十條** 各級中小學每學年應有四小時以上之家庭暴力防治課程，但得於總時數不變下，彈性安排於各學年實施。	現行條文已涵蓋高級中學及高級職業學校，為使文義更臻明確，並使高級中等以下學校落實辦理家庭暴力防治課程，以提升防治成效，爰酌作文字修正。
第六十一條之一 廣播、電視事業違反第五十條之一規定者，由目的事業主管機關處新臺幣三萬元以上十五萬元以下罰鍰，並命其限期改正；屆期未改正者，得按次處罰。	無	一、本條新增。 二、配合修正條文第五十條之一之資訊保密規定，爰參酌兒童及少年福利與權益保障法第一百零三條及性侵害犯罪防治法第十三條等規定，增列違反該規定之罰則。

104.01.23三讀通過之條文	現行條文	立法說明
前項以外之宣傳品、出版品、網際網路或其他媒體之負責人違反第五十條之一規定者，由目的事業主管機關處新臺幣三萬元以上十五萬元以下罰鍰，並得沒入第五十條之一規定之物品、命其限期移除內容、下架或其他必要之處置；屆期不履行者，得按次處罰至履行為止。但被害人死亡，經目的事業主管機關權衡社會公益，認有報導之必要者，不罰。 宣傳品、出版品、網際網路或其他媒體無負責人或負責人對行為人之行為不具監督關係者，第二項所定之罰鍰，處罰行為人。		
第六十三條之一 被害人年滿十六歲，遭受現有或曾有親密關係之未同居伴侶施以身體或精神上不法侵害之情事者，準用第九條至第十三條、第十四條第一項第一款、第二款、第四款、第九款至第十三款、第三項、第四項、第十五條至第二十條、第二十一條第一項第一款、第三款至第五款、第二項、第二十七條、第二十八條、第四十八條、第五十條之一、第五十二條、第五十四條、第五十五條及第六十一條之規定。 前項所稱親密關係伴侶，指雙方以情感或性行為為基礎，發展親密之社會互動關係。 本條自公布後一年施行。	無	一、本條新增。 二、鑑於本法第三條範定「配偶或前配偶」、「現有或曾有同居關係」，致未同居親密關係暴力被害人，無法獲得相關人身安全保障，且經查未同居之親密關係暴力多盛行於十六至二十四歲之女性，爰增列第一項年滿十六歲曾有或現有未同居親密關係而遭受其伴侶施以虐待者，準用本法第九條至第十三條、第十四條第一項第一款、第二款、第四款、第九款至第十三款、第三項、第四項、第十五條至第二十條、第二十一條第一項第一款、第三款至第五款、第二項、第二十七條、第二十八條、第四十八條、第五十條

104.01.23三讀通過之條文	現行條文	立法說明
		之一、第五十二條、第五十四條、第五十五條及第六十一條之規定。 三、按國內外相關研究均指出，未同居之親密關係暴力被害者多盛行於十六至二十四歲女性族群；另查我國「刑法」及「民法」之相關規定，年滿十六歲之人即得依其自主意願而與他人發生合意之性行為；又查我國「家事事件法」第十四條規定，年滿七歲以上之未成年人具程序能力。據此，爰定被害人之年齡下限為十六歲，並於第二項訂定親密關係伴侶定義。 四、又考量相關機關為執行本條所需之準備工作，包含專業人員教育訓練及相關配套措施等，爰於第三項明定本條施行時間。

NOTES

國家圖書館出版品預行編目資料

家庭暴力法規之理論與實務／高鳳仙著. --
五版. -- 臺北市：五南，2020.08
　　面；　公分
ISBN 978-986-522-068-6（平裝）

1.家庭暴力防制法　2.家庭暴力

585.79　　　　　　　　　　109008316

1R69

家庭暴力法規之理論與實務

作　　者 ― 高鳳仙（193.1）

發 行 人 ― 楊榮川

總 經 理 ― 楊士清

總 編 輯 ― 楊秀麗

副總編輯 ― 劉靜芬

責任編輯 ― 林佳瑩

封面設計 ― 王麗娟

出 版 者 ― 五南圖書出版股份有限公司

地　　址：106台北市大安區和平東路二段339號4樓

電　　話：(02)2705-5066　　傳　　真：(02)2706-6100

網　　址：http://www.wunan.com.tw

電子郵件：wunan@wunan.com.tw

劃撥帳號：01068953

戶　　名：五南圖書出版股份有限公司

法律顧問　林勝安律師事務所　林勝安律師

出版日期　2008年9月初版一刷
　　　　　2011年4月二版一刷
　　　　　2014年9月三版一刷
　　　　　2017年3月四版一刷
　　　　　2020年8月五版一刷

定　　價　新臺幣420元

經典永恆·名著常在

五十週年的獻禮——經典名著文庫

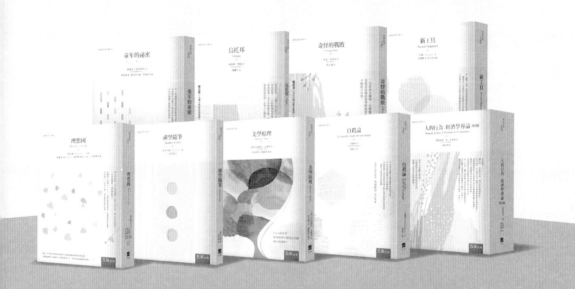

五南，五十年了，半個世紀，人生旅程的一大半，走過來了。
思索著，邁向百年的未來歷程，能為知識界、文化學術界作些什麼？
在速食文化的生態下，有什麼值得讓人雋永品味的？

歷代經典·當今名著，經過時間的洗禮，千錘百鍊，流傳至今，光芒耀人；
不僅使我們能領悟前人的智慧，同時也增深加廣我們思考的深度與視野。
我們決心投入巨資，有計畫的系統梳選，成立「經典名著文庫」，
希望收入古今中外思想性的、充滿睿智與獨見的經典、名著。
這是一項理想性的、永續性的巨大出版工程。
不在意讀者的眾寡，只考慮它的學術價值，力求完整展現先哲思想的軌跡；
為知識界開啟一片智慧之窗，營造一座百花綻放的世界文明公園，
任君邀遊、取菁吸蜜、嘉惠學子！